Es mucho esperar que los autores mismos vivan de acuerdo a la magia de sus palabras, y es muy especial cuando lo hacen. Philip Yancey tiene una forma de ser que sólo se puede describir como elegante. No está desapareciendo de ningún modo... sino muy presente.

BONO, cantante principal de U2 y
cofundador de ONE y (RED)

Vale la pena leer cada libro de Philip Yancey. En las décadas (¡!) que he seguido a Philip, nunca me ha desilusionado su trabajo. Justamente lo contrario; cada libro ha agudizado mi forma de pensar y tocado mi corazón. Él es un regalo para nuestra generación.

MAX LUCADO, pastor y autor

Desde hace décadas, Philip Yancey, nuestro mejor periodista, ha provisto una voz evangélica precisa en la interrelación entre el testimonio cristiano y las suposiciones seculares. *La desaparición de la gracia*, dados los tiempos polémicos en que vivimos, es sumamente necesario. Yancey en su mejor momento. En sus palabras: «Una súplica sincera a mi tribu, en su mayoría evangélicos, para recuperar la misión y el espíritu que Jesús nos dejó». En página tras página va «de fuerza en fuerza... Lleno de gracia y de verdad».

EUGENE H. PETERSON, profesor emérito de
Spiritual Theology Regent College, Vancourver, BC

No hay mucho que preferiría leer que no trate de la gracia. Y no hay nadie que preferiría que me informara sobre ella aparte de Philip Yancey. Hace años, leyendo su libro en las calles de Calcuta, fui presentado al Jesús que nunca había conocido. Ahora ha escrito un manifiesto para despertar a la iglesia que ama, por la cual se preocupa mucho. Él sabe que los cristianos son llamados a dar el aroma de Cristo, pero con frecuencia hemos olido a algo diferente. Permite que sus palabras te den la valentía para comprometerte nuevamente a amar como lo hizo Jesús... A fin de cuentas, es por el amor dijo él que el mundo sabrá que pertenecemos a él.

SHANE CLAIBORNE, autor, activista, amante de Jesús, www.redletterchristians.org

Los libros de Philip Yancey son como cenas festivas donde conoces a personas que de otra manera nunca hubieras conocido. En el nuevo libro de Philip, *La desaparición de la gracia*, conocerás a Henri Nouwen, Francis Collins, Thomas Bruce, Joanna Flanders-Thomas, Dr. King, Craig Detweiler, Barbara Brown Taylor, Jürgen Moltmann, George MacDonald, Kathleen Norris y muchas más. El reunir a las personas es un rasgo de Philip, un anfitrión amable. Saldrás de la cena entusiasmado e inspirado, recargado con esperanza y un llamado a la acción.

BRIAN D. MCLAREN, autor de *We Make the Road by Walking*

Brian D. McLaren, En *La desaparición de la gracia* por Yancey, fui cautivado inmediatamente por una cuestión compleja sacada a la luz en una narración sin complicaciones. Yancey utiliza su magistral estilo de escribir para llevar a sus lectores a un lugar de conocimiento de cuán volátiles las Buenas Nuevas «parecen ser» a muchos que no comparten nuestra fe. Sin embargo, él lleva al lector a un lugar donde todos podemos ofrecer las Buenas Nuevas con ternura a todo el mundo.

CARLOS WHITTAKER, autor de *Moment Maker*

LA DESAPARICIÓN DE LA

GRACIA

Otras obras de Philip Yancey en español

Alcanzando al Dios invisible

Cuando nos duele

Desilusión con Dios

El Jesús que nunca conocí

Gracia divina vs. condena humana

La Biblia que leyó Jesús

La oración: ¿Hace alguna diferencia?

Me pregunto ¿por qué?

¿Para qué sirve Dios?

Rumores de otro mundo

Sobreviviente

Una iglesia, ¿para qué?

Obras conjuntas de Philip Yancey y el doctor Paul Brand en español

A su imagen

El don del dolor

Temerosa y maravillosamente diseñado

PHILIP YANCEY

LA DESAPARICIÓN DE LA
GRACIA

¿QUÉ SUCEDIÓ CON LAS BUENAS NUEVAS?

La misión de Editorial Vida es ser la compañía líder en satisfacer las necesidades de las personas, con recursos cuyo contenido glorifique al Señor Jesucristo y promueva principios bíblicos.

LA DESAPARICIÓN DE LA GRACIA
Edición en español publicada por
Editorial Vida – 2015
Miami, Florida

© 2015 por Philip Yancey
Este título también está disponible en formato electrónico.

Originally published in the USA under the title:
Vanishing Grace
Copyright © 2014 by Philip Yancey y Someone Cares Charitable Trust
Published by permission of Zondervan, Grand Rapids, Michigan 49530
All rights reserved
Further reproduction or distribution is prohibited

A menos que se indique lo contrario, todos los textos bíblicos han sido tomados de la Santa Biblia, Nueva Versión Internacional® NVI® © 1999 por Bíblica, Inc.® Usadas con permiso.
Todos los derechos reservados mundialmente.

Publicado en asociación de la agencia Creative Trust, Inc., www.creativetrust.com

Editora en Jefe: Graciela Lelli
Traducción: Andrés Carrodeguas
Edición: Madeline Díaz
Adaptación del diseño al español: produccioneditorial.com

ISBN: 978-0-8297-5784-2

CATEGORÍA: Vida cristiana / Inspiración

IMPRESO EN ESTADOS UNIDOS DE AMÉRICA
PRINTED IN THE UNITED STATES OF AMERICA

15 16 17 18 19 ❖ 6 5 4 3 2 1

CONTENIDO

Asegúrense de que nadie deje de alcanzar la gracia de Dios...
HEBREOS 12.15

PREFACIO

Me lancé a escribir un libro sobre la situación de peligro en que se encuentra la gracia y terminé escribiendo cuatro libros cortos, relacionados todos entre sí y publicados bajo la misma cubierta.

Comencé compartiendo la preocupación de que la iglesia está fracasando en su misión de dispensarle la gracia a un mundo que se halla sediento de ella. Cada vez más, las encuestas señalan que los cristianos son portadores de malas noticias, no de buenas nuevas. (Primera parte)

Después busqué modelos que nos indicaran cómo podríamos hacer una labor mejor, y me decidí por tres de ellos: los peregrinos, los activistas y los artistas. A partir de sus ejemplos todos podemos aprender cómo es posible comunicarse mejor con una cultura que anda huyendo de la fe. (Segunda parte)

Luego sentí la necesidad de dar un paso atrás para formular una pregunta básica que es posible que los cristianos demos por contestada: ¿es el evangelio realmente una buena noticia? Y si lo es, ¿cómo demuestra su validez a la luz de las alternativas que ofrecen la ciencia, la Nueva Era y otras creencias? (Tercera parte)

Por último, volví brevemente a uno de los principales tropiezos con los que se encuentra la fe: el confuso papel que debemos desempeñar los cristianos en un mundo tan diverso. Muchas personas consideran que la participación de los cristianos en la política ha asfixiado nuestro mensaje de unas buenas nuevas para todos. ¿Cómo podemos evitar que nos desestimen como si fuéramos un grupo más que presiona? (Cuarta parte)

Las cuatro secciones tienen sus raíces en un libro que escribí hace casi veinte años. Originalmente lo había titulado *Gracia divina vs. condena humana y por qué los cristianos no manifiestan más la gracia,* hasta que la casa editora me convenció de eliminar la última parte del título. No obstante, esa pregunta se ha ido volviendo cada vez más urgente en los últimos años. Como un deshielo repentino en medio del invierno, la gracia se presenta en momentos inesperados. Hace que nos detengamos, nos deja sin aliento, nos desarma. Si la manipulamos, tratamos de controlarla o de ganárnosla de alguna manera, no sería gracia. Sin embargo, no todo el mundo ha probado esa gracia maravillosa, y no todo el mundo cree en ella.

En unos tiempos de división y discordia, da la impresión de que la gracia va desapareciendo cada vez más. ¿Por qué? ¿Y qué podemos hacer nosotros al respecto?

UN MUNDO SEDIENTO

En la novela La segunda venida, uno de los personajes de Walker Percy declara acerca de los cristianos: «No puedo estar seguro de que no tengan la verdad. No obstante, si tienen la verdad, ¿por qué sucede que resultan repelentes, precisamente en el mismo grado en que aceptan y anuncian la verdad? [...] Un misterio: si las buenas nuevas son ciertas, ¿por qué a nadie le agrada escucharlas?».

CAPÍTULO I

UNA GRAN SEPARACIÓN

*En general, las iglesias [...] tenían en mi opinión la misma relación
con Dios que los tableros de anuncios tenían con la Coca-Cola:
promocionaban la fe sin saciarla.*

JOHN UPDIKE, *A MONTH OF SUNDAYS* [UN MES DE DOMINGOS]

En mi condición de cristiano, siento una profunda preocupación por la forma en que representamos nuestra fe ante los demás. Hemos sido llamados a proclamar las buenas nuevas del perdón y la esperanza, sin embargo, me sigo tropezando con evidencias de que son muchas las personas que no escuchan nuestro mensaje como una buena noticia.

Decidí escribir este libro después de ver los resultados de las encuestas hechas por el grupo de George Barna.* Unas cuantas estadísticas reveladoras saltaron a mi vista. En 1996, el ochenta y cinco por ciento de los estadounidenses que no estaban comprometidos con ninguna iglesia aún tenían un concepto favorable del cristianismo. Trece años más tarde, en 2009, solo el dieciséis por ciento de los jóvenes «de afuera» mostraba una opinión favorable sobre el cristianismo, y únicamente el tres por ciento tenía una buena impresión sobre los evangélicos. Quise explorar las razones que habían causado un hundimiento tan drástico en un

---

* Las fuentes, entre ellas las citas bíblicas, aparecen al final del libro.

tiempo tan relativamente corto. ¿Por qué los cristianos suscitan sentimientos de hostilidad y qué podemos hacer en cuanto a esto, si es que podemos hacer algo?

Durante más de una década me he mantenido al tanto de la forma en que el mundo secular moderno ve a los cristianos por medio de un grupo de lectores al cual pertenezco. Entre estos lectores bien informados, los cuales han viajado por todo el mundo, se incluyen un abogado ambientalista, un filósofo que fue cesanteado de una universidad estatal por sus puntos de vista marxistas, un experto en desarrollo infantil, un investigador farmacéutico, un auditor estatal, un abogado especializado en bancarrotas, un bibliotecario y un neurólogo. Nuestras profesiones y nuestros trasfondos tan diversos favorecen unos animados intercambios de opiniones.

Después de hablar sobre una notable diversidad de ideas inspiradas por cualquier libro que hayamos acabado de leer, la conversación suele regresar de nuevo a la política, al parecer una especie de religión sustituta. Todos mis amigos del grupo de lectura, menos uno, se inclinan fuertemente hacia la izquierda política, y el único que no lo hace es un libertario que se opone a casi todo lo que sea gobierno. El grupo me considera como una fuente de información acerca de un universo paralelo que existe fuera de su órbita social. «Tú conoces a los evangélicos, ¿no es cierto?». Yo asiento con la cabeza. Entonces aparece una pregunta como esta: «¿Puedes explicarnos por qué se oponen tanto a los matrimonios de los homosexuales y las lesbianas?». Hago mi mejor esfuerzo para responderles, pero los argumentos que repito después de habérselos oído a los líderes evangélicos carecen de sentido para este grupo.

Después de la reelección de George W. Bush en el año 2004, el profesor marxista lanzó una diatriba contra los evangélicos de derecha. «Ellos están motivados por el odio. ¡Un puro odio!», me dijo. Le sugerí que el motivo podría ser otro, como el temor; el temor a que la sociedad siga unas tendencias que los conservadores ven como una dirección perturbadora. «¡No, es el odio!», insistió, mientras alzaba la voz y el rostro se le ponía rojo, algo que no es característico en él.

Le pregunté: «¿Conoces personalmente a algunos evangélicos de derecha?». «En realidad, no», admitió un poco avergonzado, aunque explicó que había conocido a muchos en su juventud. Como la mayoría de los que forman mi grupo de lectura, había crecido en la iglesia, en su caso, entre los adventistas del séptimo día.

Muchas conversaciones similares me han enseñado que la religión representa una inmensa amenaza para los que se ven a sí mismos como una minoría de agnósticos en una tierra de creyentes. Los que no son creyentes tienden a considerar a los evangélicos como una legión de policías de la moralidad, decidida a imponerles a los demás su concepto de lo que son las formas correctas de conducirse. Para ellos, los cristianos son enemigos del aborto, los homosexuales, las mujeres, tal vez incluso del sexo, y la mayoría de estas personas les enseña a sus hijos en la casa en lugar de enviarlos a las escuelas para evitar que se corrompan. Algunas veces los cristianos ayudan en los problemas sociales, digamos al repartirles sopa a los indigentes o darles refugio, pero en lo demás difieren poco de los fanáticos musulmanes que quieren imponer la ley sharia en sus sociedades.

Un grupo de investigación con base en Phoenix se sorprendió al descubrir el grado de los abusos cometidos contra los cristianos, un antagonismo que iba mucho más allá de una diferencia de opinión en ciertas cuestiones. Según el presidente de esta compañía, «los evangélicos eran llamados analfabetos, codiciosos, sicópatas, racistas, estúpidos, gente de mente estrecha, prejuiciados, idiotas, fanáticos, tarados, locos gritones, ilusos, simplones, arrogantes, imbéciles, crueles, bobalicones y estrafalarios, y esta es solo una parte de la lista [...] Algunas personas no tienen la menor idea de lo que son los evangélicos en realidad, ni de lo que creen; solo saben que no los pueden soportar».

En los tiempos que corren, las buenas nuevas no parecen tan buenas, al menos para algunos.

FRAGANCIAS MEZCLADAS

Usando una inteligente metáfora, el apóstol Pablo habla sobre «el olor grato de Cristo», que puede tener un efecto muy diferente en dependencia del olfato de cada cual: «A éstos ciertamente olor de muerte para muerte, y a aquéllos olor de vida para vida». Mis deberes como periodista me llevan a lugares en los cuales los cristianos despiden un perfumado aroma, y también a sitios donde ellos ofenden el olfato con su olor.

Estados Unidos está pasando por un marcado cambio en su actitud hacia la religión, y los cristianos nos enfrentamos aquí con nuevos desafíos. Cuando un bloguero llamado Marc Yoder escribió acerca de las «diez sorprendentes razones por las cuales nuestros muchachos se van de la iglesia», basándose en entrevistas hechas en Texas (un estado comparativamente religioso), su escrito se difundió como la pólvora. En lugar de leerlo un centenar de personas o un número semejante, su sitio web tuvo más de medio millón de visitantes. «No hay una manera fácil de decir esto», escribió Yoder empleando palabras que despertaban profundas emociones. «La iglesia evangélica de Estados Unidos ha perdido, está perdiendo, y es casi totalmente seguro que seguirá perdiendo a nuestros jóvenes».[*] Si no nos adaptamos, terminaremos hablando con nosotros mismos en unos números cada vez más reducidos.

¿Qué hay detrás de esta tendencia descendente? Daniel Hill, un amigo mío de Chicago que trabajó en el pasado como parte del

---

[*] Según las encuestas de Barna, el sesenta y uno por ciento de los jóvenes de hoy habían estado asistiendo a alguna iglesia durante su adolescencia, pero en la actualidad se hallan espiritualmente desconectados.

personal de Willow Creek Community Church, una de las iglesias más grandes de la nación, me hizo considerar algunos aspectos de esta situación. Daniel buscó un segundo trabajo como dependiente en una cafetería Starbucks local, donde ahora se da cuenta de que su formación pastoral comenzó en realidad. Uno de sus clientes, en el momento en que su conversación pasó al tema de la religión, le dijo: «Cuando los cristianos le hablan a alguien, actúan como si la persona fuera un robot. Tienen una agenda que promocionar, y si tú no estás de acuerdo con ellos, dejas de interesarles». Con frecuencia escuchaba expresiones que denotaban la actitud de que todo vale: «Personalmente, no sigo el cristianismo, pero considero que uno debe hacer todo aquello que lo haga feliz». Una persona le dijo: «Mira, todos sabemos que "Dios" está en alguna parte, pero nadie tiene derecho a decirle a otro el aspecto que tiene para él o ella. Todas las personas tienen la libertad de expresar lo que consideran acerca de "Dios" de la forma que quieran, pero deben guardar para sí mismas las opiniones que tengan».

Durante el tiempo que trabajó en la cafetería, Hill presenció dos maneras distintas de enfocar la fe. Los «precristianos» parecían abiertos y receptivos cuando se tocaba el tema de la religión. No sentían una verdadera hostilidad y se podían ver a sí mismos conectándose algún día con una iglesia. Con esta actitud contrastaba la de los «postcristianos», que albergaban sentimientos negativos. Algunos cargaban con los recuerdos de heridas del pasado: una división en su iglesia, un padre o una madre dominante, un director de jóvenes o un sacerdote culpables de abusos sexuales, un desagradable divorcio que la iglesia manejó con torpeza. Otros se habían limitado a absorber los estereotipos negativos de los medios de comunicación, que presentan a fundamentalistas rabiosos y teleevangelistas con tendencia a los escándalos.

Mientras escuchaba las historias de Daniel Hill, recordaba la analogía de C. S. Lewis sobre la comunicación de la fe en la Gran

Bretaña secular. Hay una diferencia entre cortejar a una divorciada y a una mujer virgen, le dijo Lewis a un amigo en una carta. La divorciada no se va a creer con facilidad las cosas dulces que le diga su pretendiente, porque ya las ha escuchado todas antes y siente una desconfianza básica con respecto al romance. En Estados Unidos de los tiempos modernos, Hill calcula que alrededor de las tres cuartas partes de los jóvenes «de afuera» califican como postcristianos, divorciados de la fe.

Por supuesto, no todos pueden encerrarse dentro de esa categoría precisa, pero a mí me pareció útil el punto de vista de Daniel Hill. Comencé a pensar detenidamente en mis propios contactos con las personas que no se hallan comprometidas con la fe. Puesto que he vivido en Chicago, la ciudad donde vive Hill, tengo que aceptar que estoy de acuerdo con su evaluación de los jóvenes que viven en las ciudades. En nuestro condominio de seis unidades ninguna otra persona asistía a una iglesia, y la mayoría miraba con desconfianza a los cristianos. Entre mis amigos del grupo de lectores de Colorado hay algunos que también se podrían clasificar dentro de esta categoría de postcristianos.

En cambio, existen grandes zonas del sur y el medio oeste de Estados Unidos que permanecen asequibles a la fe y calificarían como «precristianas». Yo crecí en el sur, influenciado por la religión, y las veces que lo he vuelto a visitar siempre me quedo sorprendido ante lo diferentes que son las actitudes hacia la religión en esas regiones. El Cinturón de la Biblia acepta ampliamente los planteamientos del evangelio. Hay un Dios (¿acaso nuestras monedas no afirman: «En Dios confiamos»?), hemos pecado (la música country explica de manera muy específica los escabrosos detalles) y Jesús nos proporciona una forma de recibir el perdón de esos pecados (aún se pueden ver las frases «Arrepiéntete» o «Jesús salva» en algunos graneros y carteles sureños). Aprieta el botón de la radio del auto que va buscando las estaciones mientras viajas por el sur y tendrás una buena oportunidad de escuchar el testimonio de alguien que relata lo descarriada que estaba su vida, transformada ahora por una experiencia de conversión en la cual nació de nuevo.

También en mis viajes a otros lugares —como África, América Latina y partes de Asia— veo que sigue siendo atrayente el mensaje cristiano básico. Los habitantes de esos países asocian a los cristianos con los misioneros que llegaron hasta ellos como pastores, maestros, médicos y enfermeras, expertos agrícolas y trabajadores de asistencia. El evangelio responde las preguntas sobre el sentido de nuestra existencia, presenta la promesa de otra vida y les proporciona una comunidad de apoyo a los necesitados. Aún hay muchos en el mundo a los que el evangelio les sigue resonando como una buena noticia, un encanto divino destinado a quebrantar el tenebroso maleficio que ensombrece gran parte de nuestra vida sobre esta tierra.

Cuando regreso de esos viajes, me estremece ver que los habitantes de mi propia nación hablen de los cristianos de una manera tan siniestra. Los postcristianos escuchan la misma música, pero como si la hubieran distorsionado unos altavoces en mal estado. Los evangelistas que hablan del pecado son considerados personas regañonas que tienen la intención de intimidar: *¿Qué les da el derecho a juzgar mi conducta, sobre todo cuando hay tantos de ellos cuya vida es un verdadero desastre?* Las doctrinas sobre la Trinidad, la expiación, el pecado original y el infierno les parecen desconcertantes, incluso incomprensibles, y de todas formas, ¿quién puede reclamar legítimamente que tiene la verdad?

Los que viven en países prósperos, dedicados a disfrutar de esta vida terrenal, le prestan poca atención a la idea de una vida después de la muerte. Y hay toda una cadena de nuevos ateos que censuran todo lo que sea religión como una mala noticia, una fuente primaria de fanatismo y guerra —hubo uno de ellos que dijo acerca de las atrocidades del 11 de septiembre que eran «una iniciativa basada en la fe»— y anhelan que llegue el día en que la raza humana finalmente supere su necesidad de religión.

En Europa, que fue la sede de la fe cristiana durante la mayor parte de su historia, muchos ni siquiera piensan en ella. Apenas la tercera parte de los encuestados franceses y británicos creen incluso que Dios exista. Estando de visita en Francia le hablé a un obrero de Cruzada Estudiantil y Profesional para Cristo que había evangelizado en la Florida antes de mudarse a Europa. Armado de una tablilla sujetapapeles, se les acercaba a personas desconocidas y les preguntaba: «Si usted muriera y Dios le preguntara por qué hay que permitir que entre al cielo, ¿qué le respondería?». Ese método produjo resultados de todo tipo en la Florida, pero en Francia se encontraba con unas miradas tan perdidas como si les hubiera estado hablando en el idioma urdu de Pakistán. Ahora la pregunta que hace primero es: «¿Cree usted en Dios?», y la típica respuesta francesa es algo como esto: «¡Qué pregunta tan fascinante! Déjeme pensar. En realidad, nunca antes se me había ocurrido».

Cuando viajo de una nación a otra, me siento trasladado continuamente entre sociedades postcristianas y precristianas. La división cultural se manifiesta claramente en Estados Unidos, donde los cristianos siguen siendo una fuerza social que es necesario tener en cuenta. Algunos cristianos reaccionan ante esa división juzgando duramente a las personas con las que no están de acuerdo. Esta es una de las principales razones por las cuales los evangélicos tienen una reputación desagradable. Me lleno de vergüenza cuando oigo esas palabras, y mi reacción es mantenerme mayormente callado acerca de mi fe. Ninguno de los dos métodos resulta saludable.

Jesús les concedió a sus seguidores el inmenso privilegio de dispensarle la gracia de Dios a un mundo sediento. Como uno de los que han podido beber profundamente de esa gracia, se la quiero ofrecer a un mundo que va a la deriva. ¿Cómo le podemos comunicar esa noticia realmente buena a una cultura que huye de ella?

EL DESPERDICIO DE
LAS BUENAS NUEVAS

Los cuáqueros tienen este dicho: «Un enemigo es alguien cuya historia no hemos escuchado». Para comunicarme con los postcristianos, primero tengo que escuchar sus historias a fin de encontrar indicios sobre la forma en que ven al mundo y a la gente como yo. Esas conversaciones son las que me llevaron a idear el título de este libro. Aunque la gracia de Dios sigue siendo tan maravillosa como siempre, en mi dividido país parece estarse desvaneciendo.

Les he preguntado tanto a extraños como a conocidos: «¿Por qué los cristianos suscitan unos sentimientos tan negativos?». Algunos sacan a relucir atrocidades del pasado, como la extendida creencia de que la iglesia ejecutó a entre ocho y nueve millones de brujas, cifra que los historiadores serios creen exagerada en un noventa y nueve por ciento. He escuchado quejas acerca de unas escuelas protestantes o católicas muy estrictas, y relatos sobre clérigos intolerantes. ¿Acaso a John Lennon no lo echaron de la iglesia durante su niñez por reírse en un momento inoportuno? Otros repiten historias parecidas a la de Steve Jobs, que se marchó de la iglesia cuando el pastor no supo responder a sus preguntas acerca de Dios y los niños que se mueren de hambre en el África. La comediante Cathy Ladman expresa una idea muy común: «Todas las religiones son lo mismo: la religión es básicamente la culpa con días de fiesta distintos».

Los vecinos que en el pasado recibían de buen grado la presencia de las iglesias ahora presentan litigios legales contra ellas, no solo por cuestiones de tránsito y estacionamiento, sino porque afirman: «¡No queremos una iglesia en nuestra comunidad!». La animosidad se hace pública cuando una figura prominente del deporte habla con libertad acerca de su fe. Hace algunos años, el mariscal de campo Tim Tebow y el alero de la NBA Jeremy Lin atrajeron los elogios de los cristianos que valoraban su impecable estilo de vida y el hecho de que estuvieran dispuestos a hablar de su fe. Al mismo tiempo, los comentaristas deportivos de la radio, los sitios web y blogs, así como los comediantes de media noche, se burlaban despiadadamente de ambos.

Para nuestra vergüenza, la iglesia o grupos de creyentes en uno u otro lugar pueden dar buenas razones para la existencia de esta aversión. Mientras me tomaba un descanso en medio de la redacción de este capítulo, sintonicé la CNN y observé allí un reportaje sobre un pastor de Carolina del Norte que proponía que confinemos a «todos los afeminados y las lesbianas» dentro de un inmenso cercado, tal vez de ciento sesenta kilómetros a la redonda, y les lancemos la comida desde el aire. Al final, terminarán extinguiéndose, alardeaba, puesto que no se reproducen. Esa misma semana, una congregación de Indiana aplaudió frenéticamente a un niño de siete años que cantó su composición: «Los homos no van al cielo». Y después del tiroteo en la escuela primaria de Sandy Hook, en Connecticut, un prominente vocero evangélico culpó de esto a los homosexuales, los iPods, la evolución y las leyes de la Corte Suprema en contra de la oración en las escuelas.

Hace poco recibí una carta de una amiga agnóstica que estaba furiosa por la conducta de los cristianos en el funeral de su madre. Ella me describía «el proselitismo a fin de sembrar el terror para que se acercaran a Jesús» realizado por un pastor de la «megaiglesia Grace (¡vaya ironía!) Community Algo». Después añadía: «La única razón que me impidió salir huyendo por encima de las bancas fue el respeto por la fe evangélica de mi madre». Varios de los que asistieron al funeral llegaron a decirle: «Si una sola persona aceptó a Cristo durante el culto, entonces la muerte de tu madre valió la pena».

La película *¡Salvados!*, presentada en el año 2004, nos permite captar la forma en que la cultura en general piensa acerca de los cristianos. Dirigida por Brian Dannelly, quien siendo niño se las arregló para que lo expulsaran de una escuela primaria católica y una escuela secundaria bautista, esta película es la combinación de una sátira mordaz y una comedia exagerada. Cierta melindrosa creyente llamada Hilary Faye dirige un coro, las Joyas Cristianas, el cual secuestra a los que considera con posibilidades de conversión y los trata de exorcizar para expulsar de ellos los demonios. La única estudiante judía de la escuela, una joven rebelde, finge que habla en lenguas y se rasga la blusa durante un culto en la capilla.

Los padres de un adolescente homosexual lo envían a un centro cristiano de rehabilitación que tiene el poco acertado nombre de Mercy House [Casa de la misericordia] para un programa de tratamiento que dura todo un año. Mientras tanto, María, quien lo sedujo en un intento por curarlo de la homosexualidad, descubre que está encinta. Durante el desarrollo de la trama se presenta a todos los cristianos como unos hipócritas, con Hilary Faye en el primer lugar de la lista, inmediatamente antes de su pastor, que es experto en aventuras amorosas.

En la escena final, el homosexual se escapa de Mercy House y se reúne con otros en el cuarto del hospital de Mary después que ella da a luz. Hasta los hipócritas amigos de criticar se comienzan a ablandar. El mensaje es claro. ¿Por qué no podemos aceptar las diferencias mutuas en lo que respecta a creencias, moralidad, preferencias sexuales y todo lo demás? ¿Por qué no podemos llevarnos bien los unos con los otros?

Hoy en día, el principio de la tolerancia domina por encima de todos los demás, y cualquier religión que reclame para sí la verdad es tenida por sospechosa. Combina esto con la reputación de los cristianos como personas acostumbradas a juzgar la conducta de los demás, y no es de extrañar que la hostilidad vaya en aumento. Un crítico hacía notar: «La mayor parte de las personas con las que me encuentro da por sentado que la palabra "cristiano" define a alguien muy conservador, atrincherado en su manera de pensar, enemigo de los homosexuales, opuesto al aborto, furioso, violento, ilógico, constructor de imperios; los cristianos quieren convertir a todo el mundo, y por lo general no pueden convivir pacíficamente con nadie que no crea lo que ellos creen».

Jesús nunca nos ordenó obtener buenos resultados en las encuestas de opiniones, pero mientras reflexiono sobre la lista de palabras que utiliza la gente para describir a los cristianos, me pregunto cómo podremos actuar como sal y levadura dentro de una sociedad que tiene un concepto tan negativo de nosotros.

LA SAMARIA MODERNA

¿Estoy reaccionando de manera excesiva? Me preguntaba si esos sentimientos negativos contra la religión eran un fenómeno local hasta que acerté a encontrar una encuesta realizada a dieciocho mil personas de veintitrés países distintos. En preparación para un debate del año 2010 entre Tony Blair, el primer ministro británico, y el ateo Christopher Hitchens, los patrocinadores de Toronto mandaron a realizar una sencilla encuesta. He aquí los resultados que arrojó ante la pregunta: «¿Es la religión una fuerza para el bien?».

País	Porcentaje de los que respondieron que sí
Arabia Saudita	92
Indonesia	91
India	69
Estados Unidos	65
Rusia	59

Italia	50
Turquía	43
Canadá	36
Australia	32
Gran Bretaña	29
Japón	29
Francia	24
Bélgica	21
Suecia	19

En total, el cincuenta y dos por ciento de los que respondieron a la encuesta opinó que la religión hace más mal que bien. Aunque la encuesta no indagó cuáles podrían ser las razones de esas respuestas, no pude menos que notar que con pocas excepciones los países que tenían una mayor historia dentro del cristianismo, sobre todo en Europa, eran los que sentían menos respeto por la religión como una fuerza para el bien. En cambio, Rusia tuvo una puntuación mucho más elevada, a pesar de los intentos de sus líderes ateos por acabar con la religión en el siglo pasado. También noté que en la encuesta no se incluyó a los países de África ni América del Sur, los cuales están experimentando un resurgimiento de la fe religiosa.

Estados Unidos conserva un respeto básico por la religión, aunque es posible que esté siguiendo las tendencias europeas: las encuestas manifiestan un aumento continuo de los «no religiosos» (actualmente, la tercera parte de los que tienen menos de treinta años); es decir, de los que afirman no tener religión alguna, una categoría que ya es más grande que la de todos los episcopales, presbiterianos, metodistas y luteranos combinados.

Mientras reflexionaba sobre los resultados de las encuestas, recordé un artículo que escribió Tim Stafford para *Christianity*

Today hace algunos años. Usando paralelos con los tiempos bíblicos, él afirmaba que los cristianos de Estados Unidos pensamos a veces que vivimos en Babilonia, como refugiados atrapados en una cultura que proclama a toda voz unos valores que son hostiles a nuestra fe (considérense las películas de Hollywood). En realidad, vivimos en un lugar que se parece más a Samaria. En los tiempos de Jesús, los samaritanos vivían muy cerca de sus primos judíos, y a pesar de tener muchas similitudes los dos grupos no se llevaban bien. Como miembros apartados de la familia, se sentían resentidos. Simple y llanamente, para los judíos, los samaritanos eran herejes. El Evangelio de Juan nos explica: «Los judíos no usan nada en común con los samaritanos».

Por sorprendente que parezca, los grupos más cercanos entre sí suelen fomentar las enemistades más fuertes. Al mundo ajeno a Ruanda y Yugoslavia le costaba trabajo tener claras las diferencias entre los hutus y los tutsis, o entre los bosnios, los serbios y los croatas, mientras que esos mismos grupos se estaban asesinando mutuamente a causa de esas diferencias. Y ahora vemos la violencia en el Medio Oriente y nos cuesta trabajo comprender el rencor existente entre los musulmanes shiíes y los suníes. De alguna manera, las personas que son iguales, aunque no idénticas, pueden generar más odio que dos grupos que son obviamente distintos. Eso era cierto también en los tiempos de Jesús. Los fariseos usaban la palabra ofensiva que comenzaba con «s» cuando insultaban a Jesús, acusándolo con frases como esta: «¿No tenemos razón al decir que eres un samaritano, y que estás endemoniado?». Y cuando los aldeanos de Samaria no recibieron bien a Jesús, sus discípulos le sugirieron que hiciera descender fuego del cielo para destruirlos.

«El problema no está en que mi religión sea extraña», dice Stafford. «El problema radica en que mi religión es familiar. Como los samaritanos y los judíos, los cristianos y los no cristianos tienen una cosmovisión parcialmente compartida (nuestras tradiciones occidentales, entre las cuales se incluye la Biblia), un mismo punto de origen (la cristiandad) y unos puntos de contienda bien definidos (la exclusividad de Cristo). Nos es familiar lo que cada una de las partes cree. Sospechamos los unos de los otros. Así que partimos de un resentimiento».

Pienso en mis amigos del club de lectura, que apoyan causas como la de los derechos humanos, la educación, la democracia y la compasión por los débiles, la mayoría de las cuales han surgido de las raíces cristianas. Sin embargo, ahora consideran a los cristianos como una poderosa amenaza para esas causas. Mientras tanto, los cristianos conservadores observan a estas personas secularizadas y también perciben en ellas una poderosa amenaza. *Ellos son los que sacaron la oración de las escuelas y denuncian las exhibiciones religiosas en las Navidades. Aun más, traicionaron nuestra herencia cristiana al redefinir el matrimonio y legalizar el aborto, y ahora están tratando de conseguir que se apruebe el suicidio asistido.* Ambos grupos, el secular y el cristiano, tienden a aislarse y juzgar cada uno al otro, sin que haya mucho diálogo o interacción.

Pude tener una prueba de esos apasionados sentimientos que yacen tras las guerras de las culturas cuando publiqué una cita del ya fallecido Andy Rooney en mi sitio de Facebook. «He decidido que estoy en contra del aborto», decía Rooney. «Lo considero un asesinato. Sin embargo, tengo un dilema en el sentido de que prefiero mucho a la gente que está a favor de él que a los que están en su contra. Me agradaría mucho más cenar con un grupo de los que están a su favor». Una leve tormenta de fuego hizo erupción cuando me respondieron con sus comentarios. Unos acribillaban a Rooney por no ser más que una celebridad de la televisión, sin ninguna credibilidad real. Otros defendieron a los voluntarios que trabajaban en contra del aborto, presentando un contraste entre ellos y el repulsivo bando opuesto. Una mujer escribió: «¿Qué está tratando de decir con eso? ¿Que usted, como Rooney, encuentra la compañía de los que apoyan el asesinato de seres inocentes más superficialmente agradable que la de aquellos que creen en proteger a esos bebés? ¡Qué carnal de su parte! [...] Lo que escribió me causa repugnancia».

En conclusión, sus reacciones sirvieron para subrayar lo que quería decir Andy Rooney. ¿Acaso querría yo cenar con aquellos lanzallamas que escribieron sus comentarios en mi sitio web? Les contesté —y esto constituye un tema que se repite una y otra vez en este libro— que el problema no tiene que ver con que esté de acuerdo con alguien, sino con la forma en que trato a una persona con la que estoy en profundo desacuerdo. Los cristianos hemos sido llamados a usar las «armas de la gracia», lo cual significa tratar con amor y respeto incluso a los que se nos oponen.

Como siempre, Jesús es el que nos muestra el camino. Cuando los fariseos se burlaban de él, llamándolo «samaritano» y «endemoniado», Jesús rechazó la acusación de que estuviera poseído, pero no protestó ante el insulto racial. En otra ocasión, reprendió a los discípulos por pedirle que actuara con violencia contra los samaritanos. Con toda intención, hizo de un samaritano el héroe de una de sus más excelentes parábolas. Se apartó de su camino para visitar una aldea samaritana y les ordenó a sus discípulos judíos que llevaran el evangelio a otras aldeas samaritanas también. Al final, los discípulos lo entendieron: cuando los samaritanos se convirtieron en seguidores de Cristo con «gran gozo» después de la ascensión de Jesús, recibieron el Espíritu Santo por medio del ministerio de Pedro y Juan, el mismo Juan que una vez había pedido que descendiera fuego del cielo y los destruyera.

SEÑALES DE SED

Entre los que rechazan la fe hay quienes dan muestras de su ateísmo con orgullo, como una señal de desafío. (El escritor alemán Heinrich Böll comentaba: «No me agradan estos ateos; siempre están hablando de Dios».) Otros desechan la fe con mayor tristeza, o buscan alternativas en la Nueva Era u otras religiones. También hay algunos que rechazan a la iglesia, pero no a Jesús. Todos ellos están reaccionando contra una fe que ha dejado de sonar como una buena noticia.

Las mismas encuestas que rastrean el surgimiento de los «no religiosos», los que no tienen afiliación como creyentes, señalan que entre ellos solo una pequeña minoría afirma ser atea. Muchos se siguen considerando religiosos, aunque no hayan hallado un hogar espiritual. He tratado de escuchar a esos que no se han comprometido con ninguna religión, no como enemigos, sino como buscadores que aún siguen indagando. ¿Por qué dejaron la iglesia y tal vez la fe? ¿Qué podemos aprender de ellos y cómo los podemos invitar para que regresen? Esas buenas nuevas, aunque las hayamos echado a perder, ¿podrán volver a sonar como buenas una vez más?

Jesús vino «del Padre, lleno de gracia y de verdad», escribió Juan en el prefacio a su Evangelio. La iglesia ha trabajado incansablemente en la parte de esa fórmula que se refiere a la verdad: testigos de esto son los concilios, los credos, los volúmenes de teología y las divisiones en las denominaciones causadas por puntos secundarios de la doctrina. Anhelo que la iglesia compita con igual fuerza por transmitir lo que Pablo llama la «incomparable riqueza» de la gracia de Dios. Muchas veces da la impresión de que nos entienden más como dispensadores de la culpa que de la gracia.

Juan recoge un encuentro personal entre Jesús y una mujer samaritana. Ella, que conocía muy bien la antipatía que existía entre ambos grupos, se maravilló de que un rabino judío se dignara a dirigirle la palabra. Hubo un momento en el que sacó a relucir uno de los puntos doctrinales en disputa: ¿quiénes tenían el lugar de adoración correcto, los judíos o los samaritanos? Jesús hizo a un lado hábilmente la pregunta y sacó a colación un asunto más importante: la sed sin saciar que esta mujer tenía. No la juzgó, sino le ofreció una solución duradera a su sentido de culpabilidad debido a una vida desordenada. Ante ella, y solo ella, se identificó francamente como el Mesías, y la escogió para ser dispensadora de la gracia. Su transformación captó la atención de todo el poblado, y Jesús permaneció durante dos días entre aquellos «herejes», convirtiendo a muchos de ellos.

Esa escena de Jesús y la mujer samaritana salió a relucir durante un día que pasé con el autor Henri Nouwen en su hogar de Toronto. Él acababa de regresar de San Francisco, donde había estado una semana en una clínica para enfermos de SIDA visitando a aquellos pacientes, los cuales en tiempos anteriores a las drogas antirretrovirales se enfrentaban a una muerte segura y atroz. «Soy sacerdote, y parte de mi labor consiste en escuchar las historias que me cuentan las personas», me dijo. «Así que recorrí toda la sala del hospital preguntándoles a los pacientes, la mayoría de ellos hombres jóvenes, si querían hablar».

Nouwen me contó después que a partir de aquella semana sus oraciones habían cambiado. Mientras escuchaba relatos sobre promiscuidad, adicción y formas de conducta autodestructivas, descubría indicios de una sed de amor que nunca había sido saciada. A partir de entonces, oraba diciendo: «Dios mío, ayúdame a ver a los demás no como mis enemigos ni como impíos, sino más bien como seres humanos *sedientos*. Y dame el valor y la compasión que necesito para ofrecerles tu Agua Viva, que es la única que sacia esa profunda sed».

La impresión del día pasado con aquel amable sacerdote nunca se ha borrado de mi mente. Ahora, cada vez que me tropiezo con escépticos estridentes que se burlan de mis creencias, o con personas cuya conducta encuentro ofensiva, me recuerdo a mí mismo la oración de Henri Nouwen. Le pido a Dios que no permita que me apresure a juzgar o a erigirme en defensa propia. Oro diciendo:

Permíteme verlos como seres humanos sedientos y enséñame cuál es la mejor manera de presentarles el Agua Viva.

Graham Greene escribió una novela llamada *Un caso acabado*, con alusiones autobiográficas acerca de un renombrado arquitecto de iglesias que llega a la conclusión de que sus obras han sido profanadas por los adoradores que las usan. Al no encontrarle ya sentido al arte o el placer, y desconsolado por el suicidio de su amante, el arquitecto viaja hasta un leprosorio en el Congo que dirigen unos misioneros católicos y adquiere nuevas energías mientras supervisa la construcción de un hospital para los pacientes de lepra.

Mientras tanto, el criado del arquitecto, que se llamaba Deogracias, desaparece en la selva. En una conmovedora escena, el arquitecto camina errante en medio de la oscuridad y la vegetación, mientras llama a su criado leproso y mutilado: «¡Deogracias, Deogracias!».

Él estaba clamando literalmente por la gracia de Dios. En diferentes maneras, todos hacemos esto de alguna forma, tanto nosotros los cristianos como los precristianos y los postcristianos. Estamos sedientos.

CAPÍTULO 2

LA GRACIA EN PELIGRO

Pero tú te complaces en los rostros de aquellos que saben que tienen sed.

RAINER MARIA RILKE

El escritor británico Theodore Dalrymple confiesa: «No es tan fácil como uno podría suponer librarse de la idea de Dios». Después de reconocer que no es creyente, él pasa a describir el vacío que eso significa. Creer que no hay Dios no sirve para hacer que desaparezca la sed.

Pocos de nosotros, en especial a medida que vamos avanzando en edad, nos sentimos totalmente cómodos con la idea de que la vida está llena de mucho ruido, pero no tiene sentido alguno. Por mucho que los filósofos nos digan que es ilógico tenerle miedo a la muerte, y que en el peor de los casos solo nos debería asustar el proceso de morir, la gente sigue temiéndole a la muerte tanto como antes. De la misma manera, por muchas veces que los filósofos nos digan que nos toca a nosotros, y no a nadie más, encontrar el sentido de la vida, seguimos añorando tener un propósito trascendental [...] Decirnos que no deberíamos sentir este anhelo es algo así como explicarle a alguien que se acaba de enamorar que el objeto de sus afectos no es digno de ellos. El corazón tiene sus razones que la razón no conoce.

Tales anhelos les susurran con fuerza a aquellos que los escuchan. Un adolescente se sienta en su habitación a oscuras, preguntándose si a alguien le importa que él esté vivo o muerto. Una mujer adicta a los analgésicos juguetea con su vaso de café en un grupo de recuperación, deseando algo menos vago que un «Poder Supremo». Una pareja que lleva mucho tiempo casada mira por la ventana del restaurante en su aniversario, en medio de un incómodo silencio, porque ya no tienen nada más que decirse. Un terapeuta hace una lista con las quejas que les oye todos los días a sus clientes —futilidad, una vaga depresión, la añoranza de una realización personal, un hambre de espiritualidad— y diagnostica una «pérdida del alma», un vacío que la cultura moderna no logra satisfacer con su atracción hacia las diversiones y los bienes materiales.

Estoy convencido de que los seres humanos buscamos dos cosas de manera instintiva. Anhelamos tener significado, un sentido de que nuestra vida le importa de alguna manera al mundo que nos rodea. Y anhelamos también la comunidad, disfrutar de la sensación de que alguien nos ama.

Aunque los cristianos y los no comprometidos estemos de acuerdo en lo que respecta a un diagnóstico, no lo estamos en cuanto a la cura. A diferencia de la mujer samaritana, no todo el mundo toma la decisión de probar el Agua Viva que Jesús prometió que saciaba la sed. Por mencionar un ejemplo, la hija del famoso ateo Bertrand Russell dice acerca de su padre que «toda su vida fue una búsqueda de Dios [...] En algún recóndito lugar de la mente de mi padre, en el fondo de su corazón, en lo más profundo de su alma, había un espacio vacío que antes había llenado Dios, y nunca encontró ninguna otra cosa que lo pudiera ocupar».

El propio Bertrand Russell decía: «Hay tinieblas afuera, y cuando muera habrá tinieblas adentro». ¿Qué mantuvo a este filósofo alejado de la fe?

Su hija menciona una razón. «Me habría agradado convencer a mi padre de que yo hallé lo que él había estado buscando, ese algo inefable que anheló durante toda su vida. Me habría agradado persuadirlo de que la búsqueda de Dios no tiene por qué ser en vano. Sin embargo, fue imposible. Él había conocido demasiados cristianos ciegos, sombríos moralistas que destruían el gozo de vivir y perseguían a los que se les opusieran. Nunca hubiera podido ver la verdad que ellos estaban escondiendo».

Lamentablemente, muchos de mis conocidos que viven buscando una vida espiritual relatan historias parecidas a la de Bertrand Russell. No encuentran en la iglesia un sentido de comunidad, ni una solución a su búsqueda. La iglesia termina alejándolos de Dios en lugar de acercarlos a él. Les da la impresión de ser aburrida y llena de fórmulas, con una comunidad estrecha de miras y una doctrina intolerante. Un vecino mío lo expresó bien de esta manera: «Yo probé la religión. Me pasé ocho años en escuelas católicas, asistí a misa todos los días de clase y también los domingos. Todo el tiempo que estuve allí sentado lo que quería era marcharme. En realidad, ¿se supone que debo creer que voy a arder para siempre en el infierno porque me perdí la misa un día o quebranté un voto durante la Cuaresma?».

Otra conocida mía despotrica contra los cristianos por fomentar un espíritu de «nosotros contra ellos». Los cristianos dan por sentado que tienen la única respuesta correcta a los problemas de la vida, una actitud que considera arrogante y condescendiente. A ella la iglesia le da la sensación de ser una especie de club privado que valora a los extraños mayormente como miembros en potencia. «Me parece que el hecho de que estén viendo a las personas como los "blancos" de su esfuerzo por convertirlos socava por completo la edificación de unas relaciones sinceras», afirmó en una ocasión. Luego siguió hablando de manera apasionada hasta que buscó la forma de dominarse, ya que estaba hablando de un modo demasiado negativo y cínico. «Todavía estoy tratando de encontrarle sentido a muchas cosas», añadió pensativa. «Pero pienso que es importante hacer una crítica sincera [...] Solo estoy intentando entender lo que significa hacerla con amor». En ese comentario acerca de sí misma es posible que esta mujer haya puesto el dedo en la llaga con respecto al problema básico que surge cuando los cristianos comunicamos nuestra fe: no siempre lo hacemos con amor. El amor es el punto de partida indispensable para presentar nuestra fe de una manera llena de gracia.

EL AMOR

«En realidad, nunca comprendemos a una persona hasta que vemos las cosas desde su punto de vista [...] hasta que nos metemos bajo su piel y caminamos con ella», dijo Atticus Finch, el abogado imaginario de *To Kill a Mockingbird* (*Matar un ruiseñor*). Según los expertos, ese proceso no es tan sencillo y en realidad comprende cuatro hallazgos, no únicamente dos.

Imaginemos que me tropiezo por vez primera con un musulmán. Yo lo descubro a él, y él me descubre a mí. Sin embargo, acechando como fantasmas tras esos dos hallazgos hay dos más: la imagen que yo tengo sobre quién es él, y la que él tiene sobre quién soy yo. Mientras pienso en los terroristas y los talibanes, él piensa en los misiles estadounidenses no tripulados y la pornografía en la Internet. La visión de ambos se halla empañada por unas ideas preconcebidas formadas a partir de las historias que presentan los noticieros, las películas de Hollywood y todos los demás estereotipos involucrados en la confrontación entre dos razas y dos culturas.

Algo parecido sucede cuando me encuentro con un ateo. Tan pronto como yo le digo que soy un escritor cristiano y él me dice que es ateo, estas ideas preconcebidas entran en juego. Para que se produzca un diálogo verdadero necesitamos abrirnos paso a través de esos estereotipos y tener genuinamente en cuenta el punto de vista del otro. Tal vez esto sea en parte lo que Jesús quería decir cuando nos dijo: «Ama a tu prójimo *como a ti mismo*».

Estuve pensando en este proceso cuando encontré cuatro quejas comunes acerca de los cristianos que fueron publicadas por la revista *Christianity Today*:

- Tú no me escuchas.
- Tú me juzgas.
- Tu fe me confunde.
- Tú hablas de lo que está mal, en lugar de hacer que resulte bien.

Al reflexionar sobre esas quejas se me ocurre que los cristianos no nos comunicamos con los demás debido a que pasamos por alto unos principios que son básicos en las relaciones. Cuando lanzamos juicios llenos de altivez, o proclamamos con nobles palabras cosas que no se convierten en acciones, o sencillamente, hablamos sin escuchar primero, demostramos que no amamos, y de esa manera impedimos que un mundo sediento se acerque al Agua Viva. Ese mundo no escucha las buenas nuevas acerca de la gracia de Dios. Dudo mucho que Dios lleve la cuenta de la cantidad de discusiones que ganamos, aunque sí es muy posible que lleve la cuenta de lo bien que amamos. Siempre que pregunto: «¿Cuál es la primera palabra que le viene a la mente cuando digo *cristiano*?», ni en una sola ocasión alguien ha sugerido la palabra *amor*. Sin embargo, no cabe la menor duda de que esa es la respuesta bíblica adecuada. «Así como yo los he amado, también ustedes deben amarse los unos a los otros», les ordenó Jesús a sus discípulos en la Última Cena. Fue él quien dijo que el mundo sabrá que somos cristianos —y además sabrá quién es él— cuando sus seguidores estén unidos en amor.

Dios tiene un inmenso interés en nuestra forma de amar. Juan añade en otro lugar que por medio del amor damos a conocer al Dios invisible: «Nadie ha visto jamás a Dios, pero si nos amamos los unos a los otros, Dios permanece entre nosotros, y entre nosotros su amor se ha manifestado plenamente». En su famoso capítulo sobre el amor en 1 Corintios 13, Pablo afirma que sin amor todas nuestras palabras y obras se vuelven disonantes, como un metal que resuena o un platillo que hace ruido. Esos irritantes sonidos son los que traen a la mente algunas de las palabras que la gente usa para describir a los cristianos.

Un amigo mío que trabajaba como consultor en el mundo de las corporaciones revisó todos los cursos que había tomado y enseñado sobre los principios para una buena administración. Entonces se dio cuenta de que nunca había recibido un curso sobre cómo amar, aunque la Biblia presenta al amor como el mandato primordial de la vida. En una reunión a la que asistí, nos pidió que pensáramos en esta pregunta: «¿Cuándo me he sentido amado?». Redacté una lista: cuando alguien me escucha atentamente, cuando me hace sentir importante, cuando me da ánimo (e incluso algunas veces me reta), cuando se interesa por mí si estoy sufriendo, o cuando me hace un regalo que no esperaba.

Luego nos contó que mientras él guiaba a algunos de sus clientes a través de este mismo ejercicio, una dama, ejecutiva de una compañía disfuncional, decidió llevar a la práctica estos principios. A pesar de que confraternizar con los empleados era algo que a su compañía no le agradaba, esta dama comenzó a recorrer los pasillos para detenerse en las oficinas y visitar a sus empleados sin tener agenda real alguna. El primer empleado se sintió aterrado, pensando que había llegado a su oficina para despedirlo. «No, no», le dijo ella. «Es que me he dado cuenta de que después de tres años trabajando juntos debería hacer un esfuerzo por conocerlo».

Así fue pasando algunos momentos con sus trece empleados, hasta que un día su propio jefe la llamó a su despacho. «Ignoro lo que puedas estar haciendo», le dijo, «pero esta compañía estaba casi en la bancarrota. Logró salir de esa situación y, cuando le pregunté a nuestro personal qué estaba sucediendo, todos dijeron que tú eras la responsable».

La mayoría de las conversiones se producen como consecuencia de una amistad. Todos los programas costosos y bien diseñados de evangelismo y crecimiento de las iglesias combinados solo producen una fracción de los resultados que provoca una simple amistad. En palabras de Tim Keller: «No pienses en función de lo que se solía llamar evangelismo por amistad. Piensa en términos de una sencilla amistad. Tu evangelismo debe ser orgánico y natural. No debe ser un montón de puntos a cumplir y asuntos a resolver en tu agenda, los cuales introduces en una conversación con la esperanza de conseguir la conversión, casi como si estuvieras trabajando en el ámbito del mercadeo».

He aquí una buena manera de probar hasta qué punto sabemos amar: ¿se alegran las demás personas de estar con nosotros? Jesús se las arreglaba de alguna forma para atraer a la gente que la mayoría de los personajes religiosos no veía con buenos ojos, sin embargo, estaba muy claro que a aquellos renegados les agradaba estar con él. Piensa en la prostituta que interrumpió una cena para ungirlo con un costoso ungüento, o en Zaqueo, el recaudador de impuestos detestado por sus vecinos por ser un colaborador de los romanos. En lugar de juzgarlos, Jesús los amó y los honró, y mientras lo hacía, logró que aflorara a la superficie una sed que solo él podía satisfacer.

EL EXTRAÑO

El ser humano tiene la tendencia natural de retirarse a un lugar aislado y asociarse con gente semejante a él, evitando la oposición de parte de aquellos que tienen una manera distinta de ver el mundo.

Admito que prefiero la comodidad de una reunión con amigos que piensen como yo a la incómoda situación que presentan otros encuentros sociales. «Así que eres escritor [...] ¿Qué clase de libros escribes?». La respuesta correcta es algo como lo que sigue: «Escribo libros de teología popular en los que exploro los interrogantes universales del ser humano». En muchos ambientes, si doy esa respuesta, los ojos de los demás se ponen vidriosos, y el que me ha hecho la pregunta se aleja de mí lo más pronto que puede. Sin embargo, esas son precisamente las conversaciones que necesito: en primer lugar, para aclarar mejor mis propias creencias, y en segundo, para vivir mi fe. No hace falta gracia para relacionarse con alguien que tiene un aspecto similar al mío, alguien que piensa y actúa igual que yo.

Según Jonathan Sacks, quien fuera el rabino principal de Gran Bretaña, «la Biblia hebrea [el Antiguo Testamento] ordena en un versículo: "Amarás a tu prójimo como a ti mismo", pero por lo menos en treinta y seis lugares nos manda a "amar al extranjero"». Y añade: «El desafío religioso supremo consiste en ver la imagen de Dios en alguien que no está hecho a nuestra imagen».

Resulta demasiado frecuente que los cristianos asuman el enfoque opuesto. Algunos consideran malvados a los que se les oponen, calificándolos de «humanistas seculares», «herejes» o «pervertidos», y después se retiran hacia una mentalidad tipo fortaleza. No hace mucho la novelista Anne Rice, que había hablado sin reservas acerca de su conversión unos pocos años antes, anunció: «Renuncio a ser cristiana [...] Permanezco comprometida con Cristo [...] pero no quiero seguir siendo "cristiana" ni formar parte del cristianismo. Sencillamente, me es imposible "pertenecer" a este grupo de gente beligerante, hostil y discutidora, que goza de una muy merecida mala fama». Citaba el antagonismo entre los cristianos y los homosexuales como uno de los factores más importantes de su decisión.

La política fomenta en especial este tipo de relaciones de enemistad —opuestas por completo al amor— y los cristianos que entran en la refriega de la cultura tienden a caricaturizar a aquellos con los cuales no están de acuerdo, calificándolos de *liberales* o incluso de *inmorales*, y apartándose de ellos. Will Campbell, predicador sureño radical, supo de una iglesia que le había presentado un litigio legal a un bar cercano donde las empleadas no usaban ropa de la cintura para arriba. «¡Imagínate, ponerles un pleito legal!», comentó. «¿Acaso no deberíamos querer estar cerca de los pecadores, hacer amistad con ellos, convertirlos?».

El amor tiene el poder de ganarnos al extraño. En 1995, una noticia sacudió ambos campos en las controversiales guerras de la cultura. Norma Leah McCorvey, la «Jane Roe» del famoso caso *Roe vs. Wade* de 1973 en la Corte Suprema sobre el aborto, se convirtió a Cristo, se bautizó y se unió a la campaña a favor de la vida. Lo más asombroso de todo es que fue el director del grupo antiaborto Operación Rescate el que influyó en ella. Según Norma relata la historia, su cambio se produjo cuando aquel director dejó de tratarla con antagonismo. Se disculpó por haberla llamado públicamente «asesina de bebés» y comenzó a pasar momentos con ella cuando Norma salía a fumar al estacionamiento que de un modo bastante extraño las oficinas de ambos compartían. Al cabo de un tiempo, McCorvey aceptó una invitación a asistir a la iglesia que le hizo una niña de siete años, cuya madre también trabajaba en Operación Rescate. Las fuerzas a favor del aborto se habían desentendido de McCorvey, porque su dudoso pasado de venta de drogas, alcohol y promiscuidad resultaba negativo para las relaciones públicas, pero los líderes cristianos habían dedicado el tiempo necesario para irla aconsejando en la fe, a la par de que buscaban la forma de que no llamara la atención durante una temporada.

En un mandato que no aparece en ninguna otra religión, Jesús nos ordena que no solo amemos a los extraños y los pecadores, sino también a los que son francamente nuestros adversarios. «Amen a sus enemigos y oren por quienes los persiguen», dijo en el Sermón del Monte. En una ocasión que le hablaba a mi iglesia, cité estas palabras de Jesús mientras presentaba en la pantalla las fotografías de una docena de terroristas de al-Qaeda. Entonces les pregunté: «¿Qué sucedería si cada una de las iglesias de Estados Unidos adoptara a un miembro de al-Qaeda, aprendiera a pronunciar su nombre y orara por él?».

Poco después supe de un capellán de la reserva del ejército llamado Thomas Bruce que se tomó en serio ese desafío. Inmediatamente antes de ser movilizado para servir un año en Irak, lanzó un movimiento de oración con base en la Internet, llamado «Adopt a Terrorist for Prayer» [«Adopta un terrorista y ora por él»]. Inscribió su sitio web como ATFP.org, un irónico eco de la «Anti-Terrorism Force Protection» [«Protección contra las Fuerzas Terroristas»] del propio Departamento de Defensa. En su sitio web presenta fotografías de terroristas peligrosos tomadas de las listas de los más buscados por el FBI y el Departamento de Estado, e invita a los usuarios a «adoptar» a uno y orar por él. Ya lo han hecho mil personas.

No todos aprecian el esfuerzo de Bruce. Una persona lo ridiculizó diciendo: «A los cristianos se les ocurren algunas cosas realmente ridículas. Esta es justo una de ellas. Ama a tus enemigos y tus enemigos te MATARÁN». Hay quienes no están de acuerdo en absoluto con su idea: «Si sientes alguna otra cosa que no sea odio por los terroristas, sencillamente tu moralidad está funcionando mal».

¿Por qué daría Jesús una orden tan extravagante? Tal vez anticipándose a las objeciones, él mismo nos da la respuesta: «Para que sean hijos de su Padre que está en el cielo. Él hace que salga el sol sobre malos y buenos, y que llueva sobre justos e injustos». La versión de Lucas es más explícita: «Así tendrán una gran recompensa y serán hijos del Altísimo, porque él es bondadoso con los ingratos y malvados». Mientras más amemos, y mientras más *indignas* nos parezcan las personas a las que amamos, más nos pareceremos a Dios, el cual al fin y al cabo ama a unas criaturas de tan mal temperamento como nosotros.

Martin Luther King Jr. tuvo numerosas oportunidades de practicar el principio de «amar a nuestros enemigos». En un sermón que lleva ese título, escrito en la cárcel después de haber sido arrestado durante el boicot a los autobuses de Montgomery, explicaba su método:

A nuestros más implacables oponentes les decimos: «Hágannos lo que quieran, que nosotros los seguiremos amando. No podemos obedecer con toda conciencia sus leyes injustas, porque no cooperar con la maldad es una obligación moral tan fuerte como la de colaborar con el bien. Métannos en la cárcel y los seguiremos amando. Tírenles bombas a nuestras casas y amenacen a nuestros hijos, y los seguiremos amando. Envíen a nuestra comunidad a perpetradores de la violencia encapuchados a la media noche, y golpéennos y déjennos medio muertos, y los vamos a seguir amando. Sin embargo, pueden estar seguros de que los vamos a vencer con nuestra capacidad de sufrimiento. Un día ganaremos la libertad, pero no solo para nosotros mismos. Entonces habremos apelado de tal manera a su corazón y su conciencia, que los venceremos al hacerlo, y nuestra victoria será una victoria doble».

Después de haber servido en primera línea en Irak, Thomas Bruce no tiene ilusiones sentimentales acerca de los terroristas. Tampoco subestima el poder de amar a los enemigos, citando un ejemplo tomado del libro de Hechos. Un discípulo llamado Esteban fue la primera víctima mortal del terrorismo dirigido contra los seguidores de Jesús. Mientras sus enemigos lo apedreaban, Esteban oró diciendo: «¡Señor, no les tomes en cuenta este pecado!». Más tarde, Saulo, que participó activamente en su apedreamiento, tuvo un encuentro con Jesús en una visión y se arrepintió.

Bruce pregunta: «¿Podemos nosotros orar hoy como oró entonces Esteban?». Y añade una estremecedora pregunta: «Saulo, quien se convirtió en el apóstol Pablo, ¿se habría encontrado con Jesús si Esteban no hubiera orado por sus enemigos?».

EL DESPRECIO DE LOS CULTOS

La hostilidad toma diferentes formas, y el amor se enfrenta a una difícil prueba cuando descubrimos que nos hemos convertido en objetos de la indiferencia o una especie de pretencioso desdén. Los nuevos ateos se burlan abiertamente de los cristianos y sus creencias, entre los cuales se distingue Richard Dawkins, que desestima todo tipo de religión como «un virus de la mente». Piensa en la reacción de Virginia Woolf cuando tuvo noticias de la conversión del poeta T. S. Eliot al cristianismo. Ella le escribió a su hermana:

> He tenido una entrevista sumamente vergonzosa y tensa con el pobre y estimado Tom Eliot, a quien todos podemos considerar muerto para nosotros a partir de este día. Se ha convertido en anglo-católico, cree en Dios y en la inmortalidad y asiste a una iglesia. Me quedé realmente sorprendida. Hasta un cadáver me habría parecido más digno de crédito que él. Lo que quiero decir es que hay

algo obsceno en que una persona viva se siente junto al fuego y crea en Dios.

Este tipo de actitudes no nos deberían sorprender: Pablo, el primer misionero, sufrió el desprecio en centros culturales como Atenas y Corinto. Pocos años después de Virginia Woolf, el pastor Dietrich Bonhoeffer se enfrentó a la burla de sus enemigos en la Alemania nazi, en la cual la élite más culta de la nación despreciaba a la iglesia como estrecha de miras e hipócrita. Al escribirles a otros pastores, Bonhoeffer les aconsejaba que, como respuesta a estas personas cultas que los despreciaban y se oponían a la iglesia, «el callado servicio del amor es la mejor atención espiritual».

¿Qué aspecto asume el amor ante las críticas hostiles? «La respuesta amable calma el enojo», nos dice el autor de Proverbios. ¿Somos amables con aquellos que no lo son con nosotros, o nos dedicamos a criticar y poner apodos, como lo hacen ellos?

He observado cómo ese «callado servicio del amor» puede desarmar a los que nos desprecian por medio del cautivador ejemplo del doctor Francis Collins. Nadie puede poner en tela de juicio las credenciales del doctor Collins como científico: tiene un doctorado en filosofía y otro en medicina, y dirigió el Proyecto del Genoma Humano llevándolo hacia su triunfante meta de esquematizar los tres mil millones de letras que componen el código genético del ser humano. Collins también se identifica como cristiano comprometido y ha tenido cordiales debates públicos con ateos de la categoría de Christopher Hitchens y Richard Dawkins (el de este último en un artículo principal de la revista *Time*).

Debido a su fe cristiana, la nominación de Francis Collins para dirigir los Institutos Nacionales de la Salud, la mayor organización científica de la nación, atrajo unas estridentes críticas. Un científico lo acusó de sufrir de demencia, y otro se quejó diciendo: «No quiero que la ciencia estadounidense sea representada por un payaso». Los escépticos se burlaron de su respeto por la Biblia: cuando Bill Maher, el anfitrión de un programa televisado, le dijo (con falsía) a Richard Dawkins que Collins creía en una serpiente que hablaba, Dawkins le contestó: «Él no es un personaje muy brillante que digamos».

Sin embargo, Collins se ha ido ganando con el tiempo a la mayoría de sus críticos. He ido siguiendo su carrera y hay una cosa que me impresiona más que sus numerosos logros: su forma de tratar a sus oponentes. En sus visitas periódicas a Oxford toma el té con Richard Dawkins. También se solía reunir con frecuencia con Christopher Hitchens, un ateo militante y autor del libro *Dios no es bueno: alegato contra la religión*. Y cuando Collins supo que Hitchens tenía cáncer en el esófago, lo llamó para ofrecerle su ayuda: «En mi calidad de director de los INS soy el que apruebo muchas subvenciones del gobierno para la investigación, y conozco algunos métodos de vanguardia basados en la genómica del cáncer». Durante los meses siguientes pasó horas con la familia Hitchens revisando las opciones disponibles para su tratamiento.

Christopher Hitchens batalló con su cáncer durante año y medio, una dura experiencia cuya crónica iba escribiendo regularmente en columnas para la revista *Vanity Fair*. En ellas hablaba de los mensajes llenos de odio que había recibido de diversos cristianos, entre los cuales uno, creyendo erróneamente que Hitchens tenía cáncer en la garganta, se regocijaba de que «el cáncer estaba en la parte de su cuerpo que había usado para blasfemar [...] ENTONCES vendría lo verdaderamente divertido: cuando fuera enviado para siempre al FUEGO DEL INFIERNO a fin de ser torturado entre las llamas».

A pesar de esto, en una de sus últimas columnas, Hitchens le rindió tributo a Francis Collins, a quien describía como «uno de los estadounidenses más grandes de la actualidad» y «nuestro médico cristiano más generoso». Esto fue lo que escribió: «Este gran hombre humanitario es también devoto de la obra de C. S. Lewis, y en su libro *The Language of God* [El lenguaje de Dios] ha presentado su opinión en cuanto a hacer que la ciencia sea compatible con la fe [...] Yo conozco también a Francis por diversos debates públicos y privados que hemos tenido acerca de la religión. Ha sido lo suficiente generoso como para visitarme fuera de sus horas de trabajo a fin de explicarme todo tipo de tratamientos novedosos que hasta hace muy poco tiempo eran imposibles de imaginar y se podrían aplicar a mi caso».

Christopher Hitchens no se convirtió en su lecho de muerte, y dejó este mundo como ateo convencido. Pero al menos, recibió atención espiritual de parte de un amigo: ese «callado servicio del amor». Collins había cumplido con el mandato que aparece en Hebreos: «Asegúrense de que nadie deje de alcanzar la gracia de Dios...». El resto está en las manos de Dios.

LA HUMILDAD

Martin Marty, el prolífico erudito luterano de la Universidad de Chicago, informó en la revista *The Christian Century* que sus lectores le habían preguntado cuándo pensaba comentar sobre el descubrimiento del «nuevo ateísmo» por parte de los medios de comunicación. Él redactó una lista de consejos «para mí mismo y todo aquel a quien le interesen», en la cual incluía los siguientes:

- Mantente calmado. Estados Unidos ha pasado antes por ciclos como estos y se las ha arreglado para sobrevivir.
- Envía tarjetas de agradecimiento. Estos autores sacan a la superficie las diferencias en una era de indiferencia.
- No te burles. Muchos de estos autores se burlan. ¿A dónde nos lleva esto?
- No des la impresión de ser un triunfalista. Hay quienes dicen que «nosotros» los superamos a «ellos» en la proporción de noventa y siete contra tres. Si eso es cierto,

representa un margen de alivio para los creyentes, ¿pero demuestra algo?

- No discutas. Nadie gana las discusiones —que están determinadas por el hecho de que cada cual cree saber la respuesta— acerca de la existencia o no existencia de Dios. Sin embargo, todos le podemos sacar provecho a una conversación que trate de formular buenas preguntas y responderlas.

- Lee los mejores libros de esos autores, de los cuales es posible que aprendas algo, en lugar de ponerte a leer sus polémicas sensacionales sobre un tema sobre el que no están muy bien versados.

- Acepta como estos autores que en el nombre de la religión se han hecho y se siguen haciendo cosas horribles, pero señala que eso no es todo en la historia de la religión. La crítica de la religión desde adentro indaga con mayor profundidad y tiene un significado mayor.

- Si eres creyente, párate frente al espejo y pregúntate si algo de lo que alguien está diciendo o haciendo apoya de manera legítima a la antirreligión a fin de que pueda alzar su voz y crear un mercado para libros como estos.

Me estremece el tono subyacente de humildad que presentan los comentarios de Marty, a pesar de que es uno de los eruditos religiosos más distinguidos de Estados Unidos.

Pídele a alguien que no esté comprometido con la iglesia que describa a los cristianos y lo más probable es que escuches palabras como «petulantes», «exclusivistas» e «hipócritas». Es muy posible que vean a los cristianos como personas que se consideran superiores a los demás y con derecho a criticarlos, desechando sus creencias al mismo tiempo que se ponen a la defensiva con respecto a las suyas propias. Siempre que percibo esas tendencias en mí mismo, trato de recordar cómo me siento cuando alguien alega que estoy equivocado en algo, lo cual me da una fuerte indicación de la forma en que se deben sentir los demás cuando yo les presento mis propias creencias de una manera poco sensible. Y nunca he conocido a una sola persona que haya encontrado su camino hacia la fe a base de que la critiquen.

Cuando me gradué de un colegio universitario cristiano, lo sabía todo: quiénes eran los «verdaderos cristianos» y quienes eran cristianos falsos, cuáles teólogos eran ortodoxos y cuáles eran herejes, qué manera de conducirse resultaba espiritual y cuál no lo era. Desde el momento de mi graduación, año tras año he ido adquiriendo un mayor entendimiento de lo poco que sé. Me he visto precisado a enfrentarme con mi falso orgullo y a aprender a tener humildad, que es el requisito previo para la gracia. Al mismo tiempo, he aprendido a abrazar el misterio, una manera de ver las cosas que encuentro en libros de la Biblia como Job, Eclesiastés y Salmos. Y estoy tratando de añadir a todo esto, aunque tal vez no en palabras sí en espíritu, una línea: «Por supuesto, yo podría estar equivocado».

Los cristianos no tenemos todas las respuestas. Vamos tropezando por la vida, creyendo que existe realmente un Dios invisible; que en la vida hay cosas que simplemente no carecen de significado; que a pesar de todas las apariencias, el universo es producto de un amor personal. A lo largo de nuestro camino confundimos las cuestiones éticas y nos perdemos las prioridades del Reino de Dios. Tenemos pocas razones para sentirnos orgullosos. El sacerdote Henri Nouwen aprendió a tener humildad en un viaje misionero que hizo a América del Sur. Fue allí esperando transmitirles su sabiduría a los pobres carentes de ilustración. Durante sus seis meses de permanencia en el lugar, Nouwen llegó a la conclusión de que el afán de salvar, ya sea del pecado, la pobreza o la explotación, es una de las motivaciones más dañinas que hay en el ministerio. «La verdadera virtud cristiana es la humildad», escribe Nouwen. «Cuando llegamos a comprender [...] que solo

Dios salva, quedamos libres para servir, entonces podemos llevar una vida realmente humilde». De este modo, Nouwen cambió su antiguo enfoque de «vender perlas» o traficar con las buenas nuevas al de «buscar el tesoro» ya presente en aquellos a quienes ha sido llamado a amar. Había pasado de dispensar la religión a dispensar la gracia.

Es totalmente distinto que considere a mi vecino como un posible convertido a que lo considere como alguien a quien Dios ya ama.

DOS HISTORIAS

¿Cómo comunicamos una fe que sentimos profundamente empleando un estilo de humildad? Hay dos historias que nos pueden mostrar la forma de hacerlo.

En su libro *Tal como el jazz*, Donald Miller relata que él y un grupo de amigos cristianos establecieron un lugar de confesión en la universidad liberal en la que estudiaban, en Oregón. Ellos mismos trabajaban en esta caseta en medio de un estridente festival que tenía lugar en el recinto universitario, notorio por las borracheras y el desenfreno. Sin embargo, en un giro sorprendente de las circunstancias, los cristianos usaron aquella caseta como una manera de confesarles sus propios pecados a los estudiantes escépticos que pasaban por allí. Les pedían perdón por los errores de la iglesia y las veces que su vida personal no había mostrado una correspondencia con lo que ellos creían.

A un sorprendido curioso, Miller le confesó: «Jesús nos mandó alimentar a los pobres y sanar a los enfermos. Yo nunca he hecho mucho de eso. Jesús dijo que amara a los que me persiguen. Yo tiendo a arremeter, en especial si me siento amenazado, tú sabes, si mi ego se siente amenazado. Jesús no mezcló su espiritualidad con política, y yo crecí haciendo eso todo el tiempo. Fue algo que siempre obstaculizó el mensaje central de Cristo. Sé que eso estuvo mal y que mucha gente no quiere hacer caso a las palabras de Cristo porque personas como yo, que le conocemos, le añadimos nuestra propia agenda al diálogo en lugar de transmitir sin distorsiones el mensaje que Cristo quiere comunicar».

Durante varias horas, Miller y sus amigos le hablaron a una notable cantidad de compañeros suyos. «Muchos querían abrazarnos cuando acabábamos», escribe. «Muchas personas querían darnos un abrazo al terminar», escribe «Muchas de las personas que visitaron el confesionario expresaron gratitud y gran amabilidad. Yo fui cambiado durante el proceso, pues entré con dudas y salí creyendo...».

La segunda historia tuvo lugar en el cercano estado de Utah. Durante varios años, Craig Detweiler ha estado llevando a sus estudiantes de comunicaciones en la Universidad de Biola y la de Pepperdine al Festival Cinematográfico de Sundance, el principal lugar de presentación de las películas independientes. Un año, Sundance agotó todas sus localidades durante la exhibición de una película mordaz en su manera de presentar a los evangélicos estadounidenses. La película relata la historia de una familia de un barrio residencial que falleció en un accidente automovilístico mientras se dirigía a una reunión en una iglesia bautista del sur. Cuando llegan al cielo, un Jesús lleno de tatuajes los envía de vuelta a la tierra, esta vez liberados del pecado original, y ellos celebran su nueva desvergüenza caminando desnudos por todas partes y haciendo cosas que sorprenden a sus amigos y vecinos. Otros cristianos de un estudio bíblico, escandalizados, hacen planes para darle a la familia resucitada un pastel de manzana que contiene veneno, enviándolos muy pronto de vuelta al cielo.

La audiencia de Sundance rio estrepitosamente durante toda la película, encantada con la descripción de los cristianos como gente reprimida, intolerante, e incluso con tendencias homicidas. El director recibió una ovación de pie y después contestó las preguntas de los asistentes. Alguien indagó si había cristianos conservadores que la hubieran visto. «Estoy listo para esa pelea», declaró él, haciendo que estallaran de nuevo los aplausos.

Sin pensarlo siquiera, Craig Detweiler se puso de pie para responder. Voy a dejar que él mismo relate lo que sucedió después:

Luché por organizar mis palabras. Mi voz sonaba un tanto quebrada. Apenas alcancé a decir: «Jay, gracias por esta película. Como natural de Carolina del Norte, también productor de cine como tú y cristiano evangélico...».

Nunca uso la palabra *evangélico*. Está tan cargada de negatividad que por lo general trato de distanciarme de ese tipo de asociación. Sin embargo, en aquella ocasión me pareció lo más correcto. Estaba hablando a nombre de mi comunidad, respondiendo ante una postura determinada que nos habíamos ganado nosotros mismos. Jay dio un paso atrás, listo para pelear. Se puso tenso, preparado para lanzar un contraataque. El público sintió que las cosas estaban a punto de ponerse feas. Las palabras que dije después los sorprendieron con la guardia baja:

«Jay, pido perdón por todo cuanto se haya hecho por siempre en el nombre de Dios».

El ambiente cambió por completo en aquella sala. Los miembros del público se miraban unos a otros. «¿Escuché bien?». Estiraron el cuello. «¿Quién fue el que dijo eso?». Jay trató de hallar algunas palabras, pero no sabía cómo responder. Estaba listo para que lo atacaran, pero no se encontraba preparado para recibir una disculpa. Me ofreció un modesto «Gracias». El público se vio totalmente desarmado [...]

Después hubo algunos que se me acercaron para darme un abrazo. Una pareja de lesbianas vino a darme las gracias. Hubo hombres homosexuales que me besaron.

Una persona dijo: «Si eso es cierto, estaría dispuesto a darle otra oportunidad al cristianismo». Había mucha gente llorando. Todo lo que hizo falta fueron tres palabras: «Les pido perdón».

Mis estudiantes aprovecharon la ocasión, hablando con los artistas y el equipo de producción e invitándolos a unírsenos para seguir conversando. Nuestros «enemigos» se convirtieron muy pronto en amigos y almorzaron con nosotros. Los artistas acudieron a nuestra clase al día siguiente y permanecieron respondiendo preguntas durante una hora. Uno de ellos admitió lo asustado que estaba cuando había entrado al lugar donde nos reuníamos en la iglesia. Desde la plataforma, nos confió lo siguiente: «Cuando entré a este edificio, el corazón me latía más que en ninguna de las audiciones en las que he participado». El productor nos dijo: «Este fue el momento más significativo de nuestra semana». Una simple petición de perdón desató una serie de conversaciones e intercambios acerca de nuestra fe y la forma en que vivimos.

Experiencias como estas me convencen de que cuando nos enfocamos en admitir nuestros errores, además de ser más fieles al evangelio de la gracia también somos más eficaces en lo que respecta a expresar quiénes somos. La propaganda no convence a la gente; en cambio, la humilde admisión de nuestros errores la desarma. En lugar de afirmar que lo tenemos todo bien calculado, los cristianos debemos fomentar la costumbre de confesar que no es así. Al fin y al cabo, Jesús afirmó que él vino a buscar a los enfermos, y no a los sanos; a los pecadores, y no a los santos. Una vieja canción gospel declara: «Él miró más allá de mis fallos y vio mis necesidades». Los verdaderos seguidores de Cristo se distinguen en primer lugar porque saben admitir sus errores y la necesidad que tienen de recibir ayuda.

CAPÍTULO 3

SED DEL ALMA

El alma solo sabe con certeza que tiene hambre [...] Un niño no deja de
llorar si le decimos que tal vez no haya pan. Sigue llorando igual.

SIMONE WEIL

Ya he mencionado a mis amigos del grupo de lectores, los cuales consideran a los cristianos mayormente como un bloque político de votantes. Durante los diez años en que nos hemos estado reuniendo con regularidad, solo dos veces han manifestado un interés obvio en las cosas de la fe.

Una noche, Josh nos habló de su hermana, quien es ahora una evangélica miembro del Tea Party y vive en Virginia. Ella había sido drogadicta y no podía retener un trabajo fijo ni mantener unido un matrimonio. «Entonces un día encontró a Jesús», explicó Josh. «No hay otra forma de decirlo. Cambió de la noche a la mañana. Sus ideas me vuelven loco, pero no puedo negar que se produjo una transformación en su vida. Había intentado todas las clases de terapia de rehabilitación y recuperación habidas y por haber, y ninguna otra cosa funcionó».

Más tarde aquella noche, Josh me pidió en privado que le recomendara algunos libros que explicaran la fe cristiana de una manera que él pudiera comprenderla. «Mi hermana me envía libros que no me convencen en absoluto», me dijo. «Parecen haber sido escritos para personas que ya creen en lo que dicen. ¿Sería adecuado que leyera a C. S. Lewis?». Le sonreí con aprobación y fui hasta los estantes de mi biblioteca para sacar unos pocos libros.

En otra ocasión me quedé muy sorprendido cuando el profesor marxista me pidió consejo acerca de las versiones de la Biblia. Había decidido comprar una y leerla toda de principio a fin, desde Génesis hasta Apocalipsis. «Esa es toda una meta», le dije. «¿Qué te motivó a pensar en lograrla?». Sabía que él había estado batallando con el cáncer de próstata durante varios años. Me explicó que recientemente los médicos le habían informado que le quedaba poco tiempo de vida. En las pocas semanas o los pocos meses que le quedaran, quería volver a considerar con ojos maduros la fe que había abandonado en su juventud.

Conversamos varias veces antes de su fallecimiento. «Estoy de acuerdo contigo en las preguntas», me comentaba. «Solo que no puedo coincidir en las respuestas».

Las preguntas —que resultan universales y todos tenemos en común— constituyen un buen punto para comenzar a comunicar las buenas nuevas.

PERDIDO Y HALLADO

Thomas Merton escribió en su diario: «En realidad, la sequedad espiritual es una de las experiencias de añoranza más agudas que podemos tener». Observo en mi interior mi propia sed espiritual, y pienso también en la gente que conozco. ¿Cuáles son los síntomas? Una incansable búsqueda de placer, el temor a la muerte, el aburrimiento, las adicciones... cualquiera de estas cosas puede estar revelando una añoranza que es espiritual en sus raíces, los gritos y los susurros de alguien que se ha extraviado en el camino.

De qué manera tan diferente me identificaría con los que no están comprometidos si no los viera como *malvados* o personas *no salvas*, sino más bien como *perdidos*. Esa palabra puede traer a la memoria de algunos una escena en la cual un predicador de avivamiento lanza rayos y centellas contra «los perdidos». Yo la estoy usando en un sentido diferente, más compasivo. Varias veces en mis caminatas por las montañas de Colorado no he visto los postes indicadores junto al camino y me he extraviado. Lleno de confusión, estudio mi mapa y miro mi brújula, tratando de no sentir pánico. Ya he malgastado un tiempo y una energía preciosos, y conozco lo peligroso que es pasar la noche sin estar preparado en las alturas, rodeado de la naturaleza. Por fin veo a otro caminante y lo llamo. Cuando lo alcanzo, él toma amablemente mi mapa y me muestra dónde estoy y a qué lugar necesito ir. La ansiedad se desvanece cuando me doy cuenta de que ya no estoy perdido. Ahora sé cuál es el camino hacia mi hogar.

No obstante, también debo decir que he hallado tesoros inesperados en esas desviaciones en las montañas, paisajes y descubrimientos que pocos caminantes más llegan a experimentar. Una vez que sé que estoy seguro, puedo recordar las horas que estuve perdido como quien recuerda una aventura de la cual puedo aprender algo. Por raro que parezca, algunos de mis momentos más escalofriantes —como aquellos en los que me quedo atascado ante un precipicio y no puedo encontrar la manera de descender— se convierten después en la clase de historias que me gusta intercambiar con otros alpinistas.

Barbara Brown Taylor recuerda las veces que se ha extraviado: «En mi vida, he perdido mi camino más veces de las que podría contar. He preparado las cosas para casarme y he terminado divorciada. He buscado la forma de tener salud y he terminado enferma. He decidido vivir en Nueva Inglaterra y he terminado en Georgia. Cuando tenía treinta años, quise ejercer el sacerdocio en una parroquia y tenía el plan de pasarme el resto de la vida cuidando de las almas de cualquier congregación que me aceptara. Casi treinta años después, soy maestra de escuela». Esta es su conclusión:

Aunque al principio ninguno de esos cambios resultó agradable, no me privaría de ninguno de ellos. Mientras andaba extraviada, he encontrado cosas que tal vez nunca habría descubierto si no me hubiera salido del camino. He vivido períodos de mi vida que nadie en su sano juicio habría estado dispuesto jamás a escoger, y he hallado en ellos suficientes tesoros subestimados que superaron lo que tenía proyectado lograr en la vida que había planificado. Estas son solo unas pocas de las razones por las que he decidido dejar de batallar contra la posibilidad de extraviarme y dedicarme en cambio a hacerlo como práctica espiritual. La Biblia me ayuda mucho en esta práctica, puesto que me recuerda que Dios hace algunas de sus obras mejores con personas que se encuentran verdadera y seriamente perdidas.

Toda mi vida durante mi estudio de la Biblia he buscado un tema general, una declaración sumaria sobre la razón de ser de todo este inmenso libro. Me he quedado con esta: «Dios recupera a su familia». Desde el primer libro hasta el último, la Biblia habla de hijos descarriados y los tortuosos medios que Dios usa para traerlos de vuelta al hogar. Por cierto, todo el drama bíblico termina con una inmensa reunión familiar en Apocalipsis.

Muchas de las historias que contara el propio Jesús se centran en el tema de los extraviados, captado de la manera más conmovedora en la parábola del hijo pródigo. Los relatos de Jesús sobre algo perdido —una moneda, una oveja, un hijo— presentan dos importantes ideas. En primer lugar, los que están perdidos tienen para Dios una alta prioridad y vale la pena cuanto esfuerzo sea necesario para encontrarlos, aunque esto signifique dejar a los noventa y nueve para buscar al que se ha extraviado. En segundo lugar, cuando se halla lo que se había perdido, el acontecimiento amerita una celebración. «Este hermano tuyo estaba muerto, pero ahora ha vuelto a la vida; se había perdido, pero ya lo hemos encontrado», clamó gozoso aquel padre, defendiendo el hecho de que abriera sus brazos con gracia ante el resentimiento del hermano mayor.

Estas historias eran una amenaza para los fariseos, quienes se contentaban con rechazar a los perdidos y relacionarse con los demás fariseos, adquiriendo categoría en la sociedad a base de seguir unas normas que les eran familiares. Y además son una amenaza para mí, porque yo también prefiero la comodidad de una religión predecible a ese embrollado asunto de buscar a los perdidos. En especial, la parábola del hijo pródigo echa abajo mis bien delimitadas categorías que separan a los responsables de los irresponsables, a los obedientes de los rebeldes y a los morales de los inmorales. Así es la gracia.

Tengo una imagen constante y sorprendente de la gracia que Dios les regala a los que no se la merecen en una corriente de agua que fluye en las afueras de mi casa en Colorado. La gracia, como el agua, siempre corre hacia abajo. La corriente que comienza como un diminuto riachuelo en un campo de nieve que se está derritiendo en la cima de una montaña va bajando hasta formar arroyos mayores, después encantadores lagos alpinos, luego un rugiente río y finalmente una amplia laguna azul. Cuando paso junto a esa laguna, a veces me viene a la mente el himno «La misericordia de Dios es amplia».

He aprendido una nueva manera de mirar a los perdidos con el teólogo Jürgen Moltmann, quien llegó a la fe durante la Segunda Guerra Mundial cuando era soldado alemán, fue capturado y terminó en un campamento británico de prisioneros de guerra. Unas damas escocesas les llevaron alimentos horneados en sus casas y una Biblia a los prisioneros enemigos. Conmovido por su gesto, Moltmann comenzó a leerla. Después de la guerra regresó a su patria, donde trabajó como pastor y profesor dentro de la jerarquía de la iglesia alemana. No obstante, más tarde comenzó a poner en tela de juicio un sistema religioso que crea distintos niveles de obispos, sacerdotes y laicos, y después los lanza a todos contra los no creyentes. ¿Acaso Jesús no llamó hermanos y hermanas a sus seguidores, con lo que estaba sugiriendo algo más parecido a una familia que a una corporación? ¿Acaso Dios no reina sobre todo el mundo, lo cual incluye a los que se hallan fuera del redil?

«La iglesia está donde Cristo está», decidió Moltmann. La iglesia *manifiesta* comprende a aquellos que aceptan a Cristo y abrazan el evangelio. «Pero Cristo también está en el lugar donde se encuentran los pobres, los hambrientos, los enfermos y los prisioneros: "Todo lo que hicieron por uno de mis hermanos, aun por el más pequeño, lo hicieron por mí". Esa es la iglesia *latente*». No es posible leer la Biblia sin escuchar el fuerte mensaje de que Dios ama a los desplazados, los oprimidos, los humildes, los necesitados; en otras palabras, a aquellos que saben que están perdidos y añoran ser encontrados.[*]

Las Bienaventuranzas explican con detalle que los inquietos y descontentos —la iglesia latente, usando la frase de Moltmann— pudieran estar ya cerca de Dios. Piénsalo por un instante. Los ricos actúan como si esta vida nunca se fuera a acabar; los pobres sienten las punzadas del hambre por algo más. Los que lloran sienten la ruptura de un mundo cuya relación con Dios ha quedado cortada, y así se acercan más al Padre que promete hacer nuevas todas las cosas. Los que trabajan por la paz y los compasivos, cualquiera que sea su motivación, se esfuerzan por lograr la armonía, por ver restaurada a la familia humana.

---

[*] H. G. Wells escribió: «Los escritores modernos han denunciado al cristianismo como una "religión de esclavos". Lo fue. Este acogió a los esclavos y los oprimidos, y les dio esperanza, restaurándoles el respeto por ellos mismos de manera que se mantuvieran firmes como verdaderos hombres en defensa de la justicia, y se enfrentaran a las persecuciones y los tormentos».

Los pobres en espíritu califican tanto como los económicamente pobres. Christian Wiman, el cosmopolita editor de la revista *Poetry*, usa la misma palabra que Moltmann para describir los impulsos que lo condujeron de vuelta a la fe. Esto es lo que escribe: «Cuando accedí a la fe que se hallaba *latente* en mi interior, y lo expreso con todo cuidado, de manera deliberada, no hubo ninguna luz, ningún ángel ministrador ni vengador que rasgara mi vida en dos; más bien pareció como si la minúscula semilla de la fe hubiera germinado por fin dentro de mí, o sería más preciso decir, como si en aquellos momentos estuviera descubriendo que había estado germinando de manera imposible en mi interior, un árido año tras otro, sobreviviendo a todas mis temporadas de incredulidad».

Hay una inmensa diferencia entre tratar a un no creyente como alguien que está *equivocado*, y tratarlo como alguien que está en el camino, pero anda perdido. Encuentro un útil modelo de esto en el discurso del apóstol Pablo en el centro cultural de Atenas, el cual aparece en Hechos 17. En lugar de condenar al infierno a sus oyentes por practicar la idolatría, Pablo comienza elogiando su búsqueda espiritual, en especial su devoción a un «Dios desconocido». Dios planificó la creación y la vida humana, les dijo Pablo a los atenienses, «para que todos lo busquen y, aunque sea a tientas, lo encuentren. En verdad, él no está lejos de ninguno de nosotros». El apóstol va presentando su argumento a partir de un terreno común, citando a dos de sus propios escritores para reafirmar las verdades básicas. Manifestando un humilde respeto por sus oyentes, destaca la idea de los perdidos y la familia dividida antes de presentar una comprensión más rica de un Dios que no es posible captar en imágenes de oro, plata o piedra.

Hay momentos para hacer una crítica de la cultura que nos rodea, y momentos para escucharla, en el proceso de lograr despertar en ella tal vez una sed latente. «Fui en busca del espíritu, y encontré el alcohol; fui en busca del alma, y compré algo de estilo; quise encontrar a Dios, pero me vendieron la religión», grita a veces en sus conciertos Bono, una estrella de la música rock. En *Yahweh*, una canción que le oí presentar en un estadio repleto, le ofreció a Dios sus manos, que se cierran para convertirse en puños, su boca, «tan rápida para criticar», y finalmente su corazón: «Toma este corazón y hazlo quebrantarse». Al final del concierto, sus veinte mil seguidores se le habían unido en el coro del «Aleluya» de Leonard Cohen.

Cuando Bono decidió hablar en detalle acerca de su fe, escogió un colaborador inverosímil: un hombre ajeno a la fe. En el libro que resultó de su labor, el periodista agnóstico francés Michka Assayas reta a Bono a explicar cómo es posible que crea en el cristianismo en medio del mundo tan secular del *rock and roll*. Bono va respondiendo sus preguntas, una tras otra. Admite con franqueza los defectos de la iglesia, pero también afirma que seguir a Jesús ha satisfecho su propia búsqueda de sentido en la vida, al mismo tiempo que le ha dado causas que seguir más allá de la celebridad y los placeres.

UN TERRENO EN COMÚN

Dag Hammarskjöld, que fue secretario general de las Naciones Unidas durante parte de los días más tensos de la Guerra Fría, explicaba que al tratar con los que eran adversarios comenzaba por buscar un punto común entre ellos, por pequeño que fuera. Cuando hallaba un solo punto de acuerdo entre las dos partes, trabajaba a partir de allí para crear una relación y una confianza que los pudieran llevar tal vez a un diálogo sincero en otras cuestiones más arduas. Tenía como modelo a Jesús, que constituyó la forma de Dios para compartir el terreno que tenía en común con la humanidad: «Se sentaba a cenar con publicanos y pecadores, y se juntaba con rameras».

Por lo general, la mejor manera de comunicarles la fe a los escépticos es destacando las cosas en las que nos parecemos, y no aquello en lo que somos diferentes. Yo estoy aprendiendo a resistirme a la tendencia de ver a los demás como opositores u objetivos, en lugar de buscar un terreno en común con ellos, un lugar en el cual podamos permanecer juntos. He hallado que muchos postcristianos viven de acuerdo con lo que llamo «hábitos del alma», actuando a partir de los principios cristianos de la compasión y la justicia que persisten, aun en una sociedad que se está alejando de la fe. «Como un susurro en medio de una calle oscura, los rumores acerca de Dios corren a través de tu oscura sangre», escribió el poeta Rilke.

La apologética cristiana se centra en las ideas y la verdad. Aunque resulta importante, es posible que estemos sobrevalorando este enfoque, puesto que la mayoría de las personas no emplea mucho tiempo en reflexionar de manera consciente sobre la verdad. La gente actúa más bien a partir de sus instintos. Algunos de esos instintos son muy buenos, y muchos son legado de un pasado cristiano. Por ejemplo, todos mis conocidos en el campo de la medicina aceptan que es necesario darles tratamiento a los «que no se lo merecen», como los individuos irresponsables que se ocasionan a sí mismos sus problemas de salud, incluso cuando desde un enfoque estrictamente pragmático ese tratamiento tenga poco sentido. (En la India he conocido brahmanes a quienes ni siquiera se les ocurriría ayudar a los pobres o los enfermos; ellos consideran que esa forma de caridad recompensa equivocadamente a una gente que merece su triste situación como castigo por las malas obras realizadas en una vida anterior.)

O pienso en todo lo que tengo en común con mis amigos del grupo de lectores. Tenemos muchos de los mismos intereses y compartimos las mismas preocupaciones acerca del estado de nuestra sociedad. Son personas que no quieren que sus hijos malgasten su vida con la metanfetamina, o que sus hijas queden embarazadas sin estar casadas, o que se dediquen al crimen. Son ciudadanos responsables que contribuyen al bienestar de la sociedad, tanto con sus profesiones como por medio de sus actividades voluntarias. Trabajando mayormente por medio de la política, abogan a favor de los niños desatendidos, el cuidado de la salud y las causas ambientales. De este modo puedo construir puentes, al reafirmar esos instintos, a pesar de sus fuentes inciertas.

Mientras hago esto, los no comprometidos me desafían a examinar las razones por las cuales mantengo en alto dichos valores. Me uno a la Sociedad Audubon y a los Amigos de la Tierra, porque veo el mundo natural como la obra de arte de Dios y quiero preservar el maravilloso planeta en el cual él nos ha colocado. Les doy mi apoyo a Amnistía Internacional y a la Misión Internacional de Justicia en su defensa de los prisioneros políticos y los oprimidos, porque creo que todas y cada una de las personas que hay en la tierra expresan la imagen de Dios y tienen un valor máximo. El egoísmo puro es el que me tienta a descuidar a los vulnerables, al mismo tiempo que mi fe me exige que cuide de ellos.

Para sorpresa mía, son muchos los postcristianos que no pueden explicar sus buenos instintos. Sigmund Freud se sintió desconcertado ante esto. Admitía que dentro de él había algo que lo hacía actuar con integridad, e incluso practicar una moralidad sexual tradicional en la cual no creía, aunque no podía entender la razón de esa manera de conducirse. «Por qué razón yo —y casualmente también mis seis hijos— tenemos que actuar como seres humanos totalmente decentes es algo bastante incomprensible para mí», afirmaba. Al igual que Freud, muchas personas actúan en el presente a partir de unos hábitos del alma que han absorbido de una cultura en la cual han influido los cristianos.

La mayoría de las personas da por sentado que la vida tiene algún sentido, aunque haya científicos y filósofos prominentes que proclamen lo contrario. Albert Camus escribió una novela titulada *El extranjero*, en la cual describe a un hombre llamado Meursault, que se comporta a partir de su creencia de que la vida no tiene propósito alguno ni destino final. «¿Me amas?», le pregunta su novia, y él le contesta que es probable que no, y que en realidad no le encuentra sentido a su pregunta. «¿Te quieres casar conmigo?», le dice ella, presionándolo. Él se manifiesta indiferente, sin importarle de una manera u otra. La muerte de su madre tampoco produce en este hombre reacción emocional alguna; de hecho, al día siguiente se va a la playa y después a ver una comedia en el cine. Finalmente, Meursault asesina a un hombre sin motivo alguno, y esta vez también sin manifestar ninguna emoción. El tribunal lo sentencia a la pena capital, a la cual también se enfrenta con una indiferencia total. No le importa en absoluto hacer una cosa o la opuesta. «Solo hay un problema filosófico realmente serio: el suicidio», dice Camus, y su perturbadora novela apoya esa filosofía.

Sin embargo, ¿quién vive así? Por instinto, no vivimos en una indiferencia total. Juzgamos que algunas cosas son más hermosas que otras; que algunas personas son más virtuosas que otras; que algunos actos están más llenos de sentido que otros. Nos enamoramos, cuidamos de los bebés indefensos, nos angustiamos cuando mueren los miembros de nuestra familia, juzgamos a los asesinos... de mil maneras, vivimos expresando que la vida tiene un sentido; que el amor, la belleza, la verdad, la justicia y la moralidad no son solo conceptos arbitrarios, sino que de alguna manera resultan reales.

Tomamos nuestras decisiones entendiendo que son importantes, a pesar de todos los pensadores modernos que proclaman lo diametralmente opuesto. En su esencia misma, ese instinto es teológico. «La vida, o es santa y tiene significado, o no significa absolutamente nada», señala el autor Frederick Buechner.

Hay aspectos de crucial importancia en los cuales los no creyentes y los cristianos ocupamos un amplio terreno común. Al igual que Pablo cuando les habló a los atenienses, nosotros podemos afirmar que hay buenos instintos aún presentes en la cultura que nos rodea, al mismo tiempo que señalamos cuidadosamente hacia su fuente.

En febrero de 2013, la revista *Christianity Today* publicó el testimonio de Rosaria Champagne Butterfield, quien se describió de joven como una «profesora lesbiana de izquierda» que despreciaba a los cristianos. «Me cansaban los estudiantes que parecían creer que "conocer a Jesús" significaba saber muy poco de todo lo demás. Los cristianos en particular eran malos lectores, y siempre estaban buscando la oportunidad de introducir un versículo bíblico en una conversación con el mismo motivo que un signo de puntuación: para terminarla en lugar de profundizarla. Era estúpido. No tenía sentido. Resultaba amenazador. Eso es lo que yo pensaba de los cristianos y su dios Jesús, que presentaban en sus imágenes tan poderoso como un modelo de un comercial para el champú Breck».

En su calidad de profesora de literatura y estudios sobre la mujer, a Butterfield le preocupaban mucho la moralidad, la justicia y la compasión. Buscaba orientación en Freud, Hegel, Marx y Darwin, pero no en Jesús, mayormente a causa de su celosa «banda de guerreros». Mientras investigaba la derecha religiosa y «su política de odio contra homosexuales como yo», se obligó a sí misma a leer la Biblia, la fuente que en su opinión había descarriado a tanta gente. Publicó un artículo de crítica en el periódico local acerca de los Guardadores de Promesas, y procedió a organizar las cartas de respuesta que recibió en dos cajas distintas: una para las cartas llenas de odio y otra para las cartas de sus seguidores.

Sin embargo, había una carta que no pudo clasificar en ninguna de las dos cajas. Ken, un pastor presbiteriano de Syracuse, Nueva York, con un espíritu bondadoso e inquisitivo, la animaba a explorar con mayor profundidad sus conclusiones. ¿Cómo había llegado a ellas? ¿Cuál era la base a partir de la cual decidía sobre sus convicciones morales? Su primer impulso fue tirarla al contenedor de reciclaje, pero más tarde la rescató del interior del recipiente y se detuvo a contemplarla. Terminó aceptando la invitación del pastor a cenar, y durante los dos años siguientes fue cultivando una amistad con Ken y su esposa Floy. «Ellos se adentraron en mi mundo», recuerda. «Conocieron a mis amigos. Nos intercambiamos libros. Hablamos abiertamente acerca de la sexualidad y la política. Nunca actuaron como si esa clase de conversaciones los estuvieran contaminando. No me trataron como si fuera alguien sin importancia».

Mientras tanto, Butterfield siguió leyendo la Biblia muchas veces y en diversas traducciones. Finalmente, se encontró sentada en una banca de la iglesia de aquel pastor, sintiéndose demasiado conspicua a causa del corte masculino de su cabello. «Entonces, un día común y corriente, me entregué a Jesús, con las manos abiertas y desnuda. En aquella guerra entre cosmovisiones, Ken estuvo presente. Floy también estuvo presente. La iglesia que había estado orando por mí durante años estuvo presente. Jesús triunfó. Y yo me convertí en un completo caos. Mi conversión fue como el descarrilamiento de un tren. No quería perder todo aquello que amaba. Sin embargo, la voz de Dios cantaba un optimista cántico de amor en medio de las ruinas de mi mundo».

Rosaria Butterfield, que es ahora esposa de un pastor, sigue luchando por la moralidad, la justicia y la compasión. Llegó a la fe en busca de un fundamento para aquellas cosas que valoraba, atraída por el tierno amor de dos cristianos que le señalaron bondadosamente dónde se hallaba ese fundamento.

Los no comprometidos comparten muchos de nuestros valores básicos, pero si no demostramos en nuestra vida esos valores de una manera persuasiva, no despertaremos en ellos una sed por su Fuente suprema. No hay nada que podamos hacer mejor los cristianos que seguir el ejemplo de Jesús, que se especializaba no en técnicas ni argumentos, sino en espíritu y ejemplo. Él se tomaba en serio a los escépticos, escuchándolos y respondiéndoles de una manera franca y compasiva al mismo tiempo. El Evangelio de Marcos añade un significativo detalle a una escena en la cual un joven rico con la posibilidad de convertirse rechaza el mensaje de Jesús y se aleja de él: «Jesús lo miró con amor».

Regreso de nuevo a la conversación entre Jesús y la mujer samaritana que había encontrado algún solaz en una religión alternativa. ¿Qué habría sucedido si Jesús se hubiera enzarzado en una discusión con ella acerca de sus diferencias en cuanto al lugar donde se debía adorar? Sin embargo, en lugar de hacerlo, él sacó a relucir una sed que ya era evidente en su atribulada vida con cinco fracasos matrimoniales. «Todo el que beba de esta agua volverá a tener sed», le dijo, refiriéndose al agua del pozo que ella estaba sacando para darle, «pero el que beba del agua que yo le daré, no volverá a tener sed jamás, sino que dentro de él esa agua se convertirá en un manantial del que brotará vida eterna».

En aquella breve conversación, Jesús presentó un modelo para relacionarnos con una cultura pluralista. No nos debemos atrever a desdeñar las decisiones que han tomado los demás, porque esto no manifestaría amor. Lo que debemos hacer es sintonizarnos con la sed que se halla debajo de la superficie.

BELLEZA Y DOLOR

«Si no hay un Dios, si nunca ha habido un Dios, ¿por qué lo echamos tanto de menos?», preguntó un judío europeo agnóstico mientras recordaba los horrores del siglo veinte. Hay ciertas experiencias humanas universales —la belleza, el dolor, la maldad, la muerte— que hacen aflorar a la superficie una sed profunda.

La aflicción y la belleza perforan el corazón humano, dijo Simone Weil. Yo las he visto a ambas actuar como estímulos hacia la fe, y funcionan de maneras diferentes: mientras que la aflicción penetra por la fuerza, la belleza hace resonar una cuerda de respuesta similar a la alabanza o la gratitud. Cuando estaba espiritualmente perdido, fue la belleza la que me trajo de vuelta a la fe —la belleza de la naturaleza, la música, el amor— al reavivar el anhelo de conectarme con el Padre de todo don perfecto.

En esos desvíos no planificados por las montañas, algunas veces doblo una esquina y me encuentro con un derroche de flores silvestres que me deja sin aliento. Mientras caminábamos por el valle que lleva el espléndido nombre de Oh Be Joyful Valley [Valle ¡Oh, gózate!], mi esposa y yo nos acostamos en un campo de flores silvestres alpinas mientras los colibríes volaban con gran rapidez alrededor de nosotros en un escenario tan inmaculado como el del jardín del Edén. Cuando veo estas cosas, recibo otra asombrosa imagen de la gracia, porque Dios ha derramado sobre este planeta abundantes bellezas que resplandecen por todas partes, nos demos cuenta de ellas o no. La naturaleza sigue adelante, la belleza sigue adelante, tanto si hay alguien presente para observarlas como si no lo hay.

Le doy gracias a Dios porque durante dos décadas de vivir en Colorado he tenido oportunidades de observarlas. En una ocasión, mientras subía en bicicleta por una montaña, perturbé a una manada de alces y me encontré con un bebé alce recién nacido, brillando todavía debido a la humedad de su nacimiento, con los ojos agrandados por el temor, e inmóvil como una roca. En otra oportunidad, cuando descendía por la senda de un cañón, vi dos carneros de grandes cuernos parados sobre sus patas posteriores y dándose cabezazos uno contra el otro, provocando chasquidos que parecían truenos.

En otra caminata a primera hora de la mañana, sorprendimos a una bandada de azulejos de montaña que salieron disparados hacia el cielo y captaron la luz del sol con una explosión de colores, como silenciosos fuegos artificiales. Estas cosas solo se ven en medio de la naturaleza, y entonces nos damos cuenta de que podríamos ser las únicas personas de la tierra agraciadas con aquella contemplación particular de la creación de Dios. Estoy de acuerdo con George MacDonald, que escribió:

Una de mis mayores dificultades para acceder a pensar en la religión era que consideraba que tendría que abandonar mis hermosos pensamientos y mi amor por las cosas que ha hecho Dios. Sin embargo, he descubierto que la religión aumenta en gran medida la felicidad que surge de todas las cosas que no son intrínsecamente pecaminosas. Dios es el Dios de lo Hermoso —la Religión es el amor de lo Hermoso, y el Cielo es el Hogar de lo Hermoso—, la Naturaleza es diez veces más resplandeciente bajo el Sol de Justicia, y mi amor por la Naturaleza es más intenso desde que me hice cristiano.[*]

Me desconcierta que los lugares que poseen tanta belleza natural no fomenten de manera forzosa la fe religiosa. ¿Cómo es posible que Oregón y Washington tengan una asistencia tan escasa a las iglesias? La naturaleza fue una de las claves que me trajeron de vuelta a Dios, porque yo quería conocer al Artista responsable tanto de la belleza como de las rarezas que encuentro en ella. Cuando sufro porque un amigo está enfermo o ha fallecido, y mi mundo se tambalea hasta detenerse, siento instintivamente el deseo de dar una larga caminata como una manera de recordar que

---

[*] MacDonald era la personificación de un cristianismo gentil, y su obra influyó profundamente en escritores como C. S. Lewis, J. R. R. Tolkien, G. K. Chesterton, Oswald Chambers, W. H. Auden, Madeleine L'Engle y J. K. Rowling. A lo largo de toda su vida hizo amistad con una amplia variedad tanto de cristianos como de no creyentes, entre ellos Lewis Carroll, Alfred Lord Tennyson, Charles Dickens, Anthony Trollope, Henry Wadsworth Longfellow, John Ruskin y Walt Whitman. Hasta el escéptico Mark Twain, a quien le desagradaba MacDonald al principio, se convirtió en amigo suyo, y los dos hablaron con frecuencia acerca de escribir juntos una novela.

este gran mundo sigue adelante, intensamente hermoso, sin tener en cuenta crisis alguna, sea grande o pequeña. ¿Acaso no fue este el mensaje que Dios le dio a Job? El dolor obra en un nivel diferente al de la belleza. Condensa la vida, le añade urgencia. Christian Wiman, el editor de *Poetry*, descubrió que el lema de «espiritual, pero no religioso» le era de muy poco consuelo cuando se tuvo que enfrentar con el terror tan específico de un cáncer incurable. Necesitando algo más firme sobre lo cual mantenerse en pie, encontró el camino de vuelta a una fe más sólida: «Las creencias definidas nos capacitan para soportar las tormentas de sufrimiento que llegan a la vida de todos, y que tienden a destruir toda disposición espiritual que no tenga unas raíces profundas».

El poeta Matthew Arnold escribió acerca del reflujo del Mar de la Fe en los tiempos modernos, una marea menguante que deja al mundo «sin gozo, amor ni luz; sin certidumbre, ni paz, ni ayuda para el dolor». Esa última carencia, *la falta de ayuda para el dolor*, podría hacer que las personas se vuelvan a inclinar hacia la fe, incluso en las sociedades modernas con sus numerosas atracciones hacia el placer. Los anuncios con carga sexual y la cultura superficial de las celebridades de alguna manera pierden su atractivo cuando nuestro hijo de tres años está agonizando en un hospital, o cuando esto nos sucede a nosotros mismos. ¿A qué otro podemos acudir sino a Dios cuando toda la vida parece haberse congelado en un invierno perpetuo?

Mortimer Adler, filósofo y editor de *Great Books of the Western World* [Grandes libros del mundo occidental], abrazó primeramente el teísmo, la creencia de que existe un Dios. Aunque se sentía atraído por los escritos de Tomás de Aquino, durante décadas se resistió a llamarse cristiano, una vacilación en la que influía sin duda su herencia judía. Entonces, en 1984, después de un viaje a México cayó enfermo con un virus que lo tuvo incapacitado durante meses. Estando postrado en una cama, se hundió en la depresión y algunas veces se echaba a llorar sin motivo aparente alguno. Durante aquel tiempo un sacerdote episcopal lo visitó fielmente y oró con él.

Adler solo sabía una oración, el Padrenuestro, y la repetía una y otra vez, aferrándose a cada una de sus palabras: *Padre nuestro que estás en el cielo, santificado sea tu nombre...* Una noche en la que se hallaba despierto en el hospital se dio cuenta de que había atravesado un puente sin saberlo, dando un salto de fe hacia un Dios personal que escucha nuestras oraciones. Él tocó el timbre para que llegara la enfermera del turno de la noche y escribió una nota con estas palabras: «Dios amado, sí, creo, no solo en el Dios cuya existencia mi razón afirma tan categóricamente, sino en el Dios al cual el padre Howell le está orando ahora, y en cuya gracia y amor ahora confío lleno de gozo».

La aflicción le había mostrado el camino.

LA MALDAD

En un pequeño libro escrito como tributo después de la muerte de su hijo en un accidente de alpinismo, Nicholas Wolterstorff reflexionaba: «Ahora hemos superado la ausencia con las llamadas por teléfono, la falta de alas con los aviones, el calor del verano con el aire acondicionado; cuando hayamos superado todo eso y mucho más, permanecerán dos cosas a las cuales nos tendremos que seguir enfrentando: la maldad en nuestro corazón y la muerte». La maldad y la muerte presentan interrogantes universales ante los cuales los cristianos pueden ofrecer consuelo y tal vez una nueva perspectiva.

Hace años tuve en Chicago una conversación con un amable pastor que me enfrentó a la maldad. Yo había leído en un artículo de la circular de una iglesia que durante la Segunda Guerra Mundial este pastor había participado en la liberación del campo de concentración de Dachau. Le pregunté acerca de esa experiencia. En el transcurso de los veinte minutos siguientes él recordó las visiones, los sonidos, y sobre todo los olores que recibieron a su unidad cuando marchó por las puertas de Dachau, en las afueras de Munich. Nada los preparó, y nada posiblemente los habría podido preparar, para lo que encontraron allí adentro.

«A un compañero y a mí se nos asignó un vagón», me dijo. «Dentro había cuerpos humanos amontonados en ordenadas hileras, exactamente igual que si se tratara de leña para el fuego. La mayoría eran cadáveres, pero a unos pocos aún se les sentía un pulso muy débil. Los alemanes, tan meticulosos como de costumbre, habían organizado las hileras, alternando las cabezas con los pies y acomodando entre sí diferentes tamaños y formas de cuerpos. Nuestro trabajo era similar a mover muebles. Levantábamos cada cuerpo —muy ligeros todos— y lo llevábamos al lugar designado. Pasé dos horas en ese vagón, dos horas que para mí incluyeron todas las emociones conocidas: rabia, lástima, vergüenza, repugnancia... todas las emociones negativas, debería decir. Me llegaban por rachas todas, menos la rabia. Esa permanecía siempre, dándonos fuerzas para nuestro trabajo».

Luego me habló de otro soldado llamado Chuck, el cual aceptó escoltar a doce oficiales de las SS a cargo de Dachau hasta un centro de interrogación cercano. Chuck era de Cícero, una zona difícil de Chicago, y afirmaba haber trabajado para Al Capone antes de la guerra. Pocos minutos más tarde, el personal que estaba trabajando en el vagón escuchó el estridente sonido de una ametralladora en tres largas ráfagas de tiros. Pronto llegó Chuck caminando, con el humo saliendo todavía de la punta de su arma. «Todos trataron de huir», nos dijo con una mirada maliciosa.

Interrumpí el relato del pastor para preguntarle si alguien había reportado lo que Chuck había hecho, o si fue objeto de alguna acción disciplinaria. Él se rio y me dirigió una mirada que parecía decir: «No bromees, se trataba de una guerra». «No, y eso fue lo que me persuadió. En aquel día me sentí llamado por Dios a convertirme en pastor. En primer lugar, estaba aquel horror de los cadáveres en el vagón. No fui capaz de superar aquella escena. Ni siquiera sabía que existiera semejante Maldad Absoluta. No obstante, cuando la vi, supe sin que me quedara la menor duda de que debía pasarme la vida sirviendo a cuanto se opusiera a una Maldad como aquella: sirviendo a Dios.

»Luego se produjo el incidente con Chuck. Sentía náuseas ante el temor de que el capitán me llamara a mí para escoltar al siguiente grupo de guardias de las SS, y un terror peor aún de que si él lo hacía, yo terminara obrando del mismo modo que Chuck. La bestia que estaba dentro de aquellos guardias también se hallaba dentro de mí».

La realidad de la maldad humana se sigue inmiscuyendo en las sensibilidades seculares. ¿Cómo era posible que la nación más culta de Europa hubiera descendido hasta las profundidades del Holocausto? ¿Cómo era posible que unos médicos bien entrenados de la Alemania nazi estuvieran de acuerdo en realizar grotescos experimentos con los prisioneros de los campos de concentración? En estos últimos años he pasado tiempo en los escenarios de algunos crímenes infames: en la antigua Yugoslavia, donde murieron más de cien mil personas, muchas de ellas masacradas de maneras no muy diferentes a las que se produjeron en Alemania; en la Virginia Tech y en Newtown, Connecticut, donde unos jovencitos perturbados asesinaron a estudiantes al azar. Mientras escuchaba a aquellas familias destrozadas cuyas vidas una violencia sin sentido había cambiado para siempre, las explicaciones que daban los medios de comunicación sobre esos sucesos, como unos resentimientos que se remontaban a tiempos antiguos o las enfermedades mentales, no me parecían las adecuadas. Al igual que el pastor de Chicago, me enfrenté cara a cara con la Maldad.

He pasado gran parte de mi carrera como escritor explorando la cuestión del sufrimiento y la maldad. ¿Por qué Dios no actúa de la forma que nosotros queremos que lo haga, interviniendo con mayor frecuencia, impidiendo semejantes atrocidades? ¿Y por qué no actuamos nosotros de la manera en que Dios quiere que nos conduzcamos? Según la Biblia, ambas cosas están relacionadas. Vivimos en un planeta que ha sido invadido por fuerzas malignas, y los seguidores de Dios estamos llamados a formar parte de la solución.

Como me dijo el pastor de Chicago: «Sin ser melodramático, a veces me pregunto qué habría sucedido si una persona sensible y habilidosa se hubiera hecho amigo del joven e impresionable Adolfo Hitler mientras él vagaba por las calles de Viena en su estado de confusión. Se le habría ahorrado al mundo todo aquel derramamiento de sangre, se hubiera evitado Dachau. Yo ni siquiera sé quién podría estar sentado en esa silla que tú estás ocupando ahora mismo.

»E incluso si termino pasando toda mi vida entre "don nadies" [...] en aquel vagón aprendí que ellos no existen. Los sobrevivientes que aún tenían algo de pulso se hallaban sumamente cerca de convertirse en don nadies: eran simples esqueletos envueltos en una piel que parecía papel. Sin embargo, habría hecho lo que fuera necesario para mantener vivos a aquellos pobres andrajosos. Nuestro equipo médico no durmió en toda la noche tratando de salvarlos; algunos de nuestra compañía perdieron la vida para liberarlos. No hay "don nadies". Aquel día en Dachau aprendí lo que significa "la imagen de Dios" en un ser humano».

La maldad nos ofrece una convincente prueba de que la raza humana está «perdida». También es posible que haga surgir unos anhelos que lleven a la fe, una sed por un mundo mejor que el actual. Y la sensación de que hay algo que anda mal se nos presenta con toda su fuerza cuando nos enfrentamos a la muerte.

LA MUERTE

Los soldados que liberaron Dachau reaccionaron con horror y repulsión, la reacción normal de una persona que se ve frente a un cadáver humano. Los seres humanos realizan grandes esfuerzos para identificar y honrar a sus muertos. ¿Por qué? No pocas veces me he encontrado zorros muertos en el camino, y ciervos o alces muertos en los bosques que hay detrás de mi casa. Su visión causa una tristeza momentánea, pero no tiene comparación con la reacción que se produciría en mí si me encontrara con un cadáver humano. Los cristianos creemos que reaccionamos de esa forma no solo porque se trata de alguien que pertenece a nuestra propia especie, sino porque hay algo que hace que los seres humanos sean diferentes a las demás especies. Nuestra reacción natural es un indicio de lo sagrada que es la vida humana. Dicho con las palabras del pastor, «no hay "don nadies"».

Nuestros antepasados le temían a Dios; nosotros le tememos a la muerte. Cuando mi esposa trabajaba como capellana de un hospicio, se reunía con todos los pacientes que la quisieran recibir, cualquiera que fuera su trasfondo religioso. Todos ellos tenían enfermedades terminales, y eran pocos en el hospicio los que vivían más allá de unas pocas semanas. Algunos no querían tener nada que ver con un capellán, aunque ella se dio cuenta de que eran una evidente minoría. Las preguntas que la mayoría de nosotros hacemos a un lado o ignoramos durante nuestra vida normal se abren paso a la fuerza hasta la superficie cuando la muerte nos mira a la cara.

En parte gracias a la influencia de Janet, una amiga suya llamada Susan comenzó a estudiar un curso para graduarse de capellana en un hospital. Cuando estaba escribiendo algunas de sus reflexiones en forma de diario, Susan se dio cuenta de que su propia teología había sido puesta a prueba y modelada al pasar tiempo con otras personas de fe, ya fuera diferente o no. Se percató de que gracias a su seguridad en que Dios es el «Dios de toda consolación» es capaz de entrar a un cuarto para ofrecerles compasión y consuelo genuinos a aquellos que no creen lo mismo que ella. «Al parecer, Dios me está enseñando a ensanchar mi corazón mientras mantengo los ojos fijos en él», comenta. Sus reflexiones son un verdadero modelo en cuanto a la presentación de la fe a los postcristianos, en especial en un momento de crisis.

Cuando Susan entra a una habitación da por seguro que, llamado o no, Dios ya está presente. «Nosotros amamos a Dios porque él nos amó primero», dice citando a Juan, «y me lo imagino derramando sobre mí el amor que tiene en su vasija para que yo lo pueda derramar sobre los demás y después volverme a llenar con su amor. Entro con una sonrisa, sintiéndome privilegiada de compartir el suelo sagrado en el cual alguien se está aferrando a la vida. Si olvido que Dios va delante de mí y en lugar de esto pienso que soy yo quien está *llevando* a Dios a la habitación, puedo adoptar aires de petulancia. Me siento presionada a decir lo que es correcto, a tratar de impresionar al paciente y el personal; en resumen, a tomarme a mí misma demasiado en serio. Necesito recordar continuamente que Dios me precede en ese cuarto y que la persona que está en la cama tiene una historia de la cual yo puedo aprender».

Susan dice que le ayuda imaginarse que los papeles se han invertido: ella está en la cama mientras una persona extraña entra al cuarto con un aspecto muy serio —el ceño fruncido y los puños cerrados— y trae un consejo que le quiere dar. Se encontró con un capellán así cuando su propia hija estaba en el hospital después de un grave accidente y no sintió consuelo alguno. Lo que quiere más bien es alguien que respete y preste atención, que haga un buen contacto visual y emane una sensación de alivio, no de engreimiento. Como capellana cristiana ha aprendido a dejar que sea el paciente el que decida en qué dirección debe ir la conversación. Esa conversación los puede llevar a la oración, pero aun entonces Susan necesita tener el cuidado de que sus oraciones expresen amor y compasión, no un mensaje velado.

Ella recuerda: «He estado con musulmanes y creyentes de la Nueva Era que parecen estar esperando que yo los convierta. Cuando no lo hago, se me acercan. Lo irónico del caso es que mientras más evito presionar con mi fe, más puede dar la impresión la persona de que se siente interesada en lo que creo». Este mismo principio tiene aplicación también fuera del cuarto de hospital.

CAPÍTULO 4

LA RECUPERACIÓN DE LAS BUENAS NUEVAS

Entre el momento en que nos llega un regalo y el momento en que se lo entregamos a otro, sufrimos de gratitud.

LEWIS HYDE

Cuando me encontraba en la escuela secundaria, el grupo de jóvenes de mi iglesia vio una película sobre un jovencito que sabía que le debía hablar a su mejor amigo acerca de su fe. Él estuvo posponiendo la conversación hasta que de repente fue demasiado tarde: su amigo murió en un accidente en un auto incendiado, siendo las llamas un adelanto de lo que le esperaba en el infierno. Durante días después de aquello me despertaba sudando, pensando en mis propios amigos y su destino, atormentado por la culpa, porque no les había «testificado» acerca de lo que yo creía. Más tarde aparecieron libros escalofriantes, como *La agonía del gran planeta Tierra* y la serie *Dejados atrás*, que presentaban con detalles muy gráficos lo que es posible que les suceda algún día a los que no se vayan en el arrebatamiento.

La pura adrenalina bastaría para empujar a una persona hasta el punto de una crisis espiritual, pero me pregunto sobre los efectos a largo plazo de un reclamo basado en la culpa, el temor y la vergüenza. Es posible que con el tiempo estas técnicas pudieran muy bien producir una reacción contraria. He descubierto que los escépticos y los postcristianos son inmunes en su mayoría a esta clase de enfoque. Lo que ellos necesitan es lo contrario: una dosis de gracia que haga contraste con el mundo duro e incapaz de perdonar que los rodea (lo cual incluye en algunos casos sus encuentros con cristianos dedicados a juzgar).

En la película *Una mente brillante*, Alicia Nash habla de la forma en que ella lidia con la esquizofrenia de su esposo: «Lo miro y me obligo a mí misma a ver el hombre con el cual me casé, y él se convierte en ese hombre. Se transforma en alguien a quien amo. Y yo me transformo en alguien que lo ama». En otras palabras, ella lo mira con ojos de gracia. Eso es lo que hacemos de manera intuitiva con las personas a las cuales amamos, como en el caso de uno de nuestros padres con la enfermedad de Alzheimer: vemos debajo de la persona deteriorada que es ahora el ser saludable que una vez fue.

Jesús tenía la asombrosa capacidad de mirar *a todos* con unos ojos sanados por la gracia, de manera que veía no solo la belleza de lo que habían sido, sino también el sagrado potencial de aquello que podían llegar a ser. Nosotros, sus seguidores, tenemos delante el mismo desafío: «Así que de ahora en adelante no consideramos a nadie según criterios meramente humanos», les dijo Pablo a los corintios. Es evidente que no estamos actuando así, puesto que muchos piensan que la fe, y en especial la fe evangélica, es una mala noticia. Creen que los cristianos los miran con ojos de juicio, no con ojos de gracia. De alguna manera es necesario que recuperemos la condición de «buenas nuevas» del evangelio, y el mejor punto de partida consiste en redescubrir estas buenas noticias nosotros mismos.

UN SONIDO DIFERENTE

Frederick Buechner escribe: «Cambia de opinión y cree que la buena noticia de que Dios nos ama es mejor que todo lo que nos hayamos atrevido a esperar jamás, y que creer en esa buena noticia, vivir de acuerdo a ella y para ella, y amarla, es de todas las cosas felices de este mundo la más feliz de todas».

A mí me han hecho falta años para redescubrir las buenas nuevas. En otros lugares he escrito acerca de las iglesias «tóxicas» de mi juventud, que por un tiempo envenenaron mi actitud hacia la fe. Y como escritor, me he encontrado con mi buena ración de cascarrabias e hipócritas en la iglesia. Sin embargo, debo ser justo y decir que también he conocido a muchos «santos» humildes que sirven fielmente a Dios. ¿Qué es un santo? Me agrada la definición de Reynolds Price. Él afirma que es alguien que, aunque tiene defectos, «nos guía con el ejemplo, casi nunca con palabras, para que nos imaginemos lo más difícil de imaginar: el ininterrumpido amor de Dios por toda la creación, lo cual nos incluye a nosotros mismos».

Me conmueve como una genuina buena noticia que seamos criaturas de un Dios amoroso que desea que progresemos, en lugar de ser productos secundarios al azar de un universo carente de sentido. Ese Dios entró a nuestro mundo para demostrarnos en persona que no hay nada —ni siquiera la muerte— que nos pueda separar de su amor. Me conmueve el que la historia de Jesús tenga este tema principal: «Porque tanto *amó* Dios al mundo, que dio...». Me conmueve que la existencia humana no se vaya a acabar con el inminente calentamiento de nuestra atmósfera, o el enfriamiento gradual de nuestro sol, y que mi destino particular no termine con la muerte. Me conmueve que Dios tenga dispuesto equilibrar la balanza de la historia humana no por medio del karma, sino por medio de su gracia, y de una forma tal que nadie lo va a poder acusar de injusto.

Mark Rutland recuerda de una manera imaginativa una encuesta en la cual se les preguntó a los estadounidenses que participaron cuáles eran las palabras que a ellos más les agradaba escuchar. Él predijo la primera opción de todas: «Te amo». La segunda resultó ser: «Te perdono». La tercera fue la que lo tomó por sorpresa: «La cena está lista». De este modo Rutland comprendió que estas tres declaraciones nos proporcionan un nítido resumen de la historia del evangelio. Dios nos ama, Dios nos perdona y Dios nos invita al banquete. En medio de un planeta marcado por el quebrantamiento —la violencia, los desastres naturales, las relaciones destruidas— el evangelio es realmente una buena noticia. El cristiano, como alguien que está escuchando un iPod y baila en una estación del ferrocarril metropolitano repleta de taciturnos viajeros que se dirigen a su trabajo, escucha un sonido distinto lleno de gozo y risas al otro lado del sufrimiento y la muerte.

En ocasiones recibo una imagen más clara de las buenas nuevas cuando viajo a otros países, sobre todo a aquellos en los cuales no es fuerte la influencia cristiana. Hace algunos años visité Kazajistán, un país grande, aunque poco poblado, que tiende a atraer una clase de publicidad indeseada. Sasha Baron Cohen lo convirtió en el hazmerreír del mundo en su burlona película de 2006 titulada en español *Borat: lecciones culturales de Estados Unidos para beneficio de la gloriosa nación de Kazajistán*. En un plano más grave, fue noticia en el año 2013 como el lugar de origen de los individuos que pusieron las bombas en el Maratón de Boston.

Me pasé un fin de semana largo con los miembros del personal de Cruzada Estudiantil y Profesional para Cristo en Kazajistán (actualmente «Cru»). Para ser sincero, siempre me he mantenido alejado de esa organización y su habilidosa presentación del evangelio. Sigo deseando añadir un poco de realismo a su enfoque programado. Dios te ama *(sí, pero Dios es invisible y vas a encontrar momentos en los cuales se pone gravemente en tela de juicio ese amor)* y tiene un plan maravilloso para tu *vida (un plan que en realidad incluye el sacrificio, las dificultades y la disciplina)*. No obstante, durante mi estancia con los kazajos escuché una historia tras otra de jóvenes que estaban descubriendo el evangelio como una buena noticia. Casi todas esas historias seguían una trama parecida a esta:

«Yo entré a la universidad en el momento en que se derrumbó la Unión Soviética. Hasta entonces habíamos vivido bajo el comunismo, teniendo fronteras por un lado con Rusia y por el otro con China. Mi padre era alcohólico y la vida en nuestro hogar resultaba terrible, hasta llegar en ocasiones al maltrato. De repente, ya nadie creía en la propaganda comunista. En realidad, nadie sabía qué creer. La economía estaba destruida. No tenía idea en cuanto a qué hacer con mi vida, qué esperar en el futuro.

»Entonces se me acercó alguien, comenzamos a conversar, y me dijo que hay un Dios que me ama y tiene un plan maravilloso para mi vida. Nunca había pensado demasiado en la existencia de Dios. Sin embargo, tenía sentido. Nos hicimos amigos, y esta persona me presentó a Jesús, lo cual cambió mi vida por completo. Encontré una razón para vivir y experimenté la presencia de una comunidad de amor alrededor de mi persona. Ahora dedico mi tiempo a compartir esas buenas nuevas con los demás».

Escuché suficientes historias de este tipo como para poder desecharlas y tuve que confrontar mi propia presunción con respecto a la presentación de las buenas nuevas por medio de fórmulas. («A mí me gusta más mi manera de hacerlo que su manera de no hacerlo», le dijo el evangelista Dwight L. Moody a alguien que criticaba sus métodos.) En un país nominalmente musulmán, que está saliendo de los temibles años de dominio del comunismo, el evangelio de Jesús resonaba como una clara campana que anunciaba la aurora de un nuevo día.

Después de regresar de Kazajistán busqué el registro escrito más antiguo sobre la proclamación del mensaje de Jesús por parte de sus seguidores, la docena o algo así de mensajes contenidos en el libro de los Hechos. A diferencia de las películas y los sermones aterradores de mi juventud, ninguno de ellos se centra en la salvación personal como un modo de escapar del infierno en la otra vida. Lo que hacen es presentar la manera en que las buenas nuevas acerca de la eternidad deben transformar *esta* vida. El cristiano ve el mundo como un hogar de transición muy necesitado de rehabilitación, y nosotros somos los agentes activos en ese proyecto.

Siguiendo el mismo estilo, después de su resurrección Jesús no destacó su experiencia de «acabar de regresar de otro mundo», sino les ordenó a sus seguidores que nos pusiéramos a trabajar ahora haciendo discípulos y cuidando de su rebaño. Eugene Peterson parafrasea Juan 3.17 de la manera siguiente: «Dios no pasó por todas esas molestias cuando envió a su Hijo solo para señalarnos con un dedo acusador, diciéndole al mundo lo malo que era. Él nos vino a ayudar, a enderezar de nuevo el mundo».

Usando una imagen favorita de Jesús, podemos decir que servimos a un *reino* opuesto que opera en medio de unos poderes muy terrenales que tratan de eliminar a su fundador. Los primeros cristianos vivían de acuerdo con unas reglas diferentes a las que seguía la cultura que los rodeaba, llamando primero la atención de los de afuera y finalmente ganándolos para su causa. He aquí un informe escrito por un simpatizador suyo dentro del Imperio Romano:

Se casan como todo el mundo, y tienen hijos, pero no los destruyen. Comparten una mesa común, pero no una cama común. Existen en la carne, pero no viven según la carne. Aunque pasan sus días en la tierra, son ciudadanos del cielo. Obedecen las leyes prescritas, al mismo tiempo que las superan con su manera de vivir. Aman a todos y son perseguidos por todos. No los conocen, pero los condenan. Los matan y vuelven a la vida. Son pobres, pero hacen ricos a muchos. Les falta todo, pero sobreabundan en todo [...]

Los atacan los judíos, considerándolos bárbaros; los persiguen los griegos; sin embargo, aquellos que los odian no son capaces de dar razón lógica alguna para su odio.

Los cristianos somos criaturas anfibias. Según las palabras de Jesús, están «en el mundo [...] [pero] no son del mundo». Y en una sociedad moderna que funciona a base de competencia, autocomplacencia y poder, nos deberíamos destacar por seguir un guión de actuación notablemente distinto.

LA GRACIA SIEMPRE DISPONIBLE

Puesto que vivimos «en el mundo», podemos buscar oportunidades naturales para dispensarles gracia —no solo palabras— a quienes nos rodean. Gabe Lyons recomienda que invitemos a la iglesia a los líderes comunitarios, ya sean cristianos o no, para hablar sobre la mejor manera de trabajar con el vecindario y sus problemas. Como él hace notar, las iglesias afroamericanas tienen todo un historial en cuanto a hacer esto, encontrando formas de honrar a los maestros, bomberos, trabajadores sociales y políticos, todos ellos acostumbrados a servir recibiendo muy poco reconocimiento.

Un pastor de Chicago que es amigo mío maneja un sitio de bodas en la Internet. Las parejas que no conocen a ningún pastor, y por eso buscan uno en la Internet, se comunican con él. Este pastor insiste en llevar a cabo algunas sesiones de consejería antes de comprometerse a celebrar la ceremonia, y siempre hace dos preguntas: «¿Por qué se quieren casar?» (casi todos ellos ya están viviendo juntos) y «¿Por qué desean que sea un pastor el que participe en su boda?». Se desarrollan unas conversaciones notables mientras los interesados batallan en voz alta con sus respuestas. Uno de ellos dijo: «Bueno, si hay un Dios, el matrimonio es tan importante que creemos que debemos involucrar a Dios de alguna manera».

Kathleen Norris escribe acerca de una «ramera de la cocaína» de la zona rural de Montana, la cual dormía con cualquiera que le consiguiera bebida o cocaína, o al menos le prestara un mínimo de atención. Primero encontró a los Alcohólicos Anónimos, después a Dios y después a la iglesia. Pronto se encontraba inscribiéndose en todos los estudios bíblicos y ofreciéndose de voluntaria para todos los proyectos ministeriales de su congregación, además de trabajar en comités a los cuales había que suplicarles a los demás que se unieran. «La salvación se apoderó de ella de tal manera, como lo expresaba el pastor, que él comenzó a preguntarse si los cristianos no estaremos subestimando la promiscuidad. Porque ella continuaba siendo una persona promiscua, que seguía amando sin discriminar mucho. La diferencia estaba en que había dejado de destruirse a sí misma para dedicarse a llevarles nueva vida a los demás». El duodécimo paso en la guía de AA hacia la recuperación —ayudar a los que están necesitados— es un acto de gratitud. Nuestra respuesta a la gracia sanadora es brindársela a otros.

Tanto el pastor de Chicago como el de Montana comenzaron con algo bueno, el amor, y fueron señalando gradualmente hacia algo mejor aún. El amor romántico puede abrir el camino hacia el que es la Fuente de todo amor; la pasión debidamente canalizada produce vida, no destrucción.

Conozco a un antiguo pastor bautista del sur, de Carolina del Norte, que contra toda posibilidad dirige ahora un club privado de habanos. Él lo explica así: «En mis años de ministerio aprendí que cuando los hombres entablan conversaciones profundas y se sinceran unos con otros, esto suele involucrar la presencia de un habano. Es entonces que hablan acerca de lo que en realidad resulta importante para ellos, ya sea sentados en un patio después de un partido de golf o descansando juntos fuera de su casa mientras sus esposas están adentro. Así que en nuestro club tenemos voluntarios disponibles para trabar amistad con los hombres y saber qué responderles cuando quieren hablar acerca de su matrimonio que está fracasando, o la pérdida de su trabajo, o los hijos adolescentes rebeldes».

En una ocasión, mientras hablaba en Toronto sobre el tema de la gracia, les pregunté a mis oyentes acerca de sus propias experiencias en cuanto a transmitirles la gracia a otras personas. Una dama nos dejó sorprendidos a todos: «Me he sentido llamada a ministrarles a los que tratan de vender cosas por teléfono. Ya saben, esa clase de personas que llaman a las horas menos convenientes y le sueltan a uno su discursito antes de que pueda decir una palabra». Enseguida acudieron a mi mente las veces que he respondido bruscamente, o que me he limitado a colgar el teléfono. «Estos vendedores que llaman por teléfono oyen a la gente insultarlos y tirar el teléfono durante todo el día», continuó diciendo. «Yo escucho con atención su discurso, después trato de responder de una manera bondadosa, aunque casi nunca les compro lo que están vendiendo. Lo que hago es preguntarles acerca de su vida personal y si tienen alguna preocupación por la que pueda orar. Con frecuencia me piden que ore con ellos por el teléfono, y algunas veces noto que están llorando. Al fin y al cabo, son personas probablemente con una paga muy escasa y se sienten sorprendidas cuando alguien los trata con buena educación».

Al escuchar estas historias soy consciente de la gran frecuencia con la que me he perdido unos posibles momentos esenciales en mi propia interacción con las personas. Me maravillo ante la reacción tan bondadosa de la dama de Toronto y pienso en las veces que me siento irritado con los vendedores y los empleados de las líneas de ayuda con la computadora que no hablan un buen inglés. Me descubro a mí mismo tratando a las cajeras de las tiendas y las empleadas de Starbucks como si fueran máquinas, no personas. Recibo una invitación para una boda y refunfuño ante la molestia de tener que salir a comprar un regalo y vestirme de gala. Después de un juego de golf me apresuro a marcharme, en lugar de relajarme en el patio con mis compañeros de juego. Sutilmente o no le hago saber a otra persona que me ha interrumpido y necesito volver a mi trabajo. Mientras hago esto, pierdo oportunidades de oro para dispensar la gracia.

¿Qué haría falta para que una iglesia fuera conocida como un lugar donde la gracia estuviera siempre disponible? Con demasiada frecuencia los extraños nos consideran como una especie de club exclusivo para los justos. Un amigo alcohólico aseguró esto en una ocasión al comparar a la iglesia con AA, que se había convertido para él en un sustituto de la iglesia. «Cuando llego tarde a la iglesia, la gente se vuelve a mirarme. Hay algunos que fruncen el ceño, y hay otros que sonríen, satisfechos con ellos mismos: *¿Ves? Esa persona no es tan responsable como yo.* En AA, si llego tarde, la reunión se detiene y todo el mundo se levanta enseguida a saludarme. Se dan cuenta de que la necesidad de ellos tan desesperada que tengo le ganó la partida a mi desesperada necesidad de alcohol».

Un día gris de otoño en Denver visité una iglesia urbana que hace de la gracia el punto central de su ministerio. Esta congregación aborda el contencioso problema sobre los homosexuales no escribiendo documentos donde definen su posición, sino sencillamente recibiendo a todos los que llegan. Su boletín lo expresa de esta manera:

> Casados, divorciados o solteros, vengan, es una sola familia la que se reúne aquí.
>
> Conservadores o liberales, vengan, todos tenemos un poco que dar aquí.
>
> Grandes o pequeños, vengan, hay lugar para todos nosotros aquí.
>
> Vacilantes o creyentes, vengan, todos los podemos recibir aquí.

Homosexuales o heterosexuales, vengan, no hay odios aquí.

Mujeres u hombres, vengan, todo el mundo puede servir aquí.

Cualquiera que sea tu raza, ven, para todos nosotros hay gracia aquí.

A imitación del exorbitante amor que Dios Todopoderoso tiene por todos y cada uno de nosotros, vivamos y amemos sin asignarle calificativos a nadie.

De allí fui a una barbacoa ofrecida para levantar fondos a favor de una organización sin fines de lucro que distribuye alimentos entre la población hambrienta de Denver. Varias iglesias patrocinadoras habían enviado a sus representantes, y yo acepté decir unas pocas palabras y repartir algunos libros. Los organizadores esperaban que llegaran unas trescientas personas, pero una lluvia helada hizo que el número de asistentes fuera menos de la mitad de esa cantidad. Ese día jugaba el equipo de fútbol de los Broncos de Denver, y mientras veía la escasa cantidad de personas presentes debajo de sus paraguas se me ocurrió que seis mil ruidosos fanáticos habían pagado alegremente para quedarse sentados en un estadio durante tres horas en medio de aquellas desagradables condiciones climáticas. En cambio, una causa como el hambre solo atraía a un pequeño grupo de asistentes a las iglesias, estudiantes de colegio universitario idealistas, y gente de la calle que siempre parece saber dónde están sirviendo comida.

Durante el sermón que había escuchado en la iglesia aquella mañana, la predicadora invitada mencionó que se había sentido desconcertada ante la historia de la viuda que dio todo lo que tenía, lo cual no fue más que unos pocos centavos. ¿Por qué Jesús se limitó a usarla como lección objetiva, en contraste con la gente rica que hacía orgullosamente grandes contribuciones? ¿Por qué no hizo algo para resolver el problema de aquella viuda, tal vez proponiendo un programa de ayuda a los pobres? La predicadora nos dijo cuál era la conclusión a la que había llegado: «Dios deja en nuestras manos la cuestión de la justicia». Yo había escuchado a Gary Haugen, fundador de la Misión Internacional de Justicia, decir algo similar: «Dios tiene un plan para combatir la injusticia, y ese plan nos involucra a nosotros, su pueblo. No existe un Plan B».

Reflexioné sobre aquella afirmación mientras permanecía bajo la lluvia y veía cómo un pequeño grupo de voluntarios reunían paquetes de comida, mientras una hermana cantaba a todo pulmón el himno «His eye is on the sparrow» [Sus ojos observan al gorrión]. Por la razón que sea, Dios parece dejar en nuestras manos una gran cantidad de asuntos que deben ser resueltos. Y la iglesia sigue adelante tambaleándose; al fin y al cabo, nosotros somos el canal escogido para las buenas nuevas de Dios.

COMPARTAMOS LA SABIDURÍA DE DIOS

El teólogo Miroslav Volf describe el evangelismo como el acto de «compartir la sabiduría de Dios». El Dios que creó a los seres humanos sabe cuál es la clase de vida que funciona mejor para nosotros. Hay algunas cosas que resultan obvias —no robar, no mentir, no matar— y está claro que la sociedad humana marcha mejor de esa manera. En cambio, hay algunas cosas que van contra nuestra lógica: cuidar de los que son vulnerables, hallar nuestra vida al servir a los demás, perdonar al que nos ha hecho daño y amar a nuestros enemigos. Sin embargo, esa forma de vida termina siendo la más satisfactoria, porque al seguirla nos convertimos en las personas que Dios quiso que fuéramos.

A medida que pasan los años y mi cuerpo necesita atención y reparación, cada vez aumenta más mi aprecio por uno de los títulos que se le dan a Jesús: el Gran Médico. Un médico no puede sanar a menos que el paciente le cuente lo que le aqueja. (La gran tragedia de la lepra, la diabetes y otras enfermedades que adormecen el dolor es que la persona afectada no puede sentir que hay algo que anda mal, por lo tanto, no busca ayuda.) Nadie, ni siquiera Dios, puede ayudar a una persona que no vea la necesidad de ser sanada. «¿Quieres quedar sano?», les preguntaba Jesús a los que acudían a él con una dolencia física, una interrogante que también es aplicable a los que experimentan un sufrimiento espiritual.

Cada vez que visito a mi médico para un examen general me hace una serie de preguntas que en cualquier otro contexto parecerían indiscretas. ¿Bebes alcohol? ¿Cuánto? ¿Y café? ¿Fumas? ¿Usas drogas? ¿Eres sexualmente activo? ¿Haces ejercicios con regularidad? Yo no me siento ofendido por esta intromisión en mi vida personal, porque sé que ambos tenemos el mismo interés: mi salud.*

Cuando me estoy recuperando de una lesión, mi médico se vuelve más autoritario aún. «No quiero que corras ni juegues golf durante un mes», me dijo después de unas intervenciones quirúrgicas en el pie y la rodilla. «¡Hagas lo que hagas, no conduzcas!», me ordenó cuando estaba usando un collar protector debido a una fractura en el cuello. Yo acepté de buena gana su consejo, porque reconocí que me estaba ordenando que hiciera lo que era mejor para mí y no simplemente privándome de un placer.

El concepto cristiano del pecado, malentendido con mucha frecuencia, hace sentir incómodas a muchas personas. En realidad, establece una línea de responsabilidad clara, pero que va dirigida a un Dios que me ama y busca lo mejor para mí. Aquí se aplica de nuevo el paralelo con el médico. Puesto que procedía de una

---

* Según la Organización Mundial de la Salud, alrededor de setenta por ciento de las enfermedades tiene relación con el estilo de vida de la persona, y casi la mitad de las muertes son consecuencia de factores de riesgo causados por el propio ser humano. Si pudiéramos eliminar factores como la desnutrición, el uso inseguro del sexo, el tabaco, el alcohol, la falta de salubridad, la contaminación del aire en los interiores de los edificios y la obesidad, le podríamos añadir hasta dieciséis años a la duración promedio de la vida.

iglesia con un trasfondo estricto, me había perdido el aspecto de buena noticia que tiene la sabiduría de Dios. Pensaba en él como una especie de policía cósmico que obliga a cumplir unas normas arbitrarias, no como un médico que desea que yo prospere. Mis conversaciones con los que no están comprometidos con ninguna iglesia me convencen de que muchas personas tienen un concepto igualmente erróneo del pecado. En el centro mismo del pecado se halla la falta de confianza en que Dios quiere realmente lo mejor para nosotros.

Ignacio de Loyola definía el *pecado* como el acto de negarnos a creer que Dios quiere nuestra felicidad y realización. La rebelión del ser humano comenzó en el huerto del Edén, donde lo que Dios quiso decir en verdad fue: «Confíen en mí. Yo sé lo que es mejor para ustedes». Adán y Eva no superaron esta prueba, y desde entonces todos hemos pagado las consecuencias. Hoy en día también hay algunos que insisten en que somos los seres humanos los que debemos decidir qué es lo mejor para nosotros. El hecho de que un ser humano dañado haga este juicio es similar a que un alcohólico decidiera si puede beber o no. Para nuestro propio bienestar, necesitamos confiar en que Dios nos dará la orientación básica acerca de la manera en que debemos vivir.

Tim Keller, pastor de una floreciente iglesia en Manhattan, conversa con frecuencia acerca de la fe con los escépticos y postcristianos, y ha aprendido a presentar el pecado no tanto como si se tratara de «hacer cosas malas», sino de «convertir las cosas buenas en máximas». Esto es lo que dice Keller:

> En lugar de decirles que están pecando porque duermen con sus novias o novios, les explico que están pecando porque buscan que sean sus romances los que les den sentido a sus vidas, los justifiquen y los salven, proporcionándoles lo que deberían estar buscando en Dios. Esta idolatría lleva

a la ansiedad, las obsesiones, la envidia y el resentimiento. He descubierto que cuando uno les describe sus vidas a las personas postmodernas en función de una idolatría, ellas no ofrecen mucha resistencia. Entonces puedes presentar a Cristo y su salvación (en este punto) no tanto como su única esperanza de lograr el perdón, sino como su única esperanza de llegar a ser libres.

A menos que amemos las cosas naturales —como el sexo, el alcohol, la comida, el dinero, el éxito y el poder— de la forma en que Dios quiere que lo hagamos, nos convertiremos en esclavos suyos, de lo cual puede dar testimonio cualquier adicto. Jesús demostró en persona cómo se puede vivir de manera libre y plena, y no es de sorprendernos que al hacerlo incomodara a los líderes de la religión establecida. No me puedo imaginar que nadie haya seguido a Jesús por todas partes durante dos o tres años y comentado: «Hombre, hay que ver todas las cosas que él se ha perdido». Lo más probable es que hubiera dicho: «Hay que ver todo lo que me estoy perdiendo».

Eugene Peterson señala que «el significado de la raíz hebrea que traducimos como la palabra *salvación* es ser amplio, volverse espacioso, agrandarse. Lleva en sí el sentido de liberación con respecto a una existencia que se ha vuelto oprimida, confinada y estrecha». Dios quiere liberarnos, hacer posible que llevemos una vida noble y llena de amor hacia él y nuestro prójimo. «Corro por el camino de tus mandamientos, porque has ampliado mi modo de pensar», escribió el salmista.

No necesitamos escondernos como hicieron Adán y Eva en el huerto. Dios ha perdonado y transformado a los creyentes de tal manera que realmente, según afirma Pedro, «luego de escapar de la corrupción que hay en el mundo debido a los malos deseos, lleguen a tener parte en la naturaleza divina».

Cuando salgo de la clínica del médico después de mis exámenes físicos anuales tengo una imagen más clara de mi plan de salud ideal, en el cual estarán incluidos los ejercicios, una dieta adecuada y una cuidadosa atención a algunos molestos achaques. Gracias al tiempo que paso con Dios también poseo una imagen más clara de mi plan para la salud espiritual: no un perfeccionismo lleno de ansiedad y ceños fruncidos ni un rígido legalismo, sino una relajada seguridad en el amor de Dios y una confianza en que él desea lo mejor para mí.

Tal vez lo más poderoso que podemos hacer los cristianos para comunicarnos con un mundo escéptico es llevar una vida realizada, en la cual exhibamos pruebas de que el camino de Jesús realmente lleva a la vida más abundante de todas y que más sacia la sed. El fruto del Espíritu —amor, alegría, paz, paciencia, amabilidad, bondad, fidelidad, humildad y dominio propio— fluye de un alma saludable, y al fluir puede atraer a aquellos que han pensado que esas cualidades son escurridizas o inalcanzables.

ACTUEMOS SEGÚN LO QUE HABLAMOS

No obstante, es necesario que inserte aquí una advertencia sobre una trampa que puede anular cuantas palabras digamos y socavar la manera en que los demás perciben las buenas nuevas que afirmamos estar representando. A menos que los cristianos demostremos que hay verdad en nuestras vidas, todo cuanto digamos creer les sonará como lemas publicitarios vacíos de contenido a las otras personas. Stanley Hauerwas, a quien la revista *Time* nombró «el mejor teólogo de Estados Unidos», resume así el problema: «He llegado a pensar que el desafío al que nos enfrentamos los cristianos no es que no creamos lo que decimos, aunque eso puede ser un problema, sino que aquello que decimos creer no parece cambiar en nada las cosas, ni para la iglesia ni para el mundo».

Cuando se hizo una encuesta entre estudiantes universitarios a los que se les preguntaba cuál era la primera cosa que les venía a la mente cuando oían la palabra «cristianismo», la respuesta más frecuente fue: «Personas que no practican lo que predican». Las encuestas del Grupo Barna confirman de manera alarmante ese juicio:

> Cuando se les pedía que identificaran las actividades que habían realizado durante los últimos treinta días, era igualmente probable que los creyentes nacidos de nuevo hablaran de apostar o dedicarse a juegos de azar, visitar un sitio pornográfico en la web, tomar algo que no les pertenecía, consultar a un médium o psíquico, pelear físicamente con alguien o abusar de él, consumir suficiente alcohol para que los consideraran legalmente borrachos, usar alguna droga ilegal sin receta, decirle a alguien algo que no era cierto, vengarse de alguna persona por algo que les había hecho y pronunciar infamias acerca de alguien a sus espaldas...
>
> Entre los jóvenes ajenos a las iglesias, *el ochenta y cuatro por ciento* afirmó conocer por lo menos a un cristiano comprometido. Sin embargo, solo *el quince por ciento* pensaba que el estilo de vida de esos seguidores de Cristo fuera significativamente distinto al común y corriente.

A los adultos no les va mucho mejor. Hace unos pocos años Ronald Sider escribió un trascendental libro, *The Scandal of the Evangelical Conscience* [El escándalo de la conciencia evangélica], en el cual se lamenta de lo lejos que estamos de distinguirnos del resto de la cultura. Los porcentajes de divorcio entre los cristianos son iguales a los del resto de la sociedad, y lo mismo sucede con los porcentajes de abusos físicos y sexuales; la promiscuidad sexual entre los adolescentes cristianos solo es ligeramente menor; únicamente el nueve por ciento de los evangélicos dan todo el diezmo de sus ingresos; los evangélicos nos encontramos entre los grupos más racistas encuestados por George Gallup; los católicos practican un número de abortos superior al promedio nacional. «La asombrosa calidad de la vida que llevaban los primeros cristianos atraía a la gente a Cristo», comentaba Sider en una entrevista. «Hoy en día es nuestra hipocresía la que aleja a los no creyentes».

Por fortuna, el evangelio contiene en sí mismo un principio de autocorrección, y cada cierto tiempo hay personajes proféticos —como Benito de Nursia, Ignacio de Loyola, Francisco de Asís, Martín Lutero, Juan Wesley y la Madre Teresa— que se levantan para llamar a la iglesia de vuelta a su misión. Existe un núcleo minoritario de estadounidenses religiosos, a los cuales los sociólogos clasifican como «los más devotos de los devotos», que sí mantienen unos porcentajes muy bajos de aborto, divorcio y embarazos fuera del matrimonio; también se ofrecen para trabajar como voluntarios en organizaciones que cuidan de los necesitados y contribuyen a su sostenimiento. Por desgracia, los medios de información prefieren destacar las hipocresías y los fallos morales de las figuras prominentes.

Me parece alentador que en nuestros tiempos una generación más joven les esté prestando atención a aquellos que tienen unas tendencias radicales —personas como Francis Chan, David Platt, Jonathan Wilson-Hargrove y Shane Claiborne— en busca de liderazgo espiritual. Claiborne dice: «Estoy convencido de que si perdemos a los jóvenes a manos de la cultura de las drogas y el materialismo, la violencia y la guerra, es porque no los retamos, no debido a que no los entretengamos. Es porque hacemos demasiado fácil el evangelio, no debido a que lo hagamos demasiado difícil. Los jóvenes quieren hacer algo heroico con sus vidas, y esa es la razón por la que se dedican a los juegos de vídeo y se alistan en el ejército. Sin embargo, ¿qué hacen con una iglesia que les enseña a ir caminando de puntillas por la vida para poder llegar sin mayores incidentes a la muerte?».

En mis viajes he conocido a cristianos radicales que responden a ese llamado: combaten el tráfico sexual de personas, ayudan a las víctimas de los desastres, cavan pozos, consiguen bicicletas ambulancias para los lugares donde no existen caminos, operan hogares para huérfanos del SIDA... Más cerca de casa, David Platt desafió a los miembros de su iglesia en Alabama a mudarse a una zona necesitada —y peligrosa— de Birmingham, y lo hicieron cuarenta familias. Comunidades intencionales similares se han radicado en las ciudades grandes e incluso en las zonas rurales de Georgia. Lo irónico es que la mayoría de estos radicales no se ven a sí mismos como radicales en absoluto. Sencillamente se ven como personas que están siguiendo a Jesús.

Dorothy Day solía decir que debemos vivir de una manera tal que nuestra vida no tuviera mucho sentido si el evangelio no fuera cierto. Por supuesto, no todos hemos sido llamados a un servicio radical. Sin embargo, los cristianos comunes y corrientes debemos vivir de una forma que difiera de la cultura que los rodea; de lo contrario, nunca nadie va a escuchar nuestro mensaje.

He aquí el desafío más solemne al que nos enfrentamos los cristianos que queremos comunicar nuestra fe: si no vivimos de una manera que atraiga a otros a la fe, sino de un modo que más bien los repela, ninguna palabra que les digamos va a tener importancia. La cultura secular promete magistralmente más de lo que puede brindar. Debido a que crecí en un ambiente protector, tengo que luchar con la tendencia a pensar que me estoy perdiendo algo. La lujuria me parece mucho más atractiva sexualmente que la fidelidad. El egoísmo acaricia mi ego: ¿por qué me tienen que importar los pobres si me puedo aislar de ellos? Resulta necesaria una fe activa para seguir el camino contrario a la cultura que nos presenta Jesús.

No obstante, a lo largo del camino he podido conocer a algunos de «los más devotos de los devotos» y sin excepción me dan la impresión de estar *más* vivos, no menos. Cuando ando cerca de ellos, yo también quiero beber de esa Agua Viva que satisface. Y mientras trato de seguir a tropezones el camino establecido por Jesús, adquiero conciencia de las buenas nuevas de la sabiduría de Dios y logro ver un destello de aquello que Dios quería que fuera cuando me creó.

A los primeros cristianos del Imperio Romano, los cuales se enfrentaban a una hostilidad y una persecución activas, Pablo les daba este consejo que nos sirve de modelo sobre la forma de compartir la sabiduría de Dios: «Mantengan entre los incrédulos una conducta tan ejemplar que, aunque los acusen de hacer el mal, ellos observen las buenas obras de ustedes y glorifiquen a Dios en el día de la salvación [...] Estén siempre preparados para responder a todo el que les pida razón de la esperanza que hay en ustedes. Pero háganlo con gentileza y respeto, manteniendo la conciencia limpia, para que los que hablan mal de la buena conducta de ustedes en Cristo, se avergüencen de sus calumnias».

LA GRACIA CREADORA

Jesús les preguntó a sus discípulos en una ocasión: «Porque, ¿quién es más importante, el que está a la mesa o el que sirve?». En aquella sociedad, repleta de esclavos y sirvientes, es probable que aquella pregunta pareciera simplemente retórica, si no ridícula. Nadie envidiaba a un sirviente. Con todo, Jesús les dijo a continuación: «Sin embargo, yo estoy entre ustedes como uno que sirve». Cuando servimos a los demás estamos siguiendo a Jesús, edificando su reino paso a paso.

N. T. Wright detalla algunos puntos concretos: «Lo que hagamos en el presente —pintando, predicando, cantando, cosiendo, orando, enseñando, construyendo hospitales, cavando pozos, haciendo campaña a favor de la justicia, escribiendo poemas, cuidando de los necesitados, amando a nuestro prójimo como a nosotros mismos— va a perdurar en el futuro de Dios. Estas actividades no son solo maneras de lograr que la vida presente sea un poco menos terrible, un poco más soportable, hasta el día en que la dejemos atrás por completo. Ellas forman parte de lo que podríamos llamar «edificar para el reino de Dios». Y añadiría que también resultan esenciales en nuestra misión de manifestarle la gracia al mundo.

La iglesia a la que asistía en Chicago, situada cerca de un proyecto de viviendas para la gente pobre, comenzó como un plan de alcance de una iglesia tradicional grande. Sin embargo, con el tiempo la iglesia madre nos retiró todo su apoyo económico. Ellos se habían enterado de que nuestro programa de tutoría entre los pobres les estaba enseñando a leer a los niños sin usar de manera exclusiva la Biblia. ¡Peor aún, la iglesia misión había instalado una mesa de billar en su sótano para que los jovencitos la usaran! La iglesia madre había perdido de vista por completo el concepto de lo que es la gracia. Los que dispensamos la gracia damos de lo que nosotros mismos tenemos, y lo hacemos motivados por la *gratitud* (una palabra que tiene la misma raíz que la palabra *gracia*) ante lo que hemos recibido de Dios. Servimos a los demás, no con alguna trama escondida destinada a conseguir conversiones, sino para contribuir al bien común, para ayudar a los seres humanos a florecer como Dios quería que lo hicieran.

Michael Cheshire, un amigo mío que vive en una ciudad cercana, tuvo la visión de comenzar una iglesia. No obstante, sentía que existía un problema. Según él mismo dijo: «He descubierto que mientras más tiempo he sido cristiano, son menos los no cristianos que conozco. No se trata de que no me agraden, simplemente la iglesia se ha convertido en el lugar donde todos encontramos a nuestros amigos, nuestros cónyuges y nuestra interacción social [...] Resulta inevitable que la gente me pregunte cómo me gano la vida. Desde el momento en que se enteran de que soy pastor, me miran como si fuera a recoger una ofrenda».

¿La solución de Michael? «Decidimos ir a nuestra comunidad, en lugar de pedirle a nuestra comunidad que fuera a la iglesia». Su personal comenzó a presentarse en las actividades de la comunidad local, como las competencias deportivas y las reuniones del ayuntamiento. Llevaron una carroza al desfile local de Navidad. Alquilaron un campo de fútbol e inauguraron una Noche de Cine Gratis durante los viernes del verano, incluso con máquinas de hacer palomitas de maíz y una pantalla gigante. Abrieron un restaurante donde venden hamburguesas que pronto se convirtió en un punto de reunión para los jóvenes del lugar, el cual les ofrece comidas gratis a los que no pueden pagarlas. Cuando descubrieron lo difícil que les era a los inmigrantes conseguir una licencia de conducir, organizaron una escuela de conducción en la que cobraban la mitad de lo que normalmente se requería en esos momentos.

Mi propia iglesia de Colorado comenzó un ministerio llamado Hands of the Carpenter [Las manos del Carpintero], que reclutó voluntarios con el fin de pintar y hacer trabajos de carpintería y reparaciones para las viudas y madres solteras. Pronto supieron que existía otra necesidad y abrieron Hands Automotive [Manos para los automóviles] a fin de ofrecerles gratuitamente a estas mismas personas cambios de aceite, inspecciones y lavado de autos. Sostienen su labor cobrándoles cantidades mínimas a los que se pueden permitir pagar algo.

Supe de una iglesia en Minneapolis que monitorea los parquímetros. Sus voluntarios patrullan las calles y les ponen más dinero a los parquímetros que tengan expirado el tiempo permitido, colocando luego en el parabrisas una tarjeta que dice: «Su parquímetro se veía hambriento, así que lo alimentamos. Si podemos ayudarle de alguna otra manera, le suplicamos que nos haga una llamada». En Cincinnati, los estudiantes universitarios se inscriben todas las Navidades para envolver regalos sin cobrar nada en un centro comercial de la localidad. «La gente no podía comprender por qué habría de quererles envolver sus regalos», me escribió uno de ellos. «Yo les digo: "Todo lo que deseamos es manifestar el amor de Dios de una manera práctica"».

En una de las aventuras más atrevidas de esta gracia creativa, un pastor comenzó una comunidad llamada Miracle Village [Villa Milagro], en la cual la mitad de los residentes son delincuentes sexuales registrados por las autoridades. Las leyes estatales de la Florida exigen que los delincuentes sexuales vivan a más de trescientos metros de una escuela, una guardería, un parque o un patio de juegos, y algunas municipalidades han aumentado la distancia a ochocientos metros, añadiendo a la lista las piscinas, paradas de autobuses y bibliotecas. Como consecuencia los delincuentes sexuales, una de las categorías más despreciadas de los malhechores, son empujados fuera de las ciudades y tienen pocos lugares donde vivir. El pastor, llamado Dick Witherow, abrió Miracle Village como parte de su Ministerio Mateo 25. Los miembros de su personal supervisan muy de cerca a los residentes, la mayoría de ellos en libertad condicional, y celebran cultos en la iglesia, situada en el centro mismo de Miracle Village. El ministerio también les proporciona clases para el manejo de la ira y estudios bíblicos.

He visto una buena cantidad de ministerios de este tipo que encarnan la gracia en el mundo entero.[*] Uno que siempre resaltará en mi memoria es un restaurante llamado Agua Viva, en Lima, la capital de Perú, el cual descubrí por casualidad. Al lado mismo

---

[*] Hay dos libros que describen ejemplos concretos de iglesias que se distinguen por su forma de dispensar la gracia: *Kingdom Calling* [El llamado del reino] de Amy Sherman y *Ministries of Mercy* [Ministros de la misericordia] de Timothy J. Keller.

de una calle principal famosa por sus vendedores ambulantes y rateros, entré en un hermoso patio colonial construido en 1820, un salón con un alto techo cuyas molduras eran de caoba. La gerente se apresuró a cruzar el salón vestida con un sarong de batik para saludarnos a mis acompañantes y a mí, hablándonos en un español matizado con un melodioso acento francés. La comida era al estilo gourmet, una de las mejores que he probado en toda mi vida, sin embargo, su precio era muy económico. Las camareras se deslizaban hacia dentro y fuera del salón, cada una de ellas en el vestido nativo de su país de origen africano o asiático. La gerente nos explicó que son cristianas, no precisamente monjas, sino de una orden de obreras laicas comprometidas.

Solo unas cuantas pistas revelan las raíces espirituales del restaurante. En la cubierta interna del menú aparece una declaración: «¡Jesús vive! Por eso somos felices». Y en un momento determinado de la tarde, las camareras se presentan juntas para cantarles a sus clientes un himno del oficio de Vísperas. Aparte de esas pistas, nos explicó la gerente, es el trabajo mismo el que se debe manifestar como testimonio. «No nos pregunten cómo va nuestra vida de oración; observen la comida que preparamos. ¿Está su plato limpio y bien arreglado? ¿Los trata su camarera con bondad y amor? ¿Experimentan serenidad en este lugar? Si así es, estamos sirviendo a Dios».

El restaurante puede mantener bajos sus precios debido a que estas mujeres, que han hecho un voto de pobreza, son las que hacen todo el trabajo. Cocinan, atienden las mesas, limpian los pisos, adoran, y todo para la gloria de Dios. Durante el día, las madres procedentes de los barrios más pobres de Lima llenan este mismo salón tan elegante. Las Obreras Misioneras dan clases de entrenamiento sobre higiene básica, crianza de los hijos y salud, tanto física como espiritual. Una vez terminadas sus responsabilidades, las mujeres que forman el personal del restaurante se dedican a ayudar a los pobres, ofreciéndoles servicios que se pagan con las ganancias que da el restaurante.

Algunos de los clientes ricos de Agua Viva tienen noticia de que existen esos programas de alcance, otros no. Las Obreras Misioneras hablan raras veces de su trabajo a menos que se les pregunte. Sin embargo, estos comentarios, escogidos de entre los que se encuentran en su libro de huéspedes, demuestran el impacto que está produciendo su doble misión tan única:

- «Les doy gracias a las Obreras Misioneras por ser un recuerdo vivo de la sencillez y el gozo que residen en el corazón del cristianismo. Gracias por haberme ayudado a atravesar hasta el lado de la Salvación».
- «Sigan haciendo que sintamos sed de esta Agua Viva cuyo transparente resplandor brilla a través de sus rostros».
- «Ustedes representan la evidencia viva más elocuente para los que no creen. Son un don de Dios; aquí se respira la presencia del Espíritu Santo. A Dios también se le transmite por medio de la buena cocina. Gracias por ser un rayo de sol en medio de un cielo nublado».

Esta misma orden dirige restaurantes en Bélgica, Vietnam, Alto Volta, las Filipinas y Argentina. Todos llevan el mismo nombre: *L'Eau Vive* en francés. *Agua Viva* en español.

SEGUNDA PARTE

DISPENSADORES DE LA GRACIA

Mientras comentábamos la antipatía creciente que existe hacia los cristianos, un amigo me hizo la siguiente observación: «Hay tres clases de cristianos que las personas ajenas a la fe respetan aún: los peregrinos, los activistas y los artistas. Los que no están comprometidos con la iglesia escuchan a estos antes que a un evangelista o un apologista». Aunque los no creyentes no se oponen a la búsqueda espiritual, solo están dispuestos a escuchar a aquellos cristianos que se presentan como compañeros peregrinos en medio del camino, no como parte de una clase superior de personas que cree haber llegado ya a la meta. Los activistas expresan su fe de la forma más persuasiva de todas: por medio de sus obras. Y el arte triunfa siempre que habla de la manera más auténtica sobre la situación del ser humano; cuando los creyentes hacen esto con destreza, el mundo toma nota nuevamente de lo que dicen.

CAPÍTULO 5

LOS PEREGRINOS

Jesús vino para anunciar el reino de Dios,
pero lo que apareció fue la iglesia.

Wilhelm Dilthey

Gina Welch es una joven escritora urbanita judía que creció en Berkeley, California, y se graduó en Yale. En su deseo de saber más acerca de los evangélicos, con los cuales se tropezaba frecuentemente después de mudarse a Virginia, decidió asistir a la iglesia del ya fallecido Jerry Falwell en Lynchburg. De paso, tenía la esperanza de que el choque de culturas resultante le proporcionara el material necesario para escribir un libro. Llegó con un claro prejuicio contra Falwell: «Lo consideraba un homofóbico, promotor del miedo, manipulador y misógino; una criatura extraña procedente de los rincones más extremos de la cultura evangélica». (Nota: Falwell usaba el nombre de *fundamentalista*, no el de *evangélico*, para describirse a sí mismo, una distinción que no entiende la mayoría de las personas que pertenecen a la cultura secular.)

En cuanto a Gina Welch, según ella misma decía: «Digo malas palabras, bebo y no soy virgen. Nunca he creído en Dios». Siendo neófita, no sabía que se podía presentar en la iglesia sin más requisitos. Pensaba que tenía que calificar de alguna forma, como en los juramentos de las hermandades femeninas de las universidades, así que se inscribió en una clase de Conexiones que se le ofrecía a todo aquel que estuviera interesado en ser miembro de la iglesia. Pronto se encontró sumergida en una exótica subcultura con sus propias reglas: no se podía decir malas palabras, ni beber, ni fumar, ni usar escotes exagerados, ni vestir blusas con tirantes finos, ni tener perforaciones faciales, ni llevar faldas cortas, ni ver películas restringidas para mayores de diecisiete años.

Al principio, toda la jerga que usaban la confundía, pues los líderes empleaban frases que entendían solo los ya iniciados, como *alimentar a mis ovejas, ganar almas* y *dones espirituales*. A lo largo de los meses siguientes siguió (mayormente) las reglas y fingió hasta abrirse paso hacia un ministerio para solteros llamado: *Experiencing Personal Intimacy with Christ* [La experiencia de una intimidad personal con Cristo]. Asistía a los cultos de adoración, aprendiendo con el tiempo a valorar la entusiasta música de alabanza que al principio le había parecido discordante y de poco gusto. Con ciertos recelos, un domingo pasó al frente para bautizarse, e incluso se ofreció a fin de participar en un viaje misionero a Alaska, todo como parte de un periodismo encubierto y sin revelar su verdadera identidad.

GINA DICE LA VERDAD

Gina Welch aceptó sin cuestionamientos las vidas transformadas de las personas que iba conociendo, como los adictos en recuperación que trabajaban en el personal de una misión de rescate y las parejas que adoptaban niños como parte de su compromiso con el movimiento a favor de darles vida a los bebés. Le gustaba la sensación de calma que produce la oración y la manera informal en que los evangélicos le hablan a Dios. La amistad, el optimismo, y sí, la felicidad que encontró en la gente que llegó a conocer la sorprendieron e impresionaron.

La teología cristiana era una barrera mayor. La Trinidad la desconcertaba, así como también la Expiación. ¿Cómo era posible que el hecho de que Jesús cargara sobre sí nuestros pecados fuera a satisfacer a un Dios airado? Escuchaba a sus compañeros del equipo misionero mientras explicaban el evangelio en la Iglesia de los Niños. «El mensaje era agradable: "Hacer algo malo no es problema, porque todo el mundo hace cosas malas y todo el mundo puede recibir el perdón, pero de todas formas, uno debe tratar de ser tan bueno como le sea posible". No obstante, ¿cómo podía la forma en que se presentaba —Jesús te ama a pesar del hecho de que eres un pecador sucio y despreciable— servirle de consuelo a esos niños?».

En un emotivo pasaje, Gina describe el efecto que tuvo en ella un sermón que oyó sobre Salmos 139. «El amor de Dios, el amor del que habla el salmo, el amor en las palabras *Jesús te ama*, era un amor al estilo de la cinta de Möbius, un amor sin principio ni fin, un amor sereno y total a la vez, impávido ante nada que pudieras relevar acerca de ti misma. ¿Quién no habría de querer algo así? Ciertamente, yo lo quería, sobre todo en aquellos momentos, conociendo los secretos de mi propio corazón y sabiendo que pronto serían revelados». Ella termina este momento de añoranza y vulnerabilidad con estas palabras: «Pero aun así, el hecho de quererlo no hizo que creyera en él».

Después de una abrupta retirada y casi dos años sin contactos con sus amigos de la Iglesia Bautista de Thomas Road, regresó y se reunió en privado con su mentor, el pastor Ray, y una antigua amiga llamada Alice, confiándoles por fin su argucia para escribir un libro acerca de los evangélicos. Admitió el engaño y la cuestionable ética de lo que había hecho. Por una parte, había acabado con el proyecto después del viaje a Alaska porque se sentía incómodamente cercana a la gente a la que estaba engañando, y por otra parte también porque sabía que era incorrecto fingir que se creía en algo a lo cual otros le entregaban su vida. Ellos tomaron bien su confesión. El pastor Ray llegó incluso a orar por ella y el libro, que se publicaría al año siguiente con el título *In the Land of Believers: An Outsider's Extraordinary Journey into the Heart of the Evangelical Church* [En la tierra de los creyentes: el extraordinario viaje de una extraña hasta el corazón de la iglesia evangélica].

Gina Welch reflexiona sobre su amistad con Alice diciendo: «Me encantaba disfrutar de esa sensación de comunidad y al mismo tiempo cuestionarme de esa manera seria y constante a mí misma. Nuestra relación me había cambiado, y el hecho de sentirme tan feliz con nuestra amistad me había hecho pensar de manera distinta con respecto a los cristianos. Sin embargo, al igual que ella, no me podía imaginar creyendo alguna vez en algo diferente a lo que creía. No tenía elección en cuanto a eso».

Dejando a un lado la dudosa ética tras el libro *In the Land of Believers*, el relato de Gina Welch ofrece una fascinante mirada a una subcultura que raras veces es examinada con tanto respeto desde el exterior. Cuando leí su libro, recordé los días en que había crecido en esa misma subcultura, con un trasfondo opuesto al de la autora. No conocía prácticamente a nadie que no fuera fundamentalista. También tuve que aprender esas expresiones cristianas que pronto se convirtieron en frases hechas, pasé al frente una y otra vez preguntándome si en esta ocasión lo hacía de una manera genuina, practiqué la oración en alta voz de una manera que sonara espiritual, me preocupé por mi falta de emoción durante momentos tan solemnes como el bautismo y la Santa Cena. Los que crecen en la iglesia y los que se acercan a ella como un ejercicio periodístico se enfrentan al mismo peligro: todo se puede convertir en una forma de conducta aprendida que contradice la realidad en lugar de expresarla.

Por la gracia de Dios, y después de un período en el cual me desprendí de la subcultura como quien se quita un disfraz asfixiante y poco grato, descubrí que las palabras y las prácticas que había aprendido en la iglesia pueden traer consigo tanto la verdad como la hipocresía. No obstante, tengo que manifestar mi desacuerdo con la conclusión de Welch en cuanto a no tener la posibilidad de elegir lo que vamos a creer. Sin duda, ella ha seguido adelante con otros proyectos como escritora, y me imagino que las palabras que escuchó mientras estaba sentada en una banca de Lynchburg se irán esfumando gradualmente de su memoria. Sin embargo, tal vez su experiencia de haber recibido amor, incluso de parte de aquellos a los que había engañado, no desaparecerá.

Aunque Welch termina descartando a la iglesia, su historia muestra cuál es la mejor manera de comunicarse con los que son ajenos a la misma. Ella encontraba repelente la política de la Iglesia Bautista de Thomas Road. Su teología la dejaba perpleja. A pesar de esas barreras, el poder de una comunidad que la apoyaba tuvo su efecto. Esto es lo que escribe: «Lo que envidiaba más sobre los cristianos no era la cuestión de Dios, sino el hecho de tener una reunión semanal de la comunidad, un punto de referencia para las personas que compartían los mismos valores, un lugar seguro donde podían hablar con franqueza acerca de sus luchas en la vida, un sitio en el que se te recordaban tus límites morales, te protegías de la soledad y podías sentir que había otras personas como tú».

La iglesia, en especial los grupos pequeños y equipos misioneros, ofrece un lugar donde podemos hablar francamente acerca de lo que más importancia tiene para nosotros, algo que no sucede con facilidad en los lugares de trabajo ni en las fiestas.

LOS PEREGRINOS VAN PROGRESANDO

Gina Welch comenzó su experimento con una actitud escéptica típica, considerando a los cristianos serios como fanáticos con ínfulas de superioridad espiritual, a los cuales había que evitar a todo precio. Actualmente ella los ve de una manera distinta. Para sorpresa suya, las personas de Thomas Road la trataron con gracia, no con desdén ni criticándola, incluso después que confesó su engaño. Hubo un período de tiempo en el cual se sintió como una viajera más entre los demás, intentando hallar su camino.

He visitado iglesias en las cuales las figuras de autoridad hacen amplias promesas acerca de un nivel más elevado en la vida, o sobre la prosperidad y la buena salud, como si una fe superior elevara a la persona hasta hacerla parte de una clase privilegiada. Ese mensaje puede conseguir resultados por un tiempo... hasta que la realidad se abre paso. Y el enfoque tiene un efecto mucho menor en un ambiente postcristiano cínico, entre los «divorciados» espirituales. Welch muestra lo que sí comunica algo: cuando se acercó a los cristianos y pudo conocerlos, le parecieron menos como un club privado de personas justas y más como unos peregrinos comunes y corrientes, con las mismas luchas que todo el mundo. Un peregrino es un compañero de viaje en nuestro progreso espiritual, no un guía profesional.

Resulta revelador que el sermón que más impresionó a Welch fue el que se centraba en lo que ella llama el amor de Dios «al estilo de la cinta de Möbius [...] impávido ante nada que pudieras revelar acerca de ti misma». Un mundo cansado como el nuestro se identifica con los peregrinos, porque todos somos humanos y a todos nos suceden cosas malas. Nos enfermamos, perdemos a los seres que amamos, nos tenemos que conformar con un trabajo que no nos agrada, batallamos contra las tentaciones, les gritamos a nuestros hijos, herimos a las personas que más queremos y tomamos malas decisiones. Los seguidores de Jesús no proclamamos ninguna superioridad moral; al contrario, acudimos a Dios porque tenemos necesidades y precisamos clamar a él continuamente para pedirle su ayuda.

No obstante, los cristianos también nos apoyamos en un Poder Superior que desea que triunfemos y quiere lo mejor para nosotros. El Espíritu de Dios está a nuestro lado para ayudarnos a resistir las tentaciones, y después nos ofrece perdón y un remedio para esos momentos en que fallamos. Gina Welch habrá podido refutar la doctrina, pero no le fue tan fácil rechazar los testimonios de las vidas transformadas, el poder de la historia.

John Bunyan escribió *El progreso del peregrino* desde la celda de una prisión, y su alegoría conmovió tanto que durante doscientos años no hubo ningún otro libro, con la excepción de la Biblia, del cual se vendieran más ejemplares en inglés. «Cristiano», el personaje principal, escogía constantemente el camino equivocado y los amigos que no debía. Cada vez que lo hacía, caía, pero dejaba que Dios lo levantara y le sacudiera el polvo. Como la mayoría de nosotros, no progresaba siempre tomando las decisiones correctas, sino reaccionando adecuadamente ante las equivocadas. El autor conocía la gracia: Bunyan le dio a su propia autobiografía espiritual el nombre de *Gracia en abundancia para el mayor de los pecadores*.

Por encima de todo, la iglesia es un lugar donde recibir gracia: reúne a los seres humanos perdonados con el fin de prepararnos para dispensarles la gracia a otras personas. En su viaje a América del Sur, Henri Nouwen aprendió la paradójica verdad de que «ministramos sobre todo con nuestra debilidad». Él observaba que con demasiada frecuencia los cristianos actúan a partir del afán de controlar, de decirles a los demás qué hacer y cómo pensar. Sin embargo, Jesús nos llamó a ser siervos, y los siervos se despojan a sí mismos de los privilegios y toda sensación de superioridad.

He descubierto que aquellos que no están comprometidos con la iglesia constantemente reaccionan mejor ante alguien que guía a partir de la debilidad que ante un individuo que parece tener toda su vida bien organizada. La persona a la que le he visto vivir este principio con mayor profundidad fue mi amigo Brennan Manning, el cual falleció mientras escribía este libro. Era como si Brennan tocara una canción de una sola nota, la melodía de la gracia, y su propia vida encarnaba ese tema. Difícilmente nuestros trasfondos habrían podido ser más disímiles —un fundamentalista sureño contra un católico del nordeste del país—; sin embargo, por rutas diferentes ambos nos encontramos con un pozo artesiano de gracia, y después de hallarlo bebimos siempre de esa gracia cuanto quisimos.

Una tarde de otoño, Brennan y yo salimos a caminar sobre una alfombra de doradas hojas de álamo junto a un arroyo de montaña, y allí escuché los detalles de su vida: su niñez carente de amor, su búsqueda maratónica de Dios, su matrimonio y su divorcio, sus mentiras y encubrimientos, sus luchas continuas con el alcoholismo. Su vida era una vida de fracasos interrumpidos por momentos de gracia.

Brennan Manning comenzó a hablarles mayormente a públicos protestantes evangélicos después que su situación como «sacerdote inactivo» divorciado provocó que no lo recibieran en muchas reuniones católicas. Era un hombre pequeño y delgado, con la cabeza blanca en canas, que solía empezar a hablar con lentitud hasta que algo parecido a la posesión se manifestaba en él, y con una fuerte voz y el poético ritmo de un artista de rap se lanzaba a improvisar acerca de la gracia de Dios, como en esta ocasión:

¿Por qué es Brennan Manning digno de amor ante los ojos de Dios? Porque el 8 de febrero de 1956, en una demoledora experiencia que transformó mi vida, se la consagré a Jesús. ¿Me ama Dios porque desde que me ordenaron como sacerdote en 1963 recorrí el país, y más tarde el mundo entero, proclamando las Buenas Nuevas del evangelio de la gracia? ¿Me ama Dios porque les doy mi diezmo a los pobres? ¿Me ama porque en Nueva Orleans trabajo en los barrios más miserables con los alcohólicos, los adictos y los que sufren del SIDA? ¿Me ama Dios porque me paso dos horas todos los días en oración? ¡Si eso es lo que creo, soy un fariseo! Entonces siento que tengo derecho a estar cómodamente cercano a Cristo a causa de mis buenas obras. El evangelio de la gracia me dice: «Brennan, tú eres digno de ser amado solamente por una razón, porque Dios te ama. Punto».

Cada vez más elocuente, mantenía hipnotizados a sus oyentes. Un capellán de una universidad me dijo que ningún orador había tenido jamás un impacto mayor sobre sus veleidosos estudiantes que aquel sacerdote anciano, alcohólico y fracasado de Nueva Jersey. A pesar de todos sus fallos, o tal vez a causa de ellos, despertaba en sus oyentes una sed con la asombrosamente loca revelación de que Dios también los amaba a ellos. Se trataba de la misma cinta de Möbius que tanto atraía a Gina Welch. Usando el poder de su propia historia hacia su semitransformación, Brennan invitaba a sus compañeros de peregrinaje a unírsele en su aventura.

UNA PARTIDA TEMPRANA

La imagen de un peregrino se ajusta bien a la alta estima que muestran los escépticos por la autenticidad. Al igual que Gina Welch, la mayoría de las personas deducen conclusiones acerca de la fe cristiana al observar la vida de los creyentes comunes y corrientes, no al estudiar su doctrina. Y eso trae consigo su propio conjunto de problemas, sobre los cuales solo hice una insinuación en el capítulo anterior y ahora debo enfrentar.

Como señala con claridad la clásica obra de John Bunyan, los peregrinos nos descarriamos con facilidad del camino correcto. Los seguidores de Jesús no siempre lo seguimos. Tenemos tendencia a buscar los callejones sin salida y los desvíos, y algunas veces caminamos por una senda muy diferente a la que Jesús nos marcó. Un personaje de la película *Hannah y sus hermanas* resume con dureza el problema: «Si Jesús volviera y viera lo que está sucediendo en su nombre, nunca dejaría de vomitar».

Muchas veces me he sentido perplejo ante la razón por la cual Dios les encomendó a unos seres humanos llenos de defectos la tarea de comunicar las buenas nuevas. Dicho sin rodeos: ¿por qué Jesús nos dejó solos? ¿Realmente pensaba que ese pequeño grupo de discípulos en los que no se podía confiar iban a ser capaces de cumplir con la misión del reino de Dios? ¿Y qué decir del presente? ¿Qué posibilidades tiene la iglesia que conocemos —casi extinguida en el Oriente Medio, despreciada en la Europa secular, constituyendo una exigua minoría en gran parte de Asia y llena de problemas en todas partes— de cambiar el mundo para bien?

Para hallar una respuesta a las preguntas anteriores necesito regresar al momento en el cual Jesús les entregó la misión a sus seguidores. Tal vez otra mirada a unas escenas que nos son familiares puede arrojar luz sobre lo que Dios pensaba al enviar a un montón de peregrinos desperdigados por una senda tan sinuosa y llena de peligros. Aunque las próximas páginas parezcan desviarse del tema, exploran lo que para mí es la esencia misma del asunto subyacente.

La historia de Jesús llega a su clímax con la resurrección: casi de un día para otro aquellos discípulos descorazonados se transforman en osados predicadores callejeros una vez que se dan cuenta de que su líder ha vencido a la muerte. Al menos, esa es la historia que se repite con frecuencia. Sin embargo, leamos estos relatos con mayor detenimiento y descubriremos que el argumento es un poco más complicado de lo que parece. Mateo hace destacar que «algunos dudaban» aun después de haber visto en persona al Jesús resucitado. Juan incluye en su libro una escena que se desarrolla en la Galilea, a varios días de camino de Jerusalén, donde seis de los once discípulos restantes se habían ido a pescar, al parecer tratando de reanudar sus actividades anteriores a pesar de que Jesús había vuelto a la vida.

En realidad, durante seis semanas los discípulos anduvieron vagando aturdidos y confusos como los sobrevivientes de una catástrofe, retirándose algunas veces a los lugares favoritos del pasado que habían compartido con su amado líder, y otras veces encerrándose tras unas puertas atrancadas. Luego, en el libro de Hechos, la escena regresa a Jerusalén, donde Jesús aparece una vez más y vuelve a despertar la esperanza. *¡Tal vez este sea el momento en el cual él va a desatar el poder que durante tanto tiempo han estado prometiendo los profetas!* Sin embargo, en lugar de hacer esto, Jesús les da una directriz que hemos llegado a conocer bajo el nombre de la Gran Comisión, en la cual los envía «hasta los confines de la tierra». Mientras los discípulos se encuentran allí de pie, tratando de asimilar todo aquello, él se eleva en el aire flotando, como un globo en el cielo, para no volver a ser visto jamás.

Me imagino a Lucas sonriendo cuando describe años más tarde esa cómica escena de once ansiosos seguidores estirando el cuello para mirar fijamente a las nubes, mientras unos ángeles les hacen una pregunta obvia: «¿Qué hacen aquí mirando al cielo?». Lucas omite lo que tal pregunta implica: *¿Acaso no les dijo él que se movieran? ¡Bueno, entonces muévanse!*

En cierta ocasión que investigaba un libro acerca de Jesús, decidí que la ascensión representa mi mayor lucha con la fe; no el hecho de que sucediera o no, sino la razón por la cual tuvo lugar. Al fin y al cabo, fue la ascensión la que le dio libertad a aquel grupo tan heterogéneo de peregrinos conocido colectivamente como «la iglesia».

Si Jesús no hubiera ascendido, se habría quedado aquí en una posición semejante a la de un «superpapa» y no hubiese sido necesario escribir ningún libro de este tipo. La gracia sobreabundaría en lugar de desvanecerse. Los cristianos no tendrían que arrepentirse de unos errores trágicos como las Cruzadas, la Inquisición y los pogromos contra los judíos, porque Jesús habría detenido de inmediato todas esas empresas tan mal dirigidas. Cuando surgieran cuestiones morales como la esclavitud, o aquellas relacionadas con la terminación de la vida o los derechos de los homosexuales, la iglesia hubiera podido apelar directamente a Jesús para que diera una norma que aclarara las cosas de una vez por todas. En lugar de suceder esto, imitamos como simios con demasiada frecuencia a los discípulos, porque nos quedamos boquiabiertos mirando al cielo, o seguimos adelante en medio de la confusión.

¿Por qué pondría Jesús su santa misión en manos de gente como nosotros? Tal como yo entiendo la trama de la Biblia, la respuesta me conduce a uno de los grandes misterios de la doctrina cristiana.

TRES Y UNO

Al hacer este rápido resumen sobre la Trinidad, comienzo por pedirles disculpas a los teólogos profesionales. Sé que las tres Personas de la Divinidad se hallan presentes desde el principio hasta el final. No obstante, me parece útil considerar la Biblia como una especie de drama en tres actos, en el cual cada acto ilumina lo que sucedió antes.

Dios Padre domina el primer acto. Una y otra vez interviene: para castigar a Adán y Eva, y después a Caín; para escoger a Noé y luego a Abraham, y más tarde a Moisés y David; para liberar a una tribu de la esclavitud, recompensar y castigar reyes, y enviar profetas con palabras de reproche y esperanza.

En el segundo acto el centro de atención lo ocupa Dios Hijo, el tema principal de los cuatro Evangelios. Para los judíos, que habían crecido con las historias sobre un Dios inaccesible, la idea de que un maestro itinerante procedente de Galilea —¡de *Galilea*!— pudiera hacer unas declaraciones tan extravagantes como aquella de que «el que me ha visto a mí, ha visto al Padre» era demasiado fuerte como para aceptarla y los llevó desdichadamente a rechazarlo. Hasta los mismos discípulos que Jesús había escogido abandonaron toda esperanza, aunque más tarde verían su sorprendente muerte como parte de la trama establecida con una gran anticipación.

Con Pentecostés comienza el tercer acto, en el cual se destaca a un Espíritu que viene a habitar en unos agentes humanos. «Les conviene que me vaya», les aseguró Jesús a sus inquietos discípulos inmediatamente antes de su arresto. «Cuando venga el Consolador, que yo les enviaré de parte del Padre, el Espíritu de verdad que procede del Padre, él testificará acerca de mí. Y también ustedes darán testimonio...».

Vistos a través del lente de este drama en tres actos, mis propios interrogantes aparecen bajo una luz diferente. ¿Por qué Dios no detuvo acontecimientos como el Holocausto? ¿Por qué Dios no interviene más a menudo y con mayor firmeza? Ahora veo estas como preguntas al estilo del Antiguo Testamento, más adecuadas para el primer acto, cuando Dios Padre podía manejar al detalle la historia humana (o al menos la de los israelitas).

Los discípulos de Jesús le hicieron unas preguntas parecidas. Si él tenía poder para sanar a los enfermos, resucitar a los muertos, e incluso calmar una tormenta, ¿por qué no usar ese poder en una escala mucho más amplia? No se daban cuenta de que Jesús había rechazado los atajos desde el comienzo de su ministerio, cuando se había negado a aceptar la solución mágica que le estaba ofreciendo Satanás para los problemas del mundo.

«Señor, ¿es ahora cuando vas a restablecer el reino a Israel?» fueron las últimas palabras que le dijeron los discípulos a Jesús, y él les dejó a los ángeles la tarea de darles una respuesta indirecta: «¿Qué hacen aquí mirando al cielo?». *Muévanse, que ahora ustedes son los protagonistas del drama.*

A pesar de que en tres años Jesús se las arregló para cambiar la historia por siempre, mientras estaba en la tierra solo afectó a unos cuantos miles de personas en una región del tamaño de uno de los pequeños estados de Nueva Inglaterra. No hizo nada por las necesidades de China, Australia, América del Sur o tan siquiera Europa. Todo esto vendría más tarde, a través de la obra de sus seguidores. Jesús les había dicho con unas palabras cuyo sentido apenas asimilarían en esos momentos: «El que cree en mí las obras que yo hago también él las hará, y aun las hará mayores, porque yo vuelvo al Padre».

Nosotros, torpes peregrinos, somos «el Jesús que quedó atrás» después de la ascensión, los herederos del Espíritu de Dios. Pablo lleva aun más lejos este concepto afirmando que somos el cuerpo de Cristo y el templo de Dios, lo cual significa la presencia real de Dios en el mundo. Somos la razón por la que vino Jesús: para poner en marcha un reino sin fronteras que terminaría alcanzando realmente a Europa, China, Australia y el continente americano. ¿Dónde está Dios hoy en el mundo? En todas partes. El tercer acto, en el más arriesgado de todos los giros de la trama, ha liberado a Dios en nosotros y a través de nosotros.

Henry Drummond, escritor de la época victoriana, presenta su propio resumen del tercer acto: «El Espíritu Santo es precisamente lo que Cristo hubiera sido de haber estado aquí. Ministra consuelo, tal como Cristo lo habría hecho, solo que sin las inconveniencias de las circunstancias, sin las restricciones de las distancias, sin las limitaciones del tiempo». Después de estas palabras, Drummond explica que el Espíritu hace esta obra en primer lugar por medio de la gente común y corriente que se consagra a la misión de Jesús. En síntesis, nuestra obra consiste en mostrarle al mundo que hay otra manera de vivir.

Anne Lamott da una versión más contemporánea de la misma línea de pensamiento de Henry Drummond: «Una y otra vez le digo a Dios que necesito ayuda, y él me contesta: "Bueno, ¿verdad que es fabuloso? Porque yo también necesito ayuda. Así que ve a llevarle algo de agua a esa anciana que está allí y pensaré lo que vamos a hacer con *tu* problema"».

ORGULLO DE PADRES

Al parecer, Dios prefiere actuar por medio de agentes. Meteoros, glaciares, inundaciones, desplazamientos de las placas tectónicas, erupciones volcánicas, genes y secuencias de ADN... todas estas cosas desempeñaron un papel en la formación del planeta en que habitamos. Después, Dios le asignó la administración de ese planeta a la única especie que hizo a su imagen. Luego Jesús les comisionó a agentes humanos, nos delegó a *nosotros*, la tarea de propagar el mensaje de las buenas nuevas del amor de Dios, un mensaje que no incluye solo palabras, sino también obras prácticas. Eugene Peterson parafrasea la encomienda que les hace Pablo a los filipenses: «Vayan al mundo como seres humanos intachables, sean un poco de aire fresco en medio de esta sociedad escuálida y contaminada. Háganle ver a la gente lo que es una vida buena y tener a un Dios vivo».

La teoría es una cosa, y nuestra manera de llevarla a la práctica es otra muy distinta. Los escépticos miran la desunión que hay en la iglesia, las guerras religiosas y la lentitud para resolver injusticias como la esclavitud y el apartheid, y encuentran muchas razones para dudar de que exista un Dios de amor y justicia. Tal vez pasen por alto injustamente numerosas contribuciones de los cristianos, pero sus dudas no desaparecen con facilidad. Dios les ha asignado a unos seres humanos notoriamente falibles la tarea santa de llevar al mundo las buenas nuevas y la liberación.

En contraste con la pirotecnia de los tiempos del Antiguo Testamento y los milagros de Jesús, la era del Espíritu parece casi decepcionante. Los milagros pueden producirse de vez en cuando, pero en su mayor parte los peregrinos comunes y corrientes hacemos la obra de Dios al predicar, cuidar de las viudas y los huérfanos, enfrentarnos a las cosas incorrectas que suceden en la sociedad y dirigir a los fieles para que le muestren al mundo que hay una forma mejor de vivir. Dios tiene que haber conocido el riesgo involucrado en la decisión de confiarles una misión de este calibre a unos seres humanos tan incapaces.

Durante mi carrera en el periodismo cristiano me he ido encontrando con una buena cantidad de personajes que parecen mejor preparados para la lucha libre que para el liderazgo espiritual. No obstante, tengo que reconocer que algunos de los personajes más extravagantes que he conocido, a los que les sobra ego y les falta delicadeza, son los que han logrado más en la obra del reino: organizando labores de alivio a los necesitados, alimentando a los hambrientos y proclamando las buenas nuevas. Ese esquema solo es una réplica de algo que la Biblia nos muestra con gran claridad. Dios usó a Jacob con su ética tan poco digna de confianza, a David con sus caídas morales, a Jeremías con su lúgubre humor, a Saulo de Tarso con su pasado de abusos y a Pedro con sus notables fracasos.

Al pensar en las personalidades cristianas que he conocido, y también en las que aparecen en el Antiguo y el Nuevo Testamentos, he llegado al siguiente principio: Dios usa los talentos que estén disponibles. Nadie ha vivido sin pecado y sin vergonzosos fallos. Sin embargo, Dios se ha valido de ellos de alguna manera para hacer avanzar la causa del reino.

Contemplo a la gente sentada en las sillas de mi iglesia local, la cual se reúne en la cafetería de una escuela. Un limpiador de ventanas que levanta pesas y toca la batería. Una dama que se recupera del trauma de una lesión cerebral, acaba de perder a su esposo y se echa a llorar ante la más mínima cosa. Un abogado casado con una abogada. Una madre soltera cuyo auto siempre está averiado.

Luego, más incrédulo aún, me miro al espejo. La carga del reino de Dios descansa sobre las espaldas de unos peregrinos comunes y corrientes, no ha sido encomendada a los ángeles ni a gigantes espirituales.

¿Por qué escoger un plan que tenía todas las probabilidades en su contra? Es como poner a una compañía de la lista Fortune 500 en manos de una pandilla de niños de seis años. Encuentro una sencilla respuesta en el gran tema general de la Biblia: que Dios es amor. Esa cualidad, más que ninguna otra cosa, aclara la razón que se halla detrás de toda la creación. En realidad el amor no puede existir sin alguien que lo reciba.

Durante los primeros tiempos de su carrera la Madre Teresa de Calcuta se sintió sacudida por unas palabras de Jesús en la cruz: «Tengo sed». Para ella simbolizaban no solo la sed física, sino la propia sed de Dios por acercar a la humanidad a sí mismo. Por tal motivo, convirtió las palabras «Tengo sed» en el lema de las Misioneras de la Caridad y ordenó que aparecieran escritas en todas las capillas de su congregación. «Nosotras llevamos en el cuerpo y el alma el amor de un Dios infinitamente sediento», le escribiría a una hermana. «Dios tiene sed. Dios tiene sed de nosotros, y la humanidad tiene sed de Dios». La sed de Dios no se debe a la necesidad, sino al anhelo, porque su esencia es el amor.

En varias de sus epístolas, Pablo habla de nuestra adopción como hijos e hijas de Dios, y tal vez la imagen de un padre amoroso sea lo que más cerca está de expresar el amor de Dios de una forma que nosotros podamos captar. Un padre se sienta en las incómodas gradas de un estadio y observa a su hijo realizar movidas como las de Beckham en un campo de fútbol soccer; una madre recibe una llamada telefónica para anunciarle que su hija ha sido aceptada en la escuela de medicina. ¿Cómo reaccionan? *Ese chiquillo está tratando de exhibirse delante de mí. Le voy a romper una rótula. Esa niña se cree muy lista. Yo le voy a enseñar. Le voy a desconectar la computadora.* Por supuesto que no. «¿Viste ese gol? ¡El que lo anotó es mi hijo! ¡Ese es mi hijo!». «¿Ya oyeron? ¡La aceptaron! ¡Mi hija va a ser médico!».

De alguna manera incomprensible, los peregrinos comunes y corrientes tenemos la capacidad de hacer que el Dios del universo se sienta como un padre orgulloso. Esta idea me deja maravillado y asombrado... y algunas veces también hace que me arrepienta. Al final del día me pregunto: «¿Qué hice hoy para agradar a Dios?». Reviso mis interacciones con mis vecinos, la forma en que manejé una llamada telefónica indeseada, mi manera de usar el dinero y el tiempo. ¿Agradé a Dios en todo, como pedía Pablo al orar por los colosenses?

UNA COMUNIDAD DE PEREGRINOS

No vivimos solos nuestra fe de peregrinos, sino en comunidad con otros, y el Nuevo Testamento describe una nueva comunidad, el reino de Dios, el cual debería atraer al mundo que nos rodea en lugar de repelerlo. ¿Cuál es el aspecto que tiene en nuestros días una comunidad saludable de peregrinos?

Un día decidí recorrer la lista de la guía telefónica donde aparecían las iglesias y las fui visitando sistemáticamente, una distinta cada domingo. Aunque vivo en una ciudad pequeña, encontré representantes de la mayoría de las denominaciones así como varias iglesias sin afiliación, un total de veinticuatro congregaciones si dejaba a un lado las sectas y ciertos grupos marginales. Los domingos sentía el mismo tipo de incomodidad que describe Gina Welch en sus memorias, disponiéndome a entrar a una subcultura sin conocer realmente sus reglas y expectativas. A veces me preguntaba: ¿por qué alguien habría de querer asistir a esta iglesia?

Unas iglesias me hacían sentir bienvenido de inmediato. En otras me sentía como un intruso. A mi mente venía mi primera visita a una reunión de la Sociedad Audubon. Allí, las personas que se conocían permanecían de pie en grupitos, hablando de los extraños llamados de las aves y las especificaciones técnicas de los binoculares, usando una jerga interna que apenas podía seguir. Todos los demás compartían una comunidad que parecía excluirme a mí.

En una ocasión leí la descripción de una iglesia como un lugar en el cual «una persona amable, agradable y gentil se para frente a un grupo de personas amables, agradables y gentiles, exhortándolas a ser más amables, más agradables y más gentiles». Con una intuición difícil de explicar solía ser capaz de sentir la «vitalidad» de una congregación en menos de cinco minutos. ¿Había gente conversando en el vestíbulo? ¿Se oían risas? ¿Cuáles eran las actividades y los temas que destacaba el tablero de anuncios? El factor vitalidad tenía poco que ver con la teología. En dos de las iglesias más conservadoras los miembros se arrellanaron en sus asientos mientras llevaban a cabo con aire sombrío lo que tocaba hacer en cada momento, mientras los pastores actuaban como si su principal meta fuera llegar a la bendición final del culto.

Una iglesia muy liberal —que había escrito de nuevo los himnos y hasta el Padrenuestro para hacerlos políticamente correctos— fue la que manifestó más energía en cuanto a los programas de alcance a la comunidad y el mundo. La iglesia, decía el Arzobispo William Temple, es «la única sociedad cooperativa del mundo que existe para beneficio de los que no son miembros suyos». Algunas iglesias, en especial las situadas en las zonas urbanas, centran sus esfuerzos en los que no son miembros de ellas que viven en sus vecindarios inmediatos. Otras adoptan iglesias hermanas de otros países y les envían equipos misioneros. En mi gira por las iglesias, los grupos más tristes eran aquellos cuya visión no se extendía más allá de sus propias dependencias y su estacionamiento.

Después de visitar las veinticuatro iglesias tuve una imagen más clara de las cualidades que se deben buscar en una congregación saludable de peregrinos. Todas parecían centrarse en la encomienda que recibimos, según las palabras de Pedro, de que «cada uno ponga al servicio de los demás el don que haya recibido, *administrando fielmente la gracia de Dios* en sus diversas formas».

Barbara Brown Taylor, una eclesiástica episcopal, decidió dejar su posición dentro del clero en parte porque su iglesia no estaba administrando esa gracia:

Una cosa que siempre me había estado preocupando era que la gente desaparecía de la iglesia cuando sufría quebrantos en la vida. Las separaciones y los divorcios eran las explicaciones más frecuentes para las ausencias largas, pero también estaban las depresiones, el alcoholismo, la pérdida de trabajo y las enfermedades mortales. Una dama que acababa de enviudar me dijo que no podía venir a la iglesia porque comenzaba a llorar en el mismo momento en que se sentaba en una banca. Un joven al que le acababan de diagnosticar que tenía SIDA explicó que se mantenía alejado porque estaba demasiado asustado para responder a las preguntas y demasiado airado para cantar himnos. Comprendía tales razonamientos, pero me sentía mal ante el hecho de que aquellas almas heridas no pensaran que la iglesia fuera un lugar donde podían llevar los oscuros frutos de sus noches igualmente oscuras.

Cuando leo los relatos acerca de la iglesia del Nuevo Testamento, no hay característica que se destaque más claramente que la diversidad, el principal terreno de pruebas de la gracia. A partir de Pentecostés —una reunión de personas procedentes de numerosos países— la iglesia cristiana desmanteló las barreras de sexo, raza y clase social que habían marcado a las congregaciones judías. Pablo, que había dado gracias a diario por no haber nacido mujer, esclavo ni gentil, se maravillaba ante este cambio tan radical: «Ya no hay judío ni griego, esclavo ni libre, hombre ni mujer, sino que todos ustedes son uno solo en Cristo Jesús».

La diversidad complica la vida, y tal vez esa sea la razón por la cual tendemos a rodearnos de personas que tengan una edad similar a la nuestra, pertenezcan a la misma clase económica y compartan nuestras ideas. La iglesia ofrece un lugar en el cual tanto los bebés como los abuelos, los desempleados como los ejecutivos, los inmigrantes como los de sangre azul, pueden reunirse. Una mañana me tocó sentarme entre un anciano conectado a un ruidoso tanque de oxígeno y un bebé que lactaba y estuvo lanzando gruñidos de placer durante todo el culto. ¿A cuál otro lugar podemos ir para encontrar una combinación como esa? Cuando entro a una iglesia nueva, mientras más se parecen entre sí sus miembros y más se asemejan a mí, más incómodo me siento.

No obstante, la diversidad solo tiene éxito en un grupo de personas que comparten una visión común. En su oración de Juan 17, Jesús destacó una petición por encima de todas las demás: «Que todos sean uno». Pablo llama repetidamente a la unidad y al cese de las divisiones en sus epístolas. La existencia de tantas denominaciones en el mundo entero demuestra lo pobremente que los cristianos hemos cumplido con esa meta. Se han producido grandes divisiones en las iglesias debido a cuestiones como la clase de pan que se debe usar en la Eucaristía y si se debe hacer la señal de la cruz con dos dedos o tres. En realidad, no hemos sido fieles administradores de la gracia de Dios.

Idealmente, la iglesia debería ser un lugar que nos recuerde unas verdades perdurables: que Dios quiere lo mejor para nosotros; que el pecado y los fallos son inevitables, pero tenemos garantizado el perdón; que una comunidad de apoyo mutuo lleva las cargas y consuela a los necesitados. Un pastor amigo mío pronunció una serie de sermones acerca de la frase «unos a otros». Encontró veintinueve usos de esas palabras en el Nuevo Testamento. Esos usos diferentes, al considerarlos unidos, nos muestran el aspecto que tendría una verdadera comunidad. Entre ellos aparecen los siguientes:

Amarse unos a otros
Perdonarse unos a otros
Orar unos por otros
Llevar las cargas unos de otros
Ser leales unos a otros
Considerarnos unos a otros como más importantes que nosotros mismos
No hablar unos contra otros
No juzgarse unos a otros
Ser tolerantes unos con otros
Ser bondadosos unos con otros
Hablar la verdad unos a otros
Edificarse unos a otros
Consolarse unos a otros
Cuidarse unos a otros
Estimularse unos a otros al amor y las buenas obras

Me pregunto el aspecto tan diferente que tendría la iglesia ante un mundo que la observa, sin mencionar lo diferente que sería la historia, si los cristianos hubieran seguido ese modelo en todas partes.

En mis visitas nunca encontré una iglesia perfecta. Tampoco deberíamos esperar hallarla si consideramos que el Nuevo Testamento nos da alguna indicación al respecto. Unas casi me hacían dormir, mientras que otras trataban con tanta fuerza de ser innovadoras que olvidaba la razón por la que había ido allí. Cuando me sentía tentado a juzgar, me limitaba a recordar que la iglesia se remonta a un osado «experimento» de Dios mismo: permitir que unos seres humanos comunes y corrientes como nosotros encarnemos como peregrinos su presencia en la tierra.

Aunque es posible que los peregrinos flaqueen o se desvíen del camino, hay una cosa que es más importante que todas las demás: el punto de destino. Fijemos la mirada en Jesús, dice la Epístola a los Hebreos. Él es el iniciador y perfeccionador de nuestra fe, quien soportó la cruz «por el gozo que le esperaba».

El filósofo John Hick, en una alusión al *El progreso del peregrino* de John Bunyan, describe a dos viajeros que van juntos por el camino. Sus vidas tienen mucho en común, puesto que ambos se enfrentan a las mismas dificultades y disfrutan de los mismos placeres. Sin embargo, uno de los viajeros cree que va de camino a la Ciudad Celestial, mientras que el otro lo ve todo como una simple expedición, sin una meta real en mente. Como resultado, experimentan su viaje de una manera muy diferente.

Hick escribe: «Uno de ellos ve los placeres que produce el viaje como adelantos del gozo mayor que le espera, y sus sufrimientos como dignos de pasar por ellos a fin de conseguir esa felicidad final. El otro toma lo bueno y lo malo tal como le vienen, tratando de sacarle el mejor partido posible a un viaje que en última instancia carece de sentido [...] El viaje probará haber sido "El progreso del peregrino" o "Solo una cosa tras otra y nada más"».

CAPÍTULO 6

LOS ACTIVISTAS

Estamos llevando bien nuestra vida cuando amamos a Dios
con todo nuestro ser y cuando amamos a nuestro prójimo como
nos amamos (correctamente) a nosotros mismos.

MIROSLAV VOLF

A pesar de todas las ideas útiles que contiene, la alegoría de John Bunyan presenta una imagen incompleta de lo que deberíamos ser. En su historia, el peregrino va caminando por la vida en busca de una manera de escapar del mundo. En cambio, los verdaderos peregrinos estamos llamados a involucrarnos con el mundo al asistirlo activamente en sus males.

En una ocasión oí a Bono, de la banda U2, describir su misión de misericordia en un orfanato de Etiopía. Durante un mes él y su esposa Ali cargaron a los bebés, ayudaron a cuidarlos hasta que recuperaran la salud y donaron dinero para equipar el orfanato. Mientras estaban allí, Bono también escribió y cantó para los huérfanos de más edad unos cantos acerca de comer vegetales saludables y la necesidad de lavarse las manos. Él afirmaba que después de regresar a Irlanda sus oraciones cambiaron, asumiendo un tono airado y desafiante. «Dios mío, ¿no te importan esos niños de África? Ellos no han hecho nada malo y sin embargo es muy posible que pronto haya quince millones de bebés sin padres en ese continente a causa del SIDA. ¡¿No te importa?!».

Poco a poco, Bono escuchó como respuesta que sí, que a Dios sí le importan. En realidad, ¿de dónde creía él que había venido la idea de hacer un viaje misionero a África? Las preguntas que le había lanzado a Dios fueron regresando a él como una especie de reprensión. *Muévete. Haz algo.* Al principio, a Bono el papel de dirigir una campaña mundial contra el SIDA no le parecía muy atractivo —«¡Yo soy una estrella de la música rock, no un trabajador social!»— pero al final no pudo seguir ignorando aquello que sentía claramente como un llamado.

A lo largo de los años siguientes unos políticos tan diversos como Bill Clinton y el senador Strom Thurmond, y después Tony Blair, Kofi Annán y George W. Bush, se fueron encontrando a un músico totalmente vestido de negro y con sus típicos lentes de sol puestos acampando en las afueras de sus oficinas, esperando para verlos. En unos tiempos de recortes económicos, Bono se las arregló de alguna manera para persuadir a esos líderes de modo que aportaran quince mil millones de dólares a la lucha contra el SIDA.

Una vez conseguido el apoyo del gobierno, Bono hizo después una gira en autobús por todos Estados Unidos, hablando en las iglesias grandes y las universidades cristianas, ya que consideraba que los cristianos eran clave en la lucha con este problema mundial en particular. Él invitó a otros peregrinos a participar en lo que Dios quería lograr en el mundo, y muchos de ellos lo hicieron.

AGENTES DE CAMBIO

Jesús estableció su plataforma ideológica desde su primer discurso en público: «El Espíritu del Señor está sobre mí, por cuanto me ha ungido para anunciar buenas nuevas a los pobres. Me ha enviado a proclamar libertad a los cautivos y dar vista a los ciegos, a poner en libertad a los oprimidos». Es imprescindible que aquellos que seguimos a Jesús adoptemos ese mismo programa. Como consecuencia, muchas de las preguntas que le lanzamos a Dios regresarán volando a nosotros como un bumerán.

Pensemos, por ejemplo, en esta excelente pregunta: «¿Por qué Dios no hace algo con respecto al hambre en el mundo?». Las palabras de los ángeles después de la ascensión de Jesús han resonado a lo largo de los siglos: «¿Qué hacen aquí mirando al cielo?». Los seguidores de Jesús somos los agentes que Dios designó para llevar a cabo su voluntad en la tierra. Es demasiado fácil esperar que Dios haga algo *por nosotros* cuando en realidad lo quiere hacer *por medio de nosotros*.

No obstante, el activista cristiano tiene que caminar por la cuerda floja: cómo enfrentarse a los problemas del mundo sin mezclarse con los mismos poderes que han creado esos problemas. Tenemos que vivir en el mundo sin ser del mundo, como dijo Jesús en su última cena con sus discípulos. A lo largo de toda la historia ha habido cristianos que han buscado el equilibrio correcto, inclinándose a veces demasiado cerca de la cultura que los rodea y otras apartándose de ella hasta el punto de volverse irrelevantes.

He aprendido mucho sobre este tema en los escritos del teólogo Miroslav Volf, un croata que vivió toda la guerra de los Balcanes en los años noventa y después fue a dar clases en el Seminario Fuller y la Escuela de Divinidades de Yale. Volf, hijo de un pastor pentecostal, creció sintiéndose como «minoría entre las minorías», un miembro de un grupo marginal en una región con un problemático pasado religioso. Durante sus primeros años de vida, su tierra, parte entonces de Yugoslavia, era oficialmente atea: el padre de Volf sirvió una condena en un campamento de trabajo comunista, y el propio Miroslav se vio sometido a extensos interrogatorios policíacos. Cuando cayó el comunismo, observó cómo el país se fue dividiendo según los territorios ocupados por los distintos grupos religiosos hasta que comenzó una sangrienta guerra civil.

Volf llegó a la conclusión de que la gente de fe se enfrenta a dos peligros opuestos. Unos se retraen de la cultura que los rodea, con lo que renuncian a toda posible influencia en ella. Eso fue lo que hicieron los pentecostales de su juventud, resaltando su vida privada y de iglesia, y preparándose para la vida venidera. Apenas «estaban en el mundo». Sin embargo, Jesús les había dado una clara indicación a sus discípulos en la oración por medio de la cual les encomendó su misión: «Como tú me enviaste al mundo, yo los envío también al mundo».

Durante la guerra, Volf vio lo diametralmente opuesto: un enfoque basado en el hecho de «estar en el mundo», puesto que los grupos religiosos se alinearon con los que ostentaban el poder. Los católicos croatas, los ortodoxos serbios y los musulmanes bosnios dividieron su país y comenzaron una campaña de limpieza étnica contra los grupos minoritarios. La historia de la iglesia contiene muchos perturbadores ejemplos de este enfoque. En el continente americano, los pastores y sacerdotes bendecían a los conquistadores que explotaban a las tribus nativas. En África, los misioneros trabajaban frecuentemente hombro a hombro con los poderes coloniales. (El arzobispo Desmond Tutu hace esta observación: «Cuando los misioneros vinieron a África, ellos tenían la Biblia y nosotros las tierras. Ellos dijeron: "Oremos". Cerramos los ojos. Cuando los volvimos a abrir, nosotros teníamos la Biblia y ellos eran los que poseían las tierras».)

Volf propone un modelo diferente para la gente de fe. Tratar de guiar a partir de lo que nosotros creemos tiende a provocar oposición, de lo cual es testigo la trágica historia de los Balcanes. Al insistir en la doctrina, nos apartamos de «los otros» y nos podríamos sentir tentados a imponer nuestras creencias por la fuerza. En cambio, si nos dejamos guiar por la Regla de Oro, nos podemos concentrar en vivir de acuerdo a lo que creemos, progresando *de las manos al corazón y del corazón a la cabeza*. Los actos prácticos de misericordia (extender una mano) expresan nuestro amor (el sentir del corazón), y esto a su vez puede atraer a los demás a la fuente de ese amor (las creencias de la mente).*

Me parece que posiblemente Volf haya descrito la mejor forma de comunicar nuestra fe en los tiempos modernos, en especial a los postcristianos. Los protestantes, sobre todo los que aceptamos de buen grado el calificativo de *evangélicos*, hemos insistido tradicionalmente en «proclamar la Palabra» en un llamado directo a la mente. Predicamos sermones, escribimos libros de apologética, celebramos campañas evangelísticas dirigidas a ciudades enteras. Para los que se hallan alejados de la iglesia, ese enfoque ya no tiene el mismo poder de atracción. Y a los verdaderos necesitados las palabras solas no los satisfacen. Como me dijera un trabajador de asistencia social: «Las personas con hambre no tienen oídos».

El escéptico mundo de hoy juzga la veracidad de lo que decimos según la forma de vivir que manifestamos. Hoy en día, los activistas podrían ser los mejores evangelistas.

TRAMPAS Y DESVÍOS

Es necesario llevar a cabo con cuidado hasta los actos de misericordia. Soho Machida, un monje budista zen de Japón que es profesor de la Universidad de Princeton, nos presenta la idea que tiene un extraño acerca de los cristianos. «Ninguna otra religión ha producido jamás figuras como Albert Schweitzer o la Madre Teresa, cuyas vidas se han convertido en monumentos a la buena voluntad del ser humano», señala con agradecimiento. «El cristianismo también ha contribuido de manera incalculable a un reconocimiento más amplio de los derechos humanos en el mundo entero.

---

* Los evangélicos albanos, alrededor del uno por ciento de la población, siguieron de manera admirable ese patrón durante la guerra de los Balcanes, cuidando del veinte por ciento de los refugiados expulsados de Kosovo, la mayoría de ellos musulmanes.

Además, existen impresionantes historias acerca de pacientes con enfermedades mortales o prisioneros que recuperan su esperanza por la vida al convertirse al cristianismo».

Machida admira el énfasis que le da el cristianismo a la transformación del mundo, en contraste con algunas religiones asiáticas que enseñan una aceptación pasiva del destino. Luego añade una nota de advertencia acerca de los creyentes: «Si tienen la más mínima consciencia de sí mismos como los superiores que ayudan a los inferiores, o los fieles que salvan a los infieles, pierden de inmediato su dignidad cristiana». Él hace la observación de que algunos cristianos manifiestan un espíritu de superioridad con respecto a los demás, e incluso pueden llegar a proyectar hostilidad hacia el resto de la sociedad.

Me enfocaré en los evangélicos, la rama de la fe cristiana que conozco mejor. Una y otra vez oigo la misma queja acerca de los evangélicos que están haciendo buenas obras. Un amigo mío de Chicago que dirige un refugio para adictos y personas sin techo me dijo en cierta ocasión: «Me encantan los evangélicos. Son nuestros mejores voluntarios. Se interesan de verdad por las necesidades de nuestra gente y uno les puede pedir que hagan cuanto sea necesario». Entonces hizo una pausa de un segundo antes de añadir con una astuta sonrisa: «El desafío está en que hay que suavizar sus actitudes críticas antes que puedan ser eficaces».

Cuando leo en *Time* y *Newsweek* artículos centrales acerca de los evangélicos, me siento apenado con frecuencia, ya que al igual que mi amigo de Chicago los medios informativos consideran a los evangélicos como intolerantes y dados a juzgar a los demás. Ellos se pierden la energía y el entusiasmo, la condición de buenas nuevas que la palabra representa en gran parte del mundo y yo he visto con mis propios ojos. En Estados Unidos, todo termina reduciéndose a la política, que es un deporte de grupos adversarios, y los estadounidenses tienden a considerar a los evangélicos como «del mundo», como un bloque monolítico de votantes obsesionado con unas pocas cuestiones morales.

En una ocasión hice una encuesta informal entre mis compañeros de viaje en un avión y otros extraños que estuvieron dispuestos a conversar conmigo. Les preguntaba: «¿Qué viene a su mente cuando digo la palabra *evangélico*?». En respuesta a esta pregunta, solía escuchar la palabra *contra*: los evangélicos están contra el aborto, contra la pornografía, contra los derechos de los homosexuales, contra el seguro de salud para todos, contra la evolución, contra la inmigración. Aquellos que son ajenos al mundo evangélico nos consideran como moralistas que queremos imponer las creencias de nuestra «mente» en una sociedad donde existe la diversidad. Miroslav Volf hacía la observación de que cuando una religión, cualquiera que sea, se les trata de imponer a otros que no comparten sus creencias, esto crea una reacción violenta y agita hostilidades en su contra.

En tiempos recientes en Estados Unidos han existido líderes evangélicos que han acudido a la política como una forma de expresar su activismo y hacer avanzar su programa. Sin embargo, cuando considero la historia, no puedo evitar la impresión de que los evangélicos han tenido un historial irregular en la política. Eran evangélicos los que dirigieron la lucha por el derecho de las mujeres al sufragio y la abolición de la esclavitud... y también eran evangélicos los que pelearon contra ambos movimientos. Los pastores afroamericanos, evangélicos muchos de ellos, estaban al frente del movimiento por los derechos civiles, mientras que los evangélicos blancos del sur se oponían a este en su mayoría. En los años ochenta, Jerry Falwell instó a los cristianos estadounidenses a comprar krugerrands de oro y fomentar las inversiones de Estados Unidos en Suráfrica en un esfuerzo por apuntalar el régimen blanco. En el presente, hay evangélicos que ocupan un papel prominente en el apoyo a las leyes contra el aborto, al mismo tiempo que luchan a favor de la pena de muerte, el derecho a portar armas y las intervenciones militares.

En resumen, los evangélicos han adoptado posiciones políticas que en ocasiones parecen impulsivas, a veces incluso heroicas, y con frecuencia contradictorias. ¿Es de extrañarse que el resto del mundo nos observe con suspicacia y se pierda el mensaje de las buenas nuevas?

(Para enlodar aun más las aguas, muchos evangélicos de lugares como Europa y Nueva Zelanda se identifican con los partidos políticos liberales, creyendo que su fe les impone que respalden programas sociales para los pobres y se opongan a la guerra. Y en China, muchos cristianos no ven contradicción alguna en su apoyo al gobierno comunista más grande del mundo. Hasta hace poco, Kerala, el estado de la India con el porcentaje más alto de cristianos, votó a favor del partido comunista.)

Kevin Roose, estudiante de la Universidad Brown, decidió investigar a los evangélicos, así que se matriculó para estudiar un semestre en la Universidad Liberty. Él explica en su libro *The Unlikely Disciple* [El discípulo improbable]: «Mi círculo social en Brown incluía ateos, agnósticos, católicos apartados, budistas, practicantes de la wicca y más judíos no observantes de los que se podría golpear con un shofar, pero exactamente cero cristianos nacidos de nuevo. En mi mente, el mundo evangélico era una comunidad enclaustrada y ligeramente temible, cuyos valores y costumbres no tenía por qué comprender. Así que la ignoraba».

Sin embargo, después del tiempo que Kevin pasó en Liberty, sus opiniones cambiaron. No siempre era posible aplicar los estereotipos divulgados por los medios de comunicación. «Esto no es un grupo de airados zelotes. Sabía que les vería un lado diferente a los estudiantes de Liberty una vez que me decidiera a mezclarme con ellos, pero pensaba que iba a ser un lado más duro. Sufría de esa paranoia liberal/secular según la cual cuando los estudiantes evangélicos estaban en su grupo exclusivo, se pasaban el tiempo apiñados en tenebrosas habitaciones, organizando protestas contra el aborto o tramando una toma teocrática del poder. Sin embargo, eso no tiene nada de cierto».

Roose descubrió que, a diferencia de los estereotipos que presentan los medios, hay muchos evangélicos que no participan en la política. En realidad, los evangélicos de Estados Unidos se pasan doce veces más tiempo involucrados en las misiones extranjeras y esfuerzos de ayuda internacionales que en acciones de tipo político.

DESAFIANDO EL ESTEREOTIPO

Durante varias décadas he estado informando acerca de la subcultura evangélica. A lo largo del camino he encontrado a evangélicos, con frecuencia poco conocidos y ajenos a la atención del público, que actúan como activistas de primera línea de una clase diferente. Aunque no son primordialmente unos activistas políticos, actúan como reformadores sobre el terreno que trabajan para servir al bien común. Mientras investigaba para mi libro *¿Para qué sirve Dios?*, observé cómo algunos de ellos extendían una mano llena de misericordia en varios continentes.

En Suráfrica pasé un tiempo con Ray McCauley, un personaje realmente mítico que en sus tiempos de juventud compitió contra Arnold Schwarzenegger en el concurso de Mr. Universo. Ray fundó en Johannesburg una iglesia basada en la filosofía carismática de «nómbralo y reclámalo», una iglesia que terminó convirtiéndose en la más grande de Suráfrica, con treinta y cinco mil miembros. A medida que el gobierno del apartheid comenzó a desmoronarse, las actitudes raciales y políticas de Ray, así como su rígida teología, comenzaron a suavizarse. Algunos miembros de su iglesia que eran blancos se disgustaron ante su nuevo enfoque de las cosas y se marcharon; gradualmente la composición interna de la iglesia fue cambiando de una forma que reflejaba el espectro social de la nación. Hoy en día entre los programas de la iglesia están la ayuda a los enfermos del SIDA, un proyecto de viviendas y una granja de rehabilitación para adictos.

En Ciudad del Cabo, al otro extremo del país, conocí a Joanna Flanders-Thomas, una dinámica mujer mestiza. Siendo estudiante ella había estado entre los agitadores contrarios al gobierno del apartheid. Después de esa victoria a nivel nacional, pasó a dedicarse a un problema local, la prisión más violenta de Suráfrica, en la cual Nelson Mandela había pasado ocho años encerrado. Joanna comenzó a visitar diariamente a los presos, llevándoles un sencillo mensaje del evangelio acerca del perdón y la reconciliación. Se ganó la confianza de los reclusos, los hizo hablar de los abusos que habían sufrido en su niñez, y les mostró una forma mejor de resolver los conflictos. El año anterior al momento en que comenzó sus visitas la prisión registraba doscientos setenta y nueve actos de violencia contra los presos y los guardias; al año siguiente hubo solo dos.

Pocos meses más tarde viajé a Nepal, el único reino hindú del mundo, una nación terriblemente pobre en la cual prevalece el sistema de castas. Allí conocí a trabajadores de la salud procedentes de quince naciones, mayormente europeos, que colaboraban con una misión evangélica especializada en la lepra. La mayoría de los adelantos principales en el tratamiento de la lepra se han producido por medio de los misioneros cristianos, fundamentalmente porque, como decía mi amigo de Chicago, «uno les puede pedir que hagan cuanto sea necesario». Conocí a cirujanos, enfermeras y terapeutas físicos muy bien entrenados que dedican su vida al cuidado de las víctimas de la lepra, la mayoría de ellas de la casta más inferior de todas. En sus tiempos libres algunos de estos misioneros suben a las altas montañas de Nepal, otros se enfocan en la vida de las aves, y al menos un médico francés estudia las mariposas nocturnas de los Himalayas. Varios habían corrido en el maratón de Katmandú, y dos habían hecho un descabellado recorrido en motocicleta por las montañas y los ríos hasta llegar al Tíbet, la nación vecina. Ninguno de ellos se adecuaba a la imagen de esos «estirados evangélicos de derechas», sin embargo, todos se proclamaban *evangélicos*.

Las Naciones Unidas calculan que en el mundo entero se trafica cada año con tres millones de mujeres y niños. Asistí a una conferencia celebrada por varias docenas de organizaciones cristianas que trabajan para liberar a las mujeres de la prostitución, la cual constituye en las naciones pobres una forma moderna de esclavitud. Los delegados de cuarenta naciones llevaron consigo a algunas de las mujeres que han rescatado, las cuales relataron unas historias angustiosas de abuso y les acreditaban a estos ministerios el haberlas liberado y ayudado a encontrar nuevas maneras de ganarse la vida. Una organización les da refugio ella sola a quinientas jóvenes liberadas de la esclavitud sexual en los burdeles de Bombay, en la India.

También en la India los cristianos han liderado el camino en la aceptación de los *dalits* (llamados antes «intocables») y otras castas inferiores, edificando escuelas y clínicas para atenderlos. Posteriormente, millones de miembros de las castas inferiores han dejado la fe hindú, que los excluye de sus templos, y hallado un hogar entre los cristianos.

Gracias a estas actividades, en otros países la palabra *evangélico* tiene una connotación distinta a la que tiene en Estados Unidos. Por ejemplo, en el Oriente Medio los medios de comunicación se centran en los choques entre musulmanes y cristianos; sin embargo, un amigo mío que dirige allí un ministerio señala: «En el Oriente Medio se piensa en los evangélicos como la gente que tiene las Buenas Nuevas, precisamente la definición de la palabra "evangélico". Han ido a la vanguardia en el desarrollo, el entrenamiento para los trabajos, los derechos humanos y la libertad religiosa. También han estado al frente en la medicina y los estudios médicos en todos los niveles, y son famosos porque cuidan de los pobres». Los hospitales y las escuelas fundados por misioneros se encuentran entre los mejores en los estados árabes del Golfo.

UNA VIDA DE ACUERDO A NUESTRO NOMBRE

Tengo amigos que consideran que deberíamos abandonar la palabra *evangélico*. Yo prefiero que conservemos el nombre y vivamos a la altura de su verdadero significado (la palabra griega *euanguélion* quiere decir «noticias de gozo» o «buenas nuevas»).

En una visita a Brasil conocí a otro estadounidense que había acompañado a un pastor local a visitar un barrio de São Paulo. Él comenzó a sentirse inquieto cuando notó que los subalternos de un narcotraficante patrullaban el vecindario con armas automáticas. La calle se estrechó hasta convertirse en un pequeño camino de tierra. Las tuberías plásticas de agua colgaban por encima de ellos, las aguas negras corrían libremente por los callejones, y un enredo de cables conducía la electricidad desde los cables de alto voltaje. La ansiedad se convirtió en miedo cuando notó que la gente lo miraba con mala cara desde el interior de sus casuchas de hojalata. Un gringo estaba invadiendo su terreno. ¿Sería de las fuerzas antinarcóticos? ¿Tal vez un policía encubierto? Entonces el narcotraficante notó en la espalda de su camiseta el lema de una iglesia pentecostal del lugar. Una gran sonrisa le iluminó el rostro. «¡Ah, evangélicos!», dijo en voz alta para que todos lo oyeran, y de repente las miradas hostiles se convirtieron en sonrisas. A lo largo de los años aquella iglesia había prestado ayuda práctica en el barrio, y ahora los visitantes extranjeros eran bienvenidos con alegría.

Más recientemente hablé en una reunión cristiana con el extraño nombre de Festival del Ganso Salvaje, la cual me describieron como «una especie de Woodstock para activistas hippies cristianos de izquierda». Más de dos mil asistieron y acamparon en unos terrenos empapados con agua de lluvia para escuchar a varios grupos musicales y oradores que los exhortaban a vivir de acuerdo con su fe. Algunas casetas promovían los derechos humanos: «¿A quiénes torturaría Jesús?», decía un gran estandarte. Otro cartelón citaba a Shane Claiborne: «¿Cómo puedo adorar a una persona sin techo el domingo e ignorar a otra el lunes?». Algunos trataban de acabar con la «homofobia» ofreciéndoles dignidad y ayuda práctica a los que vivían en las calles. Un veterano del movimiento por los derechos civiles, inclinado sobre un bastón, predicaba a toda voz un sermón con un estilo retórico que recordaba a Martin Luther King Jr.; él acababa de pasar un tiempo en la cárcel por haber dirigido una protesta contra una legislatura estatal reaccionaria.

Los activistas que he conocido y pertenecen a ambos extremos del espectro político tienen una cosa en común: la creencia de que al ministrarles a los que son vulnerables están siguiendo a Jesús. En el pasado hubo un tiempo en el que los cristianos se encontraban divididos con respecto a su manera de entender nuestro papel en este mundo: los cristianos más liberales insistían en las necesidades humanas, mientras que los conservadores se centraban en el evangelismo. Desde entonces los evangélicos hemos aprendido que las dos puntas extremas de la conversión y el cambio social en realidad trabajan juntas.

Los estudios llevados a cabo en América Latina documentan el hecho de que la transformación personal puede conducir a la mejora de la sociedad. Un hombre pasa al frente para recibir a Cristo en una reunión evangelística. Se une a una iglesia local que le aconseja que deje de emborracharse los fines de semana. Con su apoyo y ayuda, lo logra. Se comienza a presentar al trabajo los lunes por la mañana y termina recibiendo un ascenso a la posición de capataz. Fortalecido por su fe y un sentido renovado de su propio valor personal, deja de maltratar a su esposa y se convierte en un padre mejor para sus hijos. Por su parte su esposa, nuevamente fortalecida, consigue un trabajo que le permite pagar los estudios de sus hijos. Multiplica esto por un buen grupo de aldeanos convertidos y muy pronto verás levantarse la economía de todo ese vecindario.

Además de esto, los cristianos conservadores han llegado a aceptar que el evangelio de Jesús tiene aplicación para toda la persona, no solo para su alma. ¿Acaso no inauguró Jesús su ministerio con una proclamación de buenas nuevas para los pobres, los oprimidos, los presos y los ciegos? Hoy en día, los médicos de los Barcos de la Misericordia operan gratuitamente a los ciegos en los países con pocos servicios médicos, y Hábitat para la Humanidad sigue tratando de alcanzar su elevada meta de proporcionarles casas adecuadas a los pobres. En una repetición del movimiento de asentamiento de hace un siglo, los evangélicos se están mudando a las ciudades principales para ayudar a estabilizar los vecindarios de escasos ingresos. Dirigen refugios para la gente que vive por las calles, programas a fin de lidiar con la adicción y centros de embarazos, pues creen que ese activismo ayuda al avance del reino de Dios, una respuesta realista a la oración de Jesús en cuanto a que la voluntad de Dios sea hecha «en la tierra como en el cielo».*

LA ESPERANZA SIN PALABRAS

En países como Paquistán y Afganistán, los cristianos tienen que permanecer callados con respecto a su fe. Algunas veces, como les sucedió a los trabajadores médicos de Afganistán en los años

---

* Libros como *Evangelicals You Don't Know* [Los evangelicos que no conoces], de Tom Krattenmaker, y *Kingdom Calling* [El llamado del reino], de Amy L. Sherman, ofrecen muchos ejemplos más.

2010 y 2014, sufren el martirio a causa de ella. Los activistas se están enfrentando a nuevos retos para los cuales no hay ningún libro que sirva de guía, avanzando a tientas en su camino mientras se adentran en un territorio que no ha sido explorado. Hoy en día, los grupos de asistencia que van a países sensibles como estos deben firmar un código de conducta que les prohíbe usar su asistencia «para propagar un punto de vista político o religioso en particular». Que los cristianos distribuyan alimentos y medicina es una cosa; sus ideas son algo totalmente distinto.

Durante una de las sequías periódicas que devastan el este de África, visité un extenso campamento de refugiados en un desierto de Somalia para ver cuál es el aspecto que toma la obra de ayuda evangélica en un país «cerrado». Quería saber por qué los voluntarios se ofrecen para estas tareas tan difíciles. ¿Qué los motiva y qué impacto causan?

Con anterioridad, World Concern estaba casi abrumado ante el caos que había en el sitio que se le había asignado en aquella zona remota de Somalia. Los suministros médicos pedidos meses antes aún no habían llegado y se habían terminado los alimentos. Sesenta mil refugiados estaban listos para amotinarse. Un anciano se acercó a toda prisa a los voluntarios, agitando un palo mientras les gritaba: «¡Nosotros no necesitamos una clínica! ¡Necesitamos comida! ¿Acaso no ven que nuestros bebés se están muriendo de hambre?». Por lo menos treinta bebés estaban muriendo a diario en aquel campamento improvisado.

Médicamente, el campamento era el infierno en la tierra. La disentería, la tosferina, las paperas, la difteria y la tuberculosis estaban brotando, y la desnutrición complicaba aun más los síntomas. Solo les hicieron falta seis meses a los siete voluntarios para hacer salir al campamento de refugiados de la situación catastrófica en que se encontraba hasta convertirlo en la ordenada comunidad que yo visité. Con la excepción de un descanso durante las horas de calor de la tarde, los voluntarios estuvieron trabajando en las clínicas y las estaciones de distribución de alimentos desde las siete de la mañana hasta las siete de la noche.

Por las noches, los obreros se reunían alrededor de una fogata, revisaban el día y recordaban sus países de origen y experiencias en otras zonas de crisis. De diferentes formas, continuaba haciéndome mi pregunta básica: ¿por qué la gente se ofrece para ser parte de un régimen diario de trabajo mal pagado, bajo un sol ardiente y con tan pocas de las comodidades de la vida moderna?

El doctor John Wilson, pediatra de Carolina del Norte, un hombre de hablar suave y cabello blanco, mencionó el sentido del deber. «A veces me siento aquí como Jonás. Vine porque pensé que debía hacerlo, me gustara o no. Mi padre fue médico misionero en Corea desde 1907. Era el único médico que servía a cinco millones de personas. Profesionalmente, he tratado un poco de todo: una práctica privada muy agitada, dar clases en una universidad, trabajar con los mineros de las minas de carbón. A lo largo de los años me he llegado a dar cuenta de que no solo debo diezmar de mi dinero para Dios, sino también de mi tiempo».

A esto el doctor Wilson añadió que la práctica de la medicina en las regiones subdesarrolladas tiene sus propios atractivos. «Después de ver centenares de niños que tal vez lo único que tengan sea una nariz congestionada o una garganta inflamada, me sirve de algo venir aquí y participar en la labor de salvar vidas». El médico que precedió al doctor Wilson realizó en una ocasión una apendicectomía a la luz de una linterna dentro de una tienda de campaña durante una lluvia torrencial, usando cucharas como dilatadores y toallas para secar platos como esponjas. Los trabajadores médicos tienen la oportunidad de practicar la medicina pura, sin tenerles que estar reclamando los pagos a las compañías de seguros, sin ganancias que llevar al máximo y sin litigios por mala práctica de los cuales preocuparse.

La edad del doctor Wilson, que en estos momentos ya está jubilado, era una excepción entre los voluntarios que trabajaban en Somalia. La gran mayoría de ellos tenían poco más de veinte años: jóvenes idealistas que podrían estar posando para un cartel de anuncios del Cuerpo de Paz. Lois, una joven rubia de veintiún años que usaba el cabello atado en delgadas trenzas, no se molestaba demasiado por los trabajos de la vida en un campamento: «Pienso en mis compañeros de clase de la escuela de enfermería», me dijo. «Cuando nos graduamos, comparamos los lugares donde íbamos a trabajar: un hospital nuevo en Canadá, una posición con las Fuerzas Aéreas en Grecia, un famoso hospital escuela en San Diego, una escuela privada en Minneapolis. Recuerdo las expresiones que vi en los rostros de mis amigos cuando les dije que iba a hacer trabajo voluntario en un país musulmán azotado por las guerras en el cuerno de África. Una joven exclamó: "¡Sí que hay que estar loco para hacer algo así!"».

Lois siguió hablando: «Con mucha frecuencia recuerdo ese día de la graduación cuando me siento en una silla plegable por las noches. Aquí en el desierto, bajo un cielo ecuatorial libre de contaminación, la Vía Láctea resplandece, dividiendo los cielos como un camino de luz. Me siento sola, escucho el suave gorgoteo del río Juba y pienso en los amigos de mi ciudad. De alguna forma me parece que es cierto que venir aquí es cosa de gente loca. Sin embargo, nunca me he sentido más satisfecha y realizada en toda mi vida. La mayoría de mis amigos de la escuela de enfermería viven la rutina del turno de tres a once en algún hospital. Ellos son los que se lo están perdiendo. Yo estoy experimentando la gran aventura de mi vida. ¿Cómo podría compadecerse alguien de mí?

»Un espíritu de esperanza contagia ahora a todas las personas de este campamento, todo gracias a unos donantes del occidente y unos voluntarios que se han sacrificado y entregado aquí. No puedo expresar con palabras en este lugar la fuente de mi esperanza, porque el gobierno nos prohíbe hablar acerca de la fe cristiana. No obstante, puedo demostrar con mi presencia y mi espíritu que hay esperanza, un concepto difícil de captar para muchos musulmanes, ya que su religión es muy fatalista. Para mí habla muy claro el hecho de que más de vente agencias cristianas de ayuda, entre ellas World Concern, hayan traído desinteresadamente la sanidad a una nación musulmana.

»Tal vez un día volveré a Estados Unidos para trabajar en el turno de la noche en un cómodo hospital suburbano. Entonces es probable que tenga que luchar con situaciones nuevas, como la de mostrarme generosa y complacida en una tierra de abundancia. Sin embargo, sé que siempre estaré agradecida de que mi carrera como enfermera haya comenzado aquí, donde mi presencia puede ser decisiva en la lucha entre la vida y la muerte. En realidad, casi siento lástima por la gente que nunca tiene la oportunidad de servir a Dios de esta manera. Creo que estoy comenzando a entender lo que quería decir Jesús con respecto a la vida cuando pronunció estas palabras: "El que la pierda por mi causa, la encontrará"».

UNA PRESENCIA FIEL

En el año 2010, el sociólogo James Davison Hunter publicó un libro bajo el título *To Change the World* [Para cambiar el mundo]. Él comienza citando las declaraciones de misión de muchas organizaciones cristianas: redimir la cultura, transformar la sociedad y «cambiar al mundo para Cristo». Observando las evidencias, llega con dolor a la conclusión de que esto no está sucediendo, al menos no de la forma en que han soñado los que han escrito esos lemas.

Ciertamente, a lo largo de la historia el evangelio ha transformado algunas culturas paganas, y en diversas partes del mundo sigue causando un impacto sobre sociedades enteras. No obstante, cuando la fe se tropieza con una feroz resistencia, como sucede en los países islámicos, puede sucumbir o desvanecerse hasta llegar a ser insignificante. Piensa en las iglesias mencionadas en el Nuevo Testamento, actualmente ruinas arqueológicas de Turquía, Siria e Irak. Y no hay indicación alguna de que las obras modernas de misericordia realizadas en lugares como Somalia o las zonas de Indonesia afectadas por los tsunamis hayan enfriado la oposición al cristianismo. Los médicos y enfermeros que entrevisté en Somalia hablaban de un impacto duradero en su propia fe, no en la de aquellos a los que ayudaban.

En los países occidentales, como ya he indicado, una fe fervorosa puede provocar una clase diferente de oposición por parte de los escépticos y postcristianos. Hunter sugiere que se deje de hablar de redimir la cultura y transformar al mundo, porque un lenguaje así implica que se pretende lograr una conquista y una toma del poder. En lugar de hablar de ese modo, Hunter propone una meta distinta: mantener «una presencia fiel dentro» de la cultura que nos rodea, demostrada de la mejor manera con el ejemplo de un amor sacrificado. Él cita al conocido pastor Rick Warren, quien dice en *Una vida con propósito*: «Estoy esperando una segunda Reforma. La primera Reforma de la iglesia hace quinientos años tuvo que ver con las creencias. Esta va a tener que ver con las obras. No va a ser acerca de lo que cree la iglesia, sino acerca de lo que está haciendo».

Los evangélicos están comenzando a hablar cada vez más del «bien común», una frase que han tomado prestada de los católicos. La iglesia funciona mejor no como un centro de poder, sino como una comunidad contracultural —en el mundo, pero sin ser del mundo— que les muestra a los demás de qué manera se vive la vida más realizada y significativa posible en la tierra. En la sociedad moderna eso significa el rechazo de los falsos dioses de la independencia, el éxito y el placer, a fin de reemplazarlos con el amor a Dios y al prójimo. Como testificaban los voluntarios de Somalia, lo que al principio parece un sacrificio es lo que nos puede traer realmente la mayor de las satisfacciones.

Un estudiante de Harvard me contó que había asistido a una reunión de universitarios en la cual había hablado la Madre Teresa. Una a una las grandes luminarias del mundo habían pasado por esa institución educativa, muchas veces sin causar impresión alguna en el cinismo de los estudiantes. Esta vez se trataba de una arrugada y débil mujer con un hábito de monja, tan diminuta que se tuvo que parar sobre una caja para alcanzar el micrófono, y que ni siquiera intentó ganarse a su audiencia. De manera delicada, pero firme, les informó que ellos estaban viviendo en una cultura de muerte, que se encontraban rodeados por los falsos dioses de las riquezas materiales y el placer sexual, y que era probable que la mayoría perdiera la vida en sus intentos por alcanzar el éxito. Cuando terminó, los estudiantes de Harvard, a pesar de haber recibido un sonoro regaño, se pusieron de pie y le dirigieron una prolongada ovación.

Con el ejemplo mismo de su vida la Madre Teresa les había enseñado otro camino, como si al encenderse una luz hubiera puesto al descubierto un cuarto lleno de basura. Siendo albana de nacimiento, había dejado atrás una carrera como maestra de geografía en una exclusiva escuela de niñas de Calcuta para trabajar en medio de los pobres y los agonizantes, casi todos ellos hindús. Ella mantenía una presencia fiel en una cultura extraña, sirviendo al bien común y ganándose el respeto del mundo entero mientras lo hacía.

Gabe Lyons, un producto de la subcultura evangélica y graduado de la Universidad Liberty, recuerda un tiempo en el cual los cristianos se enfocaron en «cuidar de aquellos que creen como nosotros [...] Pero el bien común nos exige que cuidemos de todos los seres humanos, amando a nuestro prójimo sin que nos preocupe lo que crea». Lyons solo se está haciendo eco de lo que dice el Nuevo Testamento acerca de un ambiente hostil. Según la Epístola a los Hebreos, somos «extranjeros y peregrinos en la tierra», y Pedro nos exhorta a que «cada uno ponga al servicio de los demás el don que haya recibido, administrando fielmente la gracia de Dios en sus diversas formas».

En el mundo entero he visto cristianos que practican estas diversas maneras de dispensar la gracia. Unos, como los voluntarios que visité en Somalia, lo hacen en la primera línea del desastre y la injusticia. Otros lo llevan a cabo de un modo menos espectacular, recibiendo niños que necesitan un hogar temporal, trabajando como voluntarios en la distribución de alimentos y los refugios para los que viven en las calles, o sencillamente contribuyendo con dinero para alguna obra de ayuda que se realiza en otra parte. Según la fórmula de Miroslav Volf, extender la mano de la misericordia expresa la esencia del amor, lo cual puede atraer a otros hasta la Fuente de ese amor.

UNA APOLOGÉTICA VISIBLE

John Marks, productor del programa de televisión *60 Minutes*, se dedicó durante dos años a una búsqueda para investigar a los evangélicos, el grupo en medio del cual él mismo había crecido y después había rechazado. Escribió un libro acerca de sus hallazgos, al que llamó *Reasons to Believe: One Man's Journey Among the Evangelicals and the Faith He Left Behind* [Razones para creer: el viaje de un hombre entre los evangélicos y la fe que dejó detrás]. La reacción de la iglesia ante el huracán Katrina cambió por completo la situación para él y se convirtió en una fuerte razón para creer. Una iglesia bautista de Baton Rouge alimentó a dieciséis mil personas al día durante semanas; otra albergó a setecientos evacuados que no tenían dónde quedarse. Hubo otra que incluso sirvió como punto de distribución para cincuenta y seis iglesias, y las congregaciones de los estados cercanos enviaron equipos continuamente para ayudar a reconstruir las casas durante años luego del huracán, mucho después de haberse acabado la ayuda del gobierno federal.

Lo más impresionante para Marks fue que todos estos esfuerzos de las iglesias cruzaron los límites y las barreras raciales en pleno territorio sureño. Como le dijo un voluntario: «Tuvimos blancos, negros, hispanos, vietnamitas, de los buenos cajuns de siempre [...] Solo tratamos de decir: "Oigan, ayudemos a la gente. Este es nuestro estado. Dejemos que todos los demás se dediquen a esas otras cosas. Nosotros tenemos que cocinar bastante arroz"».

Marks llega a la siguiente conclusión:

> Podría asegurar que ese momento fue decisivo en la historia del cristianismo estadounidense [...] Nada les habló con mayor elocuencia a los creyentes, y a los no creyentes que estaban viendo lo que sucedía, que el éxito de una población de voluntarios creyentes comparado con el colapso masivo y casi total de los esfuerzos de un gobierno secular. La tormenta puso al descubierto una verdad innegable. Cada vez son más los cristianos que han decidido que la única manera de reconquistar a Estados Unidos es por medio del servicio. La fe ya no viaja por medio de la palabra. Ahora se mueve por medio de las obras.

Jesús mencionó las buenas obras como una especie de apologética visible: «Hagan brillar su luz delante de todos, para que ellos puedan ver las buenas obras de ustedes y alaben al Padre que está en el cielo». Algunas veces, aunque no siempre, los de fuera notan lo que está sucediendo. Joe Klein, el editor político de la revista *Time*, mientras trabajaba como voluntario para reparar los hogares arrasados por los tornados en Oklahoma, observó los numerosos grupos de iglesias que procedían de todo el país y comentó en un artículo principal: «Es curioso que no se ve a ningún humanista secular repartiendo comidas calientes».

Las obras impresionaron también a Nicholas Kristof, otro periodista de Nueva York. Siendo ganador de dos premios Pulitzer y columnista regular para el *New York Times*, Kristof escribió una página de opinión independiente como tributo a John Stott, el vicario británico que tenía un estilo de vida admirablemente sencillo y donaba las ganancias por concepto de derechos de autor de sus libros de teólogo a una obra de caridad que facilitaba becas en el mundo en desarrollo. Por medio de su trabajo con las Conferencias de Lausana, Stott hizo más que ninguna otra persona para guiar a los evangélicos hacia un enfoque integral de la fe.

Kristof reconoce francamente que «casi todos los que trabajamos en el mundo de las noticias estamos totalmente fuera de contacto con un grupo en el que está incluido el cuarenta y seis por ciento de los estadounidenses», la proporción de los que se describían a sí mismos en una encuesta de Gallup como cristianos evangélicos o nacidos de nuevo. Él admite que hay un estereotipo corriente en los medios de comunicación: «Con frecuencia entre los progresistas se ha ridiculizado a todo el movimiento evangélico como reaccionario, miope, antiintelectual y, en el mejor de los casos, inmoral».

En su tributo, Kristof presenta una fuerte refutación a esto, usando a John Stott como modelo: «Sin embargo, ese informal desprecio es profundamente injusto en cuanto al movimiento como un todo. Refleja una especie de intolerancia a la inversa, algunas veces un fanatismo también a la inversa, dirigido contra decenas de millones de personas que en realidad cada vez se están involucrando más en los asuntos relacionados con la pobreza y la justicia en el mundo».

El Sr. Stott no predicaba fuego y azufre en ninguna emisora cristiana de televisión. Era un humilde erudito cuyos libros, más de cincuenta, les aconsejaban a los cristianos que imitaran la vida de Jesús —en especial su preocupación por los pobres y los oprimidos— y se enfrentaran a los males sociales como la opresión racial y la contaminación ambiental. La probabilidad de que los evangélicos donen el diez por ciento de sus ingresos a las obras de caridad, la mayoría relacionadas con las iglesias, es desproporcionadamente grande. Aun más importante, ellos van a las primeras líneas del frente, tanto en este país como en el extranjero, en las batallas contra el hambre, la malaria, las violaciones en las prisiones, las fístulas obstétricas, el tráfico o el genocidio de seres humanos, y algunas de las personas más valientes que podemos encontrar son los cristianos evangélicos (o los católicos conservadores, similares a ellos en muchos sentidos), los cuales viven realmente su fe.

No soy una persona particularmente religiosa, pero me siento asombrado ante aquellos a los que he visto arriesgando de esta forma su vida, y me enferma ver que se burlen de esa fe en las fiestas que se celebran en Nueva York.

Jesús nos enseñó a orar para que se haga la voluntad de Dios «en la tierra como en el cielo». Es posible que un escéptico se burle de semejante ilusión; sin embargo, imagínate por un instante un mundo sin gente que tenga que vivir en la calle ni pobreza, sin divorcios o hijos indeseados, sin discriminación ni violencia, sin abusos sexuales, sin robos ni trampas, sin adicciones, sin maltrato del ambiente, un mundo en el cual los gobiernos actúen con justicia y las instituciones financieras operen con integridad, y los políticos trabajen unidos para lograr el bien común. Por eso es por lo que debemos luchar los seguidores de Jesús.

Los cristianos no son simples caminantes que se dirigen hacia la otra vida, sino más bien colonizadores pioneros del reino de Dios por adelantado, una señal de lo que habrá de seguir. Al vivir nuestra vida de gracia en un ambiente echado a perder, señalamos hacia un tiempo en que se producirá una restauración. Un predicador de Harlem nos compara con las cucharas rosadas plásticas de Baskin Robbins: le damos al mundo la oportunidad de saborear de antemano lo que nos espera en el futuro, la visión de los profetas bíblicos. En un mundo descarriado, deberíamos estar manifestando activamente aquí y ahora cuál es la voluntad de Dios para este planeta.

CAPÍTULO 7

LOS ARTISTAS

El Señor que creó, debe querer que nosotros también
creemos y empleemos nuestras creaciones para servirle.

T. S. ELIOT

Aunque siento una gran admiración por los activistas, no soy uno de ellos. La mayor parte de los días me los paso solo, sentado en la oficina que tengo en mi casa con los ojos fijos en la pantalla de una computadora, mientras voy pulsando unas teclas de plástico que hacen un sonido semejante al de los insectos.

Esto me solía incomodar. En una ocasión escribí un artículo titulado «Los que solo se sientan a escribir sirven también», comparando mi rutina con la labor de mi esposa, que es trabajadora social. Todas las noches durante la cena ella hablaba de sus visitas a los ancianos confinados a sus camas y las comidas que organizaba para los que viven en las calles. «¿Qué tal te fue a ti el día?», me preguntaba, y por lo general, me tenía que devanar el cerebro para encontrar algo que valiera la pena mencionar. Durante la vida diaria de un escritor no suceden demasiadas cosas: llega el cartero, recibo una carta de uno de mis lectores, encuentro un buen adverbio...

Cuando viajo con una encomienda, me encuentro a la clase de gente que mencioné en el capítulo anterior, los activistas que se arremangan la camisa y se enfrentan a problemas importantes. Ellos aumentan mi fe y me recuerdan la importancia de trabajar para el reino. No obstante, repito que desempeño un papel vicario cuando escribo acerca de ellos. Mientras estas personas trabajan en el frente, yo me paso el tiempo moviendo electrones de un lado para otro en la pantalla de una computadora y organizándolos en palabras y oraciones con la esperanza de que algún día se conecten con alguien.

En un viaje que hice al Líbano en 1998, conocí a una señora que me dijo que había leído mi libro *Desilusión con Dios* durante la guerra civil libanesa. Lo guardaba en un refugio a prueba de bombas en un sótano. Cuando se intensificaba el fuego de la artillería alrededor del edificio de varios pisos en el cual vivía, descendía a oscuras por la escalera, encendía una vela o una linterna de queroseno, y se ponía a leer mi libro. No puedo describir lo humilde que me hacía sentir escuchar que mientras los cristianos morían a causa de su fe, cuando estaban convirtiendo en ruinas a la ciudad más hermosa del Oriente Medio, en ese mismo momento de alguna manera las palabras que había escrito en mi apartamento de Chicago la consolaban.

En el mismo viaje otra dama me dijo que mi libro acerca de la gracia la había ayudado a tener una actitud mejor hacia los guerrilleros palestinos que habían confiscado su apartamento y la forzaron a marcharse de él. «¡Lo que realmente me incomodaba era que me obligaban a seguir pagando las facturas de los servicios públicos!», me comentó. Yo incliné la cabeza, porque cuando escribí ese libro estaba pensando en unos vecinos que ponen la música a todo volumen o dejan sueltos a sus perros, no en guerrilleros que entran a quedarse en la casa sin que nadie los haya invitado. Así que con frecuencia siento que existe una desconexión entre las cosas sobre las cuales escribo en mi soledad y las formas en las que aplican los demás esas palabras en el mundo real. Solo con dificultad (y a través de los años) he aprendido a aceptar un papel detrás de la primera línea, creyendo realmente que nosotros, los que nos limitamos a sentarnos a escribir, también servimos.

La mayoría de mis escritos se centran en temas que les interesan a los lectores que comparten mi fe. Sin embargo, tengo amigos que emplean sus esfuerzos durante años en una novela o una película que tienen la esperanza de que influya sobre la cultura más amplia, y abandonan su labor porque no pueden hallar un distribuidor de películas o una casa editorial que estén dispuestos a colaborar con ellos. *¿Habré estado desperdiciando mi tiempo?*, se preguntan. Ganarse la vida creando, ya sea libros, películas o artes visuales, es una empresa solitaria cargada de riesgos.

No obstante, en los tiempos modernos y en especial en el caso de los postcristianos, las artes creativas se podrían convertir en la senda más cautivadora hacia la fe. Puesto que comunican a un nivel más sutil, se abren paso a través de las defensas para despertar la sed de la gente. Alguien que nunca pensaría siquiera en asistir a una iglesia podría visitar un museo de arte o ver una película o un drama. Solo por mencionar un ejemplo, Peter Hitchens, hermano del ateo Christopher Hitchens, le atribuye a la pintura *El juicio final*, que tiene cinco siglos de existencia, el haberlo motivado para regresar a la fe. Al contemplar la pintura con sus figuras desnudas, despojadas de las modas de sus tiempos, entendió de manera repentina que la religión es cosa del presente, no solo del pasado. Sintió un temor correcto y santo por un mundo situado en el más allá que se sienta a juzgar al mundo actual.

Cierto año asistí a una representación musical llamada *The Mysteries* [Los misterios] en el West End de Londres. Una compañía de artistas sudafricana había adoptado la forma de los antiguos misterios representados en la Edad Media y la había modificado según la cultura de hoy. El drama comenzaba como la Biblia, con dos actores representando a Adán y Eva, un hombre y una mujer de pie totalmente desnudos en un escenario vacío. Después aparecieron Noé, Abraham, José, Moisés, David y muchos otros, los cuales fueron actuando de acuerdo con la trama de la historia bíblica hasta llegar a Jesús. Los actores cantaban en cinco idiomas diferentes, acompañados por músicos que golpeaban neumáticos, tanques de petróleo y tapas de latas de basura en lugar de usar instrumentos musicales. En su versión, los que crucificaban a Jesús no eran los soldados romanos, sino los policías afrikáneres. Al final del drama el público sofisticado y secular de Londres se puso en pie de un salto después de la gozosa escena de la resurrección. El ciclo se había cerrado, pensaba mientras miraba a mi alrededor a los asistentes al teatro agitando pañuelos y gritando: «¡Bravo!». Entre otros, habían sido misioneros británicos los que habían llevado el evangelio a Sudáfrica. Ahora los africanos lo traían de regreso, envuelto en sus propios términos culturales, para presentárselo a una gente que en su mayor parte ya lo había olvidado.

Las artes se han convertido en un púlpito para la cultura en general, uno que descuidan con demasiada frecuencia las personas de fe. N. T. Wright afirma que las artes «son autopistas que conducen hasta el centro de una realidad que es imposible ver y mucho menos captar de alguna otra manera». Joseph Ratzinger, que más tarde se convertiría en el papa Benedicto XVI, va aun más lejos: «La única apología realmente eficaz para el cristianismo se reduce a dos argumentos, que son los santos que la iglesia ha producido y el arte que ha crecido en su seno».

LOS AGUIJONES

Estaba meditando en el papel de los artistas cuando hallé un pasaje en el libro de Eclesiastés que se aplica a mi propia profesión de escritor. Así que me senté a tomar nota. «Ponderó, investigó y ordenó muchísimos proverbios. Procuró también hallar las palabras más adecuadas...». Estaba claro que aquel Maestro de hace tantos siglos sabía algo de lo que hago cuando me dedico a redactar textos o cambiar el orden de las palabras.

En un revoltijo de metáforas mezcladas, el Maestro añade: «Las palabras de los sabios son como aguijones. Como clavos bien puestos son sus colecciones de dichos, dados por un solo pastor». En un estilo típico de contrapunto, presenta después este retoque final: «Además de ellas, hijo mío, ten presente que el hacer muchos libros es algo interminable y que el mucho leer causa fatiga».

En cuanto a los escritores y los demás que tratan de impartir sabiduría, dice el Maestro, hay un tiempo para ser aguijones y un tiempo para ser clavos bien puestos.

Un aguijón, como los que usan los agricultores con los bueyes, empuja a actuar. Los aguijones les causan la suficiente incomodidad a los animales o las personas para que hagan algo que de no ser así probablemente no harían. En la historia se han visto muchos ejemplos de artes creativas usadas como aguijones, y con frecuencia son las que estremecen a los poderes gobernantes.

Víctor Jara fue un músico chileno cuya mezcla de música folclórica y activismo político encendió las esperanzas de los pobres. El día después de un golpe de estado dirigido por el general Augusto Pinochet sus seguidores arrestaron a Jara y le quebraron los huesos de las manos para que no pudiera tocar su guitarra. Mientras se encontraba tirado en el suelo, se burlaban de él diciéndole que tocara algunos de sus cantos sobre el amor y la paz. El nuevo régimen no podía tolerar ese aguijón, y tres días más tarde unos soldados lo acribillaron con cuarenta y cuatro balazos.

Las artes visuales incomodan también a los regímenes autoritarios. Según Pablo Picasso, un oficial fascista le gritó: «¿Hiciste tú eso?», señalándole una foto del inmenso cuadro *Guernica*, el cual representa gráficamente el bombardeo de civiles. El artista le contestó: «No, ustedes lo hicieron». El cuadro permaneció por voluntad suya en el exilio hasta cuatro décadas más tarde, cuando la democracia fue restaurada en España.

Considero que los profetas de la Biblia sirvieron de aguijones. Unas veces en el lenguaje del pueblo y otras en un magnífico lenguaje poético, sus palabras se reducen todas a un mensaje que ocupa una sola línea: arrepiéntanse y apártense de sus caminos, de lo contrario el juicio caerá sobre ustedes.

Harriet Beecher Stowe, una cristiana radical, buscó la manera de comunicarles el mensaje contra la esclavitud a muchos que habían bloqueado sus oídos a los sermones y los discursos apocalípticos. Escogiendo otra forma de hacerlo, escribió la novela *Uncle Tom's Cabin (La cabaña del tío Tom)*, la cual tuvo una venta de doscientos mil ejemplares en el primer año y aguijoneó tanto o más que cualquier otra fuerza a toda la nación para que se realizara el cambio. Se afirma que en 1862, cuando Harriet conoció al presidente Abraham Lincoln, este dijo: «¡Así que usted es la diminuta dama que escribió el libro que comenzó esta gran guerra!».

Hace poco tiempo el mundo experimentó un realineamiento sísmico. Durante el transcurso de un año seiscientos millones de personas ganaron su libertad sin que apenas se disparara un tiro. ¿Cómo sucedió? A los historiadores les llevará años analizar todas las razones para el colapso del comunismo. Puesto que viví los años sesenta —una década en la cual se levantaron barricadas en las calles de París, cuando los izquierdistas y los que no eran derechistas estaban poniendo bombas en los edificios públicos de Estados Unidos y los intelectuales universitarios se estaban devorando entero el marxismo— remonto la línea de la falla a un solo ruso, cuya valentía fue endurecida como el acero en el Gulag, quien se atrevió a proclamar: «Esto es una mentira». La masiva documentación que reunió Alexander Solzhenitsyn daba testimonio de una verdad contraria, y los que formaban la élite de Europa fueron abandonando uno a uno la ilusión de la utopía marxista.

Muchos cristianos que trabajan en las artes creativas se esfuerzan por ser aguijones en el costado de la sociedad. Yo los aplaudo, y a veces me uno a ellos. Como lo muestran los ejemplos anteriores, no debemos subestimar el poder de las artes en la promoción de los cambios. Aun así, he alcanzado a ver que el arte destinado a aguijonear tiene sus limitaciones. Los profetas ocupan tantas páginas del Antiguo Testamento debido a que con pocas excepciones fueron espectacularmente ineficaces. Por supuesto, tenemos a Natán, el cual hirió el corazón del rey David con el simple poder de un relato. Y hubo también un Jonás, el aguijón reticente que para desencanto suyo le dio inicio a un avivamiento en Nínive. Sin embargo, entre los demás profetas resultaron pocos los que causaron un fuerte impacto. Jeremías 36 recoge una reacción demasiado típica: el rey que se sintió ofendido se limitó a hacer pedazos el rollo de Jeremías y quemarlo.

Solzhenitsyn les rindió tributo a sus colegas que murieron en el anonimato en el Gulag, cuyas obras tenían en la memoria y se las llevaron con ellos a la tumba, o las lograron escribir furtivamente aunque ahora se han perdido, enterradas en escondites de la tundra que nunca serán descubiertos. Seiscientos millones podrán haber encontrado una nueva medida de libertad en 1989, pero mil millones de chinos sufrieron medidas enérgicas ese mismo año después de las protestas de la plaza de Tiananmen. El alcance de los aguijones es limitado.

LOS CLAVOS

Hay un tiempo para ser aguijón y un tiempo para ser un clavo firmemente enterrado. Aunque los aguijones impulsan a actuar de inmediato, el clavo se hunde más profundo a fin de convertirse en una marca perdurable de «las cosas permanentes», tomando prestadas las palabras de T. S. Eliot.

Hacia el final de su vida, Paul Gauguin pintó un inmenso tríptico en forma de panel. En un impulso notablemente carente de sutileza, escribió en francés estas palabras a través de una esquina del cuadro: «¿Quiénes somos? ¿Por qué estamos aquí? ¿Dónde iremos después?». Eran preguntas que había aprendido de niño en una clase católica de catecismo y para las cuales aún no tenía respuestas. El cuadro, con Tahití como escenario, representa el nacimiento, la juventud adulta, y a una anciana que se enfrenta a la muerte y el «más allá» (también llamado así por Gauguin). Poco después de terminar esta obra, y convencido de que nunca la superaría, el artista se suicidó.

Ese tríptico, que se exhibe actualmente en el Museo de Arte de Boston, plantea un gran resumen de los interrogantes que nos obsesionan en los tiempos modernos. Loren Eiseley, un personaje poco corriente que hacía de la ciencia un arte, proporciona la deprimente respuesta a las preguntas de Gauguin, tal como la ofrece la ciencia secular:

En un universo cuyo tamaño se encuentra más allá de lo que se puede imaginar el ser humano, y donde nuestro mundo flota como una mota de polvo en el vacío de la noche, los hombres nos hemos ido convirtiendo en seres inconcebiblemente solitarios. Escudriñamos la escala del tiempo y los mecanismos de la vida misma en busca de portentos y señales de lo invisible. Puesto que somos los únicos mamíferos pensantes del planeta —y tal vez los únicos animales pensantes de todo el universo sideral— la carga de la consciencia se nos ha hecho pesada. Observamos las estrellas, pero las señales son inciertas [...] No obstante, en la naturaleza de la vida y los principios de la evolución hemos recibido nuestra respuesta. De los hombres de todas partes, y más allá, no existirá ninguno para siempre.

Nos parecemos a las ranas de un pantano croando: «¡Aquí estamos, aquí estamos, aquí estamos!», dice después Eiseley. No sabemos por qué croamos, ni si hay alguien que nos escuche. Al igual que las ranas, croamos por un absurdo instinto.

Hubo un tiempo en el que la civilización veía el arte como el medio de transferir la sabiduría de una generación a la siguiente. La propia escritura fue inventada en parte para dar a conocer lo sagrado: las cosas permanentes merecían un lugar permanente, de ahí los jeroglíficos de las tumbas egipcias. Sin embargo, una civilización moderna que ya no cree en las cosas permanentes, una que no acepta la certeza en las narraciones sobre el sentido de las cosas, recurre a la deconstrucción, no a la construcción.

David Remnick, el editor del *New Yorker*, establece un contraste entre los escritores contemporáneos de Rusia y la larga tradición de grandes escritores rusos, figuras como Tolstoy, Gogol e incluso Solzhenitsyn, quien representaba al mismo tiempo la sagacidad y el idealismo. Hoy en día, los escritores liberados, libres para unirse al decadente coro de la modernidad, están desmantelando esa tradición ladrillo por ladrillo. Remnick cita una historia que comienza con una escena icónica, familiar para todos los rusos: un anciano que le relata a un niño sus recuerdos sobre el sitio de los nazis a Leningrado. No obstante, al final de la historia el anciano viola al niño. No hay recuerdo que esté libre de los asaltos.

Como nos han recordado las voces de escritores como T. S. Eliot, Walker Percy y Flannery O'Connor, en el mundo moderno los cristianos se hallan prácticamente solos en lo que respecta a ver la necesidad de unos clavos firmemente puestos, o incluso a creer en ella. En el estéril paisaje de la civilización occidental, los cristianos se siguen aferrando a un punto de vista que les atribuye significado y valor a todos y cada uno de los seres humanos. El novelista Reynolds Price afirma que hay una frase que se halla por encima de todo lo que la gente anhela encontrar en las historias: *el Hacedor de todas las cosas me ama y me desea*. Los cristianos aún creemos en esa verdad.

«El escritor católico», hace notar O'Connor, «si es que mantiene la mente de la iglesia, considera la vida desde el punto de vista del misterio central del cristianismo: que a pesar de todo el horror que esto significó, Dios hallara a la iglesia digna de morir por ella». La humanidad moderna no percibe el mundo como digno de que Dios muera por él. Los cristianos lo debemos demostrar. Tal vez el misterioso poder del arte —su valor perdurable, junto con el hecho de ser eco de la creación original— puede servir como un rumor de la trascendencia, algo que señale hacia un grandioso Artista. Nosotros somos «subcreadores», según las palabras de J. R. R. Tolkien: «La luz refractada a través de la cual un simple blanco es descompuesto en numerosas tonalidades».

Tengo la sospecha de que cuando la historia vuelva su mirada hacia el siglo veinte, el más caótico de los siglos, algunos artistas cristianos perdurarán por haber incrustado unos cuantos clavos firmemente. Este mundo lleva la estampa del genio, la mancha de la ruina y un indicio de la capacidad de ser redimidos; esa triple intuición de la fe cristiana ofrece un patrón de significado que al menos trata de responder a las preguntas de Gauguin. ¿Quién más se ha atrevido siquiera a presentar un patrón así?

El fraile Luis Ponce de León, uno de los maestros de la literatura española durante el Siglo de Oro, apenas logró sobrevivir a la Inquisición. Después de haber ofendido a las autoridades por traducir el Cantar de los Cantares al español y criticar el texto latino que usaba la iglesia, él fue sacado a rastras de su aula en medio de una conferencia en la universidad de Salamanca. Así pasaron cuatro años de prisión y torturas, hasta que se desvaneció la histeria religiosa y al profesor encorvado y frágil se le permitió regresar al aula. Entró arrastrando los pies, abrió sus notas y pronunció en latín una frase que se hizo legendaria por toda España: «*Como decíamos ayer*». Comenzó reanudando su conferencia en el punto donde la había dejado.

Hoy en día se pueden escuchar palabras similares en algunas partes de Rusia y el este de Europa. Una ideología que intentó eliminar a Dios con mayor fuerza que ninguna otra, en lugar de lograrlo, terminó suicidándose. También es posible que el occidente descubra que la prosperidad y la autosatisfacción no son suficientes para suplir las necesidades del ser humano. En algún momento del futuro, mientras la civilización sigue implosionando como una estrella moribunda hacia un vacío intelectual y moral, es posible que otras voces hagan suyas las palabras del fraile Luis: *Como decíamos ayer*.

EL PODER DEL ARTE

¿Cuáles de los escritores modernos van a perdurar? Seguramente los poetas T. S. Eliot y W. H. Auden estarán en la lista. También tal vez Solzhenitsyn, aunque sea más bien por la cruda fuerza de sus palabras que por lo bien escritas. Es posible que igualmente se lea a J. R. R. Tolkien dentro de un siglo mientras su mundo imaginario siga refractando la luz hacia este otro. (En encuestas separadas que se realizaron a principios de este siglo, tanto los lectores británicos como los clientes de Amazon.com clasificaron la serie de libros *El señor de los anillos*, de Tolkien, como la mejor obra literaria del milenio.)

Uno de esos artistas, T. S. Eliot, lleva a cabo un interesante estudio. Enfrentado a las crisis políticas del comunismo y el nazismo, escribió poca poesía durante veinte años, interesándose en cambio en las cuestiones más urgentes de la política, la economía y los planes para mejorar la sociedad. En resumen, se apartó de los clavos firmemente enterrados para acercarse a los aguijones. No obstante, ¿quién lee hoy esas oscuras obras? Yo solo las encontré en la sección de libros raros de la biblioteca de una universidad. La poesía de Eliot, a la cual terminó regresando, superó con creces a su prosa utilitaria. Tal vez la mejor manera de transmitir los valores que apreciamos consista no en hablar acerca de ellos todo el tiempo, ni en tratar de convertirlos en leyes, sino más bien en crear una literatura y un arte en los cuales encajen como clavos firmemente enterrados.

La música también puede expresar las cosas permanentes. De manera muy parecida a Gauguin, el compositor Gustav Mahler estaba obsesionado con algunos interrogantes existenciales. «¿De dónde venimos?», preguntaba en una carta. «¿Hacia dónde nos lleva nuestro camino? ¿Por qué se me hace sentir que soy libre y sin embargo estoy restringido dentro de mi carácter, como en una prisión? ¿Cuál es el objetivo de tanto trabajo y sufrimiento? ¿Cómo debo entender la crueldad y la maldad en las criaturas de un Dios bondadoso? ¿Será la muerte la que revelará finalmente el sentido de la vida?».

Anton Bruckner, amigo de Mahler, no manifestaba esa angustia. Había preferido expresar por medio de la música que Dios es bueno y todo cuanto hagamos debería honrarlo. Mientras trabajaba en su décima sinfonía, le hizo a Mahler esta observación: «Ahora tengo que trabajar muy duro [...] De lo contrario, no voy a pasar delante de Dios, ante quien pronto voy a comparecer. Él me dirá: "¿Para qué si no te he dado tu talento [...] que no sea para que cantes mis alabanzas y mi gloria? No obstante, es muy poco lo que has logrado"». En el aula de la universidad, Bruckner solía detener abruptamente sus conferencias cuando sonaban las campanas de las iglesias, e ignorando las burlas de sus estudiantes se arrodillaba en el suelo para orar.

Fue la música sacra la que llamó a los compositores clásicos a sus logros artísticos más elevados. Entre sus centenares de obras, Beethoven solo escribió dos misericordiosas; sin embargo, consideraba que una de ellas, la *Missa Solemnis*, era la más grandiosa de sus composiciones. Händel y Mendelssohn sirvieron en sus oratorios casi como evangelistas, presentando historias y temas bíblicos en épicas escenificadas con gran colorido. Mozart y Haydn compusieron temas religiosos mayormente por razones de tipo económico, puesto que los encargos para las celebraciones de las iglesias hacían que valiera la pena hacerlo. Aun así, Mozart estaba tan obsesionado con la *Misa de Réquiem*, la cual se esforzaba por terminar antes de su muerte, que su médico trató de quitarle el manuscrito para obligarlo a descansar.

Aun hoy, profesionales muy virtuosos en todas las grandes ciudades del mundo repiten los credos doctrinales adoptados por los primeros concilios de la iglesia por medio de las obras de Mozart, Haydn y Beethoven. Los encallecidos críticos musicales siguen siendo sensibles a su poder. Revisando una grabación del *Réquiem alemán* de Brahms, Heuwell Tircuit, del *San Francisco Chronicle*, escribió: «La interpretación musical es divina (en varios sentidos). Constituye una experiencia irresistible, que no solo es perfecta en cuanto a la técnica y el estilo, sino conmovedora de una forma sorprendente/religiosa. Cuando el coro canta "El Cristo vivo", hasta un ateo puede creer en él».*

La música sacra ha brotado de las plumas de unos compositores cuyas vidas eran decididamente irreligiosas. Johannes Brahms, un hombre criado en burdeles que no tenía nada de piadoso, compuso el *Réquiem alemán*, el cual envuelve en la música frases tomadas de la Biblia de Lutero de una manera tan precisa, que da la impresión de que aquellas palabras fueron creadas solo para la melodía que él les dio. La inspiración debe ser hallada en los propios temas cristianos. A partir de unos pensamientos pequeños se puede originar una música valiosa

---

* Cuando Yo-Yo Ma visitó durante su enfermedad a Steve Jobs y tocó a Bach en su violonchelo Stradivarius, los ojos de Jobs se llenaron de lágrimas y le dijo: «Tu manera de tocar es el mejor argumento que he oído jamás a favor de la existencia de Dios, porque en realidad me parece imposible que un ser humano pueda hacer solo algo así».

—ocasionalmente surge una buena pieza musical de entre todas las barbaridades que exaltan el amor entre adolescentes, por ejemplo— pero dale a Beethoven una idea como «Dios de Dios, Luz de Luz, Dios verdadero de Dios verdadero», o asígnale a Händel la escena surrealista de «Digno es el Cordero» en Apocalipsis 5, y podrás comprender qué ha alimentado gran parte de la mejor música a lo largo de los siglos. (Con ocasión de su vigésimo quinto aniversario, las Naciones Unidas encargaron una pieza musical titulada «Para la posteridad», el mejor tema genérico en el que se pudieron poner de acuerdo.)

Cuando cayeron las cadenas del comunismo en Checoslovaquia, en 1989, la nación celebró el acontecimiento con un concierto en la Catedral de San Vito, en Praga. Los ciudadanos llenos de júbilo se unieron a los héroes de la resistencia, entre ellos el dramaturgo disidente Václav Havel, para escuchar la *Misa* y el *Te Deum* de Antonín Dvořák. Las palabras de esa antigua liturgia, interpretadas por la Filarmónica Checa, les parecieron la forma más adecuada de honrar el gran don de la libertad. El arzobispo de Praga, con noventa años de edad, que había sobrevivido tanto a la opresión de los nazis como a la de los comunistas, se hallaba sentado junto a Havel, un antiguo prisionero que acababa de ser elegido presidente de la nueva nación independiente.

LA TENTACIÓN DE LA PROPAGANDA

Podría presentar muchos ejemplos más del poder que tiene el arte en la comunicación de la fe. Al mismo tiempo, no puedo menos que preguntarme hasta qué punto los cristianos están produciendo hoy en día un cambio en Estados Unidos por medio de las artes. ¿Están causando un efecto perceptible en una cultura que se va desviando de la fe todas las palabras que publicamos en nuestras revistas y nuestros libros? ¿Acaso no terminamos hablando mayormente entre nosotros mismos?

Un periodista de los medios de comunicación de Nueva York me dijo que los editores no tenían problema alguno en asignarle una historia judía a una persona judía, una historia budista a una persona budista, o una historia católica a una persona católica, pero nunca se les ocurriría asignarle a un evangélico una historia evangélica. ¿Por qué no? «Porque ellos son los únicos que tienen una agenda».

Los evangélicos se han lamentado mucho durante estos últimos años por su falta de influencia. En contraste, James Davison Hunter (el sociólogo que da por fallido el éxito de los evangélicos en la meta que ellos mismos expresan de «cambiar el mundo») señala dos minorías que han tenido un impacto en la cultura que va mucho más allá de lo que indicarían sus números. Para ambos grupos, el arte es la clave. Los judíos estadounidenses conforman menos del cuatro por ciento de la población general, sin embargo, tienen una influencia exorbitante en Hollywood, los medios de Nueva York, la literatura, las artes visuales y la música. De manera similar, por medio de su acceso al ámbito de los espectáculos, la minoría de los homosexuales y las lesbianas han ayudado a cambiar las actitudes populares, en especial a través de programas convencionales de la televisión como *Ellen*, *Modern Family* y *Will and Grace*.

Usando esos modelos, Hunter sugiere una manera más estratégica de penetrar la élite cultural. Eso es precisamente lo que están haciendo varios artistas cristianos. Animados por organizaciones como el Movimiento Internacional de las Artes, comparten la visión de restaurar el lugar de la iglesia como ambiente propicio para la creatividad.

Creo que una razón por la que producimos un impacto tan pequeño es que la iglesia institucional, al igual que el gobierno, desconfía de los artistas y los quiere controlar. Los puritanos ingleses se opusieron al *Mesías* de Händel porque se presentaba en teatros seculares y empleaba músicos y solistas que no eran cristianos.

La misma iglesia que le encomendó a Miguel Ángel que pintara la Capilla Sixtina más tarde contrató a un artista al que apodaron «Il Braghetone» [«El pintacalzones»] con la misión de que vistiera a las figuras desnudas.

Al imponerles límites a nuestros artistas estamos levantando muros alrededor de la subcultura. Los soldados cristianos de la corrección política siguen marchando: los artículos sobre el aborto que se publicaban en *Christianity Today* hace treinta años nunca se habrían podido publicar hoy; si un escritor experimenta con la literatura de fantasía se le califica como de la Nueva Era; se elimina de los estantes a una novela en la que hay una sola palabra mala; los líderes cristianos que hablan favorablemente de Barack Obama ponen en peligro su carrera; Tony Campolo pierde compromisos para dar conferencias a causa del punto de vista de su esposa sobre la homosexualidad.

Recuerdo una vívida escena que aparece en *The Oak and the Calf* [El roble y el ternero], el libro de memorias de Solzhenitsyn. Durante un breve período de tiempo hasta el gobierno comunista de la Unión Soviética reconoció el valor de Solzhenitsyn y pensó que tal vez fuera un aguijón que ellos podrían controlar. Invitando al antiguo preso a unírseles en sus salones, lo exhortaron a escribir literatura moral e inspiradora y evitar todo lo que fuera «pesimismo, denigración o ataques subrepticios». Me tuve que reír en voz alta cuando leí esa escena.

Todos los poderes, tanto cristianos como seculares, prefieren la literatura moral e inspiradora, siempre que sean ellos los que definan lo que resulta moral e inspirador.* El consejo que recibió Solzhenitsyn de parte de los formadores comunistas de la opinión tiene un asombroso parecido a lo que oigo a veces proveniente de

---

* Cuando Jan Morris estaba asignada como corresponsal extranjera en Sudán después de la Segunda Guerra Mundial, el Ministro de Orientación Nacional le ordenó que informara sobre «noticias emocionantes, atractivas y buenas, que se correspondan cuando sea posible con la verdad».

las casas editoriales evangélicas, las cuales en su preocupación por darles a los lectores algo que llevarse que los haga sentir bien no parecen captar que ni los aguijones ni los clavos tienen utilidad alguna a menos que terminen en una punta afilada.

No podemos esperar que el arte siempre eleve e inspire. Según las palabras de Alan Paton, la literatura «ilumina el camino, pero no guía con una lámpara. Deja ver el abismo, pero no proporciona el puente. Abre el forúnculo, pero no purifica la sangre. No se puede esperar de ella que haga más que esto, y si le pedimos que haga más, le estaremos exigiendo demasiado».

Una agente literaria que trabaja con diversos artistas me dijo: «Nuestra principal barrera procede de la propia iglesia. Son muchos los cristianos que consideran el arte como una forma de disfrazar el mensaje que se quiere presentar en realidad. Consideran a los artistas como una clase inferior de predicadores o apologistas».

Mientras más ella hablaba, más se apasionaba. «Son muchos los cristianos que tienen temor de escuchar a los artistas, porque les incomoda su estilo de vida o aquello en lo que deciden enfocarse. En lugar de sentir empatía y compasión —los cristianos deberían ser los que mejor saben lo deprimente que resulta la vida si uno cree que Dios es un ser imaginario o que no se involucra en nuestras vidas— se ponen en guardia, lanzándose a una competencia para ver quién está en lo correcto y quién está equivocado en cuanto a la forma en que funciona la vida».

Le pregunté si me podía dar un consejo concreto sobre cómo necesita cambiar la iglesia, la cual en el pasado constituyera una fuerza dominante en cuanto a animar a la expresión artística. Esta fue su respuesta:

- Tratamos el arte como un artículo de consumo para calmar nuestra ansiedad de comprar cosas y decorar nuestros hogares, en lugar de considerarlo como un conjunto de íconos para mirar al mundo y darle forma a nuestra vida interior.

- No nos damos cuenta de que el artista es diferente al maestro, el pastor o el apologista.

- Necesitamos cultivar un respeto por la exclusividad de la voz y la visión de un artista, así como un reconocimiento de la razón por la cual necesitamos toda una cultura de artistas individuales que estén hablando sobre la verdad y la belleza, y alertándonos proféticamente en nuestra vida y nuestra cultura.

- Debemos estar dispuestos a permitir que nuestros artistas sean seres humanos en lugar de héroes espirituales, y a dejar que existan el misterio y la incertidumbre junto a la claridad y la convicción.

El arte religioso se ha ganado la reputación de errar del lado de la propaganda. Como consecuencia, las novelas y en especial las películas que tienen un tema explícitamente cristiano provocan en algunos círculos un ligero desdén, si no el ridículo. Gran parte de esta resistencia secular es hipócrita, puesto que los cristianos no son los únicos propagandistas que están trabajando. Podría mencionar muchas obras malamente propagandistas procedentes de los campos de la ciencia y la política: los nuevos ateos no se esfuerzan por ser objetivos; Michael Moore hace documentales con el propósito de presentar un mensaje sin sentir vergüenza de ninguna clase; y *Avatar*, una de las películas de mayor éxito de todos los tiempos, tiene poco de sutil. Vemos con claridad que ciertos tipos de propaganda encuentran una aceptación mayor que otros.

La palabra *propaganda* no tenía originalmente una connotación negativa. La utilizó en el siglo diecisiete un papa que formó la llamada *Sacra Congregatio de Propaganda Fide* [Sagrada Congregación para la Propagación de la Fe] con el fin de expandir la fe. En mi calidad de escritor cristiano admito que en este sentido yo también me esfuerzo por hacer propaganda. Cuando escribo, deseo que mis lectores reflexionen en un punto de vista que sostengo como cierto, y doy por sentado que lo mismo se aplica a aquellos que escriben desde el punto de vista de otras religiones o de ninguna religión en absoluto. Al hacerlo, quiero expresar mi punto de vista de una manera que comunique gracia, lo cual significa comunicar compasión y empatía con respecto a aquellos sobre los cuales escribo, así como respeto por aquellos que rechazan lo que creo.

El artista de fe se debe mover en algún punto del campo magnético entre la propaganda y el arte. Una fuerza nos tienta a proclamar en voz alta un mensaje en el que creemos realmente, mientras que la otra nos tienta a alterar el mensaje por razones de estética. Con frecuencia, el éxito evidente se encuentra en los extremos: por ejemplo, un escritor puede prosperar en la subcultura religiosa si yerra del lado de la propaganda, pero aunque sea lentamente, la separación entre el mundo cristiano y el secular se va ensanchando, y nos hallamos escribiendo y vendiendo libros solo para nosotros.

La poetisa y novelista May Sarton escribió acerca del arte como un don con unas palabras que se aplican igualmente a la gracia: «Esta mañana decidí que solo existe una privación real, y es la de no poderles entregar nuestro don a aquellos que más amamos [...] El don vuelto hacia nuestro interior, que no podemos entregar, se convierte en una pesada carga, a veces incluso en una especie de veneno. Es como si se detuviera el fluir de la vida».

EL ESCRITO EN LA ARENA

Hay un tiempo para ser aguijón y un tiempo para ser clavo. No obstante, para que el aspirante a escritor no se vanaglorie considerándose muy importante, el Maestro de Eclesiastés añade con un suspiro: «El hacer muchos libros es algo interminable...».

Hasta los agujones más afilados y los clavos más fuertes se pierden en medio de la molesta acumulación de palabras e imágenes. Esa es mi sensación cada vez que entro a una librería o reviso Amazon.com para analizar las docenas de títulos nuevos aparecidos durante la semana anterior. La sección de «autoayuda» me promete un centenar de formas nuevas de salvar mi matrimonio, eliminar parte de mi cintura o tener éxito en los negocios. Si esos libros realmente funcionan, ¿por qué hay tantos divorcios, personas obesas y negocios fracasados?

El hacer muchos libros es algo interminable. Como alguien que se gana la vida escribiendo, confieso que hay una clase de orgullo que acecha toda creatividad. El arte es un acto flagrante del ego. Escribo estas palabras con la presunción de creer que merece que dediques un tiempo a leerlas. Yo, una persona que probablemente nunca hayas conocido, te pido que reflexiones sobre mis palabras y pensamientos sin tener la posibilidad de contestarme. Como un amigo ingenioso me dijo en una ocasión: «Todo el mundo tiene derecho a conocer mi opinión». El Maestro me trae de vuelta a la tierra.

En una sorprendente meditación sobre Juan 8, Seamus Heaney, el poeta irlandés y ganador del premio Nobel, sugiere otra metáfora acerca del arte: la escritura en la arena. Jesús hablaba con tal economía y precisión que la mayor parte de sus palabras puede servir tanto de aguijón como de clavo. Sin embargo, los Evangelios solo recogen un momento en el cual escribió. Esto se produjo en el tenso momento en que unos fariseos le llevaron a una mujer atrapada en el acto de adulterio, exigiéndole que decretara la pena de muerte para ella. Jesús no les respondió nada, sino que se agachó y se puso a escribir en la arena.

En esa escena, Seamus Heaney encuentra una metáfora sobre la poesía:

El trazado de esos caracteres [en la arena] es como la poesía, un alejamiento de la vida usual, pero sin esconderse de ella. La poesía, como la escritura, resulta arbitraria y se detiene en el tiempo en todos los sentidos posibles de esta expresión. No le dice a la multitud acusadora ni tampoco a la desvalida acusada: «Ahora se va a producir una solución»; no tiene el propósito de ser instrumental ni eficaz. En lugar de esto, en el distanciamiento entre lo que va a suceder y lo que nosotros hubiéramos querido que sucediera, la poesía mantiene la atención en busca de un espacio...

Tanto para la poesía como para la prosa existe un momento que nos impulsa a la acción, un momento para instruirnos con sabiduría, y también un momento que es simplemente para abrir un espacio, para suspender el implacable paso del tiempo.

El Hijo de Dios, que había participado en el diseño de toda la creación, no dejó tras sí imágenes visuales de su estancia en la tierra para que las admiráramos. No escogió como su único medio artístico placas de oro ni pedazos de papiro, que se habrían podido conservar y venerar como reliquias, sino una paleta hecha con arena de la Tierra Santa. La siguiente lluvia que cayó eliminó por completo todo rastro de las únicas palabras que sabemos que escribió Jesús.

Su meta era transformar vidas, escribir sus palabras en los corazones de sus seguidores. El apóstol Pablo, siguiendo sus pasos, les diría más tarde a los corintios: «Ustedes mismos son nuestra carta, escrita en nuestro corazón, conocida y leída por todos». Tanto Jesús como Pablo sabían que las almas de los seres humanos vivirán mucho más allá del momento de su creación. Nosotros nos engañamos cuando hablamos de «la permanencia del arte»; de las siete maravillas del mundo antiguo, seis no llegaron ni siquiera a la Edad Media.

Ya he hablado de mi esposa, que fue trabajadora social entre los ancianos y capellana de un hospital para enfermos terminales.

Muchos días, mientras yo estaba sentado en casa luchando con los adjetivos y los adverbios, ella les estaba ministrando a los agonizantes. Aconsejaba a sus familiares, los escuchaba en su dolor, expresaba palabras de consuelo. Les tocaba el alma. Comparada con esos actos suyos, mi propia profesión se vuelve nada. Como dijera Seamus Heaney, estoy escribiendo en la arena: llenando espacios, marcando el tiempo. Walt Whitman aprendió esta verdad cuando dejó de escribir para cuidar de los soldados heridos en la Guerra Civil. «Ese trabajo bendice tanto al que lo realiza como al que se beneficia de él», le escribió a un amigo. Aquello le había enseñado la diferencia que hay entre lo importante y lo trivial.

Aunque el arte alimenta el alma y puede ser una parte esencial de nuestra humanidad, solo representa una posibilidad entre muchas. La sociedad moderna eleva al arte, invirtiendo miles de millones en subastas de artes plásticas, museos y películas de entretenimiento, porque el mismo ha destronado a muchas otras cosas.

En un momento de desesperación, W. H. Auden, uno de los mejores poetas del siglo veinte, escribió esta melancólica evaluación de su labor: «La historia social y política no sería diferente si Dante, Miguel Ángel y Byron nunca hubieran vivido. Nada de lo que yo escribí contra Hitler impidió que un solo judío fuera asesinado. A fin de cuentas, el arte es solo algo insignificante». Auden exagera, no obstante, acepto el correctivo que lanzó contra la arrogancia usual del arte. Hay un tiempo para los aguijones y otro tiempo para los clavos; también hay un tiempo para reconocer que los artistas están escribiendo en la arena, llenando los intersticios de la vida, y que sus creaciones pronto van a ser pisoteadas y destruidas por la lluvia.

Aunque estoy plenamente consciente de su limitado papel, sigo convencido de que necesitamos el arte ahora más que nunca; la clase de arte que crea humildemente espacios en nuestras vidas. Comparados con las personas de cualquier otro momento de la historia, nosotros, los de la época actual, nos gritamos y chillamos unos a otros, y los medios de entretenimiento llenan las pantallas con imágenes burdas y grotescas. El mundo de hoy tiene muy poca sutileza, carece de silencio, posee pocos espacios. Durante el año que Henri Nouwen vivió en Bolivia, vio una película popular inmediatamente antes del tiempo de Adviento. La misma lo dejó abrumado. «Esa película estaba tan llena de imágenes de codicia y lujuria, de manipulación y explotación, y de sensaciones llenas de temor y dolor, que llenó todos los espacios vacíos que el espíritu del Adviento habría podido bendecir», comentó.

Hace falta llenar los espacios. Oí hablar de un hombre que supo que se estaba quedando ciego. Cuando le comenzó a fallar la vista, tomó un avión hasta Ámsterdam y se pasó una semana en el museo de Van Gogh. Quería que aquellas imágenes penetraran en su cerebro como sus últimos recuerdos visuales.

Para todos aquellos que intentan el arte a cualquier nivel y también creen en la trascendencia, aquí tenemos un punto por donde comenzar. Algunos son llamados a ser aguijones proféticos, y hay también ciertos gigantes que martillean firmemente, haciendo penetrar los clavos. No obstante, el resto de nosotros podemos aspirar, sin una sola nota de vergüenza, a escribir en la arena.

Como compensación a los siete pecados capitales, la iglesia de la Edad Media ideó las siete obras de misericordia: alimentar al hambriento, dar de beber al sediento, vestir al desnudo, acoger al que no tiene techo, visitar al enfermo, rescatar al cautivo, y sepultar a los muertos. Más tarde, la iglesia añadió a esta lista otra suplementaria con las obras de misericordia *espirituales*: instruir al ignorante, aconsejar al que duda, amonestar a los pecadores, sufrir con paciencia las injusticias, perdonar voluntariamente las ofensas, consolar a los afligidos, y orar por vivos y muertos. Encuentro solaz en esa lista enmendada, porque aquellos de nosotros que podemos trabajar con las palabras, la música, la pintura y otras artes, también podemos extender una forma de misericordia, dispensar una clase de gracia.

Miguel Ángel, a quien muchos consideran el artista más grande que haya existido jamás, confesó más tarde que su labor le había hecho daño a su propia fe. Cuando su vida se acercaba a su fin, escribió estos pensamientos que forman parte de un soneto:

Así que ahora, de esta loca pasión
que me hizo tomar al arte por ídolo y rey,
he aprendido la carga de error que llevaba consigo [...]
Las frivolidades del mundo me han robado el tiempo
que se me había dado para meditar en Dios.

Tal vez. Sin embargo, Miguel Ángel y otros como él por medio de sus esfuerzos —a veces como aguijones, a veces como clavos, a veces como quienes escriben en la arena— nos han ayudado a apartarnos de las frivolidades del mundo y nos han dado espacio para esa meditación.

Nunca olvidaré el momento en que me senté en un balcón situado inmediatamente debajo de la cúpula diseñada por Miguel Ángel para la Basílica de San Pedro, mientras escuchaba a un coro alemán que cantaba a capela. Algunas de las palabras estaban en latín; otras en alemán. Eso no importaba. Dentro de la protección de aquella magnífica cúpula con su perfecta acústica, me sentía prácticamente suspendido en la música. Tenía la sensación de que si levantaba las piernas del suelo, el propio sonido me sostendría. Mis otros recuerdos de Italia tienen que ver con la contaminación ambiental, las largas filas, los atascamientos del tránsito y el rugido de las motocicletas. Sin embargo, en aquel momento único habité en un espacio glorioso que no estaba en la tierra, en un momento del tiempo que estaba fuera del tiempo. El arte había hecho su obra.

TERCERA PARTE

¿ES EN REALIDAD UNA BUENA NOTICIA?

Simone Weil, enfrentándose a una historia corta de H. G. Wells, trazó una analogía con una tierra de personas ciegas en la cual los científicos pudieron diseñar un sistema completo de física dejando fuera el concepto de la luz. Si no tiene peso, ni ejerce presión, ni la pueden detectar los sentidos, ¿por qué creer en la luz? Para los ciegos no es necesaria su existencia. Sin embargo, ocasionalmente surgían interrogantes entre los ciegos. ¿Qué hace que crezcan las plantas hacia arriba desafiando la ley de la gravedad? ¿Qué madura las frutas y las semillas? ¿Qué calienta la noche convirtiéndola en día? La luz en un país de ciegos, afirma Weil, es un paralelo del papel que Dios desempeña en la tierra. Algunos de nosotros captamos rasgos de lo sobrenatural, ¿pero cómo se los demostramos a la gente que no los puede detectar?

CAPÍTULO 8

¿IMPORTA LA FE?

*Deseo que mi abogado, mi sastre, mis criados y hasta mi
esposa crean en Dios, porque entonces me van a robar y
poner los cuernos con menos frecuencia.*

VOLTAIRE

En el espacio cibernético ha estado dando vueltas un monólogo llamado «La paradoja de nuestro tiempo», atribuido unas veces a George Carlin, otras a un estudiante de la Escuela Secundaria de Columbine, e incluso otras al Dalai Lama. Resulta que «La paradoja de nuestro tiempo» en realidad procede del doctor Bob Moorehead, un pastor retirado que vive cerca de Seattle.

Tenemos unos edificios más altos, pero menos tolerancia; carreteras más anchas, pero puntos de vista más estrechos; gastamos más, pero tenemos menos; compramos más, pero lo disfrutamos menos; tenemos casas más grandes, pero familias más pequeñas; más comodidades, pero menos tiempo; tenemos más títulos, pero menos sentido común; más conocimiento, pero menos juicio; más expertos, pero también más problemas; tenemos más aparatos, pero menos satisfacción; más medicina, pero menos salud; tomamos más vitaminas, pero vemos menos resultados.

Bebemos demasiado, fumamos demasiado, gastamos de una manera demasiado insensata, reímos muy poco; conducimos demasiado rápido, nos enojamos demasiado rápido, nos acostamos demasiado tarde, nos levantamos demasiado cansados, leemos demasiado poco, vemos demasiada televisión, y oramos muy raras veces.

Hemos multiplicado nuestras posesiones, pero reducido nuestros valores; volamos en aviones más rápidos para llegar más rápido, hacer menos y volver más pronto; firmamos más contratos, solo para darnos cuenta de que tenemos menos ganancias; hablamos demasiado; amamos demasiado poco y mentimos con demasiada frecuencia. Hemos aprendido a ganarnos la vida, pero no a tener vida; le hemos añadido años a la vida, pero no le hemos añadido vida a los años.

Los comentarios de Moorehead han conmovido a muchos lectores de la Internet. En ellos diagnostica un ligero descontento, la sensación de que a pesar de todas sus maravillas, la ciencia y la tecnología no han saciado la sed del ser humano. Citando a Al Gore: «La acumulación de bienes materiales es más elevada que nunca, pero también lo es el número de personas que sienten un vacío en su vida». Y aunque no quiero parecer uno de esos personajes anticuados que cacarean acerca de la decadencia de la civilización, las tendencias culturales en Estados Unidos revelan una sociedad que ciertamente se ha estado deslizando en la dirección equivocada. Según una encuesta de Gallup, el setenta y tres por ciento de los estadounidenses considera que los valores morales van de mal en peor, mientras que solo el catorce por ciento de ellos opina que están mejorando.

En el tiempo que llevo de vida, la tasa de divorcios se ha duplicado, los índices de suicidios de adolescentes y crímenes violentos se han triplicado, y el de los nacimientos fuera del matrimonio se ha sextuplicado. Con menos del cinco por ciento de la población mundial, Estados Unidos alberga casi la cuarta parte de los presos que hay en el mundo entero (alrededor del mismo número que Rusia y China combinadas). Nos hemos llegado a acostumbrar a ver personas sin techo que duermen en los parques y debajo de los puentes, algo que era prácticamente desconocido durante mi niñez. Las causas principales de las muertes son autoinfligidas, como efectos secundarios del tabaquismo, la obesidad, el alcohol, las enfermedades venéreas, las drogas y la violencia. Mientras tanto, los políticos de Washington discuten más, pero aprueban menos leyes que en ningún otro momento de nuestra historia, reflejando la polarización que sufre la nación entera.

Mis amigos seculares observan estos datos y llegan a la conclusión de que necesitamos trabajar más fuerte para educar a los niños y crear nuevos sistemas sociales. Yo considero esos mismos datos y dudo de la capacidad de los políticos para resolver nuestros problemas. Necesitamos algo más que sistemas; necesitamos una transformación, la clase de renovación de las personas y la sociedad en la cual la iglesia podría desempeñar un papel crucial.

Lamentablemente, la mayor parte de mis amigos seculares estarían de acuerdo con Bill Gates, quien considera que la religión es una pérdida de tiempo. En una entrevista declaró: «Los domingos por la mañana yo podría estar haciendo muchas cosas más». No ven a la iglesia como un agente de cambio, capaz de afectar a toda la sociedad, sino como un lugar al cual acuden unas personas que piensan de manera parecida para sentirse mejor con respecto a ellas mismas. Esa imagen de la iglesia presenta un fuerte contraste con la visión de Jesús, que dijo poco acerca de la manera en que los creyentes nos debemos comportar cuando nos reunimos y mucho acerca de la forma en que podemos afectar al mundo que nos rodea.

La fe no se limita a ser una cuestión privada o algo que practicamos en la iglesia una vez a la semana. En lugar de ser solo eso, debería tener un efecto contagioso en el mundo en general. Jesús usó varias imágenes como ilustraciones sobre su reino: un poco de levadura que leuda toda la masa, un poco de sal que conserva un pedazo de carne, la semilla más diminuta del huerto que se convierte en un gran árbol en el cual las aves vienen a hacer nido.

UN CICLO PERMANENTE

El sociólogo Rodney Stark escribió dos libros, *The Rise of Christianity* [El auge del cristianismo] y *The Triumph of Christianity* [El triunfo del cristianismo], en los cuales explica con detalle cómo los primeros creyentes del Imperio Romano se tomaron muy en serio la agenda de Jesús. Los cristianos organizaban proyectos de ayuda para los pobres y pagaban el rescate de sus amigos a los bárbaros que los tenían cautivos. Algunos de ellos les dieron voluntariamente la libertad a sus esclavos. Cuando surgía una plaga, los cristianos atendían a los enfermos, incluso a sus vecinos no creyentes, mientras que los paganos los abandonaban tan pronto como aparecían los primeros síntomas. En realidad, muchos líderes de la iglesia murieron después de haber contraído la enfermedad de aquellos que estaban cuidando. Cuando los romanos abandonaban a sus bebés indeseados, dejándolos a la intemperie o a merced de los animales salvajes, los cristianos organizaban grupos de nodrizas que los mantenían vivos para darlos en adopción a las familias de las iglesias.

En los días de decadencia del imperio, el mundo que observaba los sucesos se sentó a prestar atención. La gente acudía en grandes cantidades a las iglesias, que se destacaban como comunidades donde se cuidaba de las personas. Un emperador romano del siglo cuarto conocido como Juliano el Apóstata se quejaba amargamente acerca de los cristianos de su tiempo, diciendo:

«Estos impíos galileos no solo alimentan a sus propios pobres, sino también a los nuestros [...] Mientras que los sacerdotes paganos dejan a los pobres a su suerte, estos odiados galileos se dedican a hacer obras de caridad». Su campaña contra los cristianos fracasó, y el evangelio se siguió propagando mientras que el poder del Imperio Romano iba disminuyendo.

Lamentablemente, cuando los cristianos prosperaron y se convirtieron en la fuerza cultural dominante, su contraste con el resto de la sociedad se desvaneció. Abandonando su llamado a ser peregrinos, echaron raíces y se unieron a las autoridades establecidas. Los líderes de la iglesia instituyeron una jerarquía muy semejante a la del estado, con todos los elaborados ropajes y el boato del poder. En un trágico giro de ciento ochenta grados cambiaron de papeles: ya no se les perseguía, pero ellos comenzaron a perseguir como herejes a los demás.

Un ciclo similar se ha repetido una y otra vez a lo largo de toda la historia de la iglesia. Los cristianos presentan una contracultura atractiva hasta que se convierten en la cultura dominante. Entonces se desvían de su misión, uniendo fuerzas con las estructuras de poder, y al hacerlo, vuelven a la sociedad en su contra. Rechazados, se retiran a una subcultura minoritaria solo para comenzar de nuevo el ciclo.

Cierto año visité Brasil y las Filipinas, dos naciones donde la iglesia está experimentando un fuerte crecimiento. Estas naciones disfrutan de una especie de luna de miel en la cual el evangelio todavía es considerado como una buena noticia. Los aldeanos pobres que nunca han oído hablar de «la justicia social» ni de «la teología de la liberación» llegan a tener un grado de bienestar económico, y los recién convertidos comienzan a actuar como ciudadanos responsables. Conocí brasileños que adoptan presos y cuidan de ellos de manera voluntaria, sin estar bajo un programa organizado por alguien. En las Filipinas conocí a una dama que tomó de manera literal la orden del Nuevo Testamento sobre cuidar de los huérfanos: había invitado a *treinta y cuatro* niños de las calles a vivir en su casa y les estaba pagando la escuela. Como los primeros cristianos de Roma, estos creyentes les presentan una contracultura atractiva a sus vecinos.

Otras naciones, como las del oeste de Europa, se han movido a una etapa decididamente postcristiana. Las torres de las iglesias llenan los cielos de Europa, pero en su mayor parte son turistas los que se molestan en entrar a esos viejos edificios. En las regiones que fueron en el pasado el corazón mismo de la fe, muchos líderes consideran el cristianismo como pasado de moda o irrelevante. Sin embargo, la pequeña minoría de cristianos florece de una manera distinta. Observo saludables señales de creatividad y unidad entre los cristianos de lugares como Gran Bretaña y Nueva Zelanda. Ahora que la fe carece de ventajas sociales, las iglesias atraen a aquellos que la toman en serio, lo cual equivale a sembrar las semillas del crecimiento futuro.

En otras regiones los encuentros con los cristianos despiertan una verdadera hostilidad. He aquí la forma en que el editor de una revista me describía a los cristianos que él encuentra en una zona del mundo que ha sido postcristiana durante más de un milenio:

A partir de mi experiencia, después de observar a numerosos expatriados de diversas religiones en el Oriente Medio, he llegado a la triste conclusión de que muy posiblemente los cristianos sean las personas más difíciles de tratar en cualquier lugar. Parecen estar divididos en tres categorías: (1) los que eligen vivir en un gueto cristiano, donde preferiblemente sus amigos son personas que piensan como ellos; (2) los que siguen los modelos de la iglesia cristiana occidental como su única preferencia, con una rígida teología que los hace bastante religiosos y críticos con respecto a los que hacen innovaciones; (3) los que están seguros de hallarse en un «ministerio a tiempo completo», convencidos de que son los verdaderos siervos del Altísimo mientras los plebeyos comunes y corrientes que trabajan una jornada de nueve a cinco están por debajo de ellos en el tótem espiritual.

Este editor estaba hablando de los cristianos que llegan al Oriente Medio por cuestiones de negocios, o en algunos casos como misioneros encubiertos. Los rasgos que él encuentra desalentadores —el aislamiento, el espíritu crítico y la sensación de superioridad— son los mismos de los que oigo quejarse a los escépticos de mi propio país.

Pienso que Estados Unidos se encuentra en algún punto intermedio entre los extremos: ni en la luna de miel, ni en el postcristianismo. Cerca de la mitad de nosotros asistimos a la iglesia, y los cristianos tienen una activa presencia en los recintos universitarios y todas las profesiones principales. Aun así, es posible que las iglesias y agencias paraeclesiásticas operen más como industrias que como organismos vivos. Contratamos a otros para que cuiden de los huérfanos y visiten a los presos; les pagamos a algunos profesionales para que dirijan la adoración.

Cuando reflexiono acerca de estas diversas etapas, tengo que luchar con un sentimiento de resignación. ¿Qué podrá impedir que Estados Unidos siga el mismo camino que Europa, con la iglesia perdiendo gradualmente su influencia y andando a la deriva hasta convertirse en algo marginal? ¿Y cómo vamos a reaccionar los creyentes a medida que la cultura se vaya volviendo cada vez más postcristiana? ¿Nos limitaremos a resguardarnos, aislarnos y preocuparnos únicamente por nuestros propios intereses? ¿O como los primeros cristianos de Roma encontraremos formas ingeniosas de ministrarle a un poder mundial en decadencia?

G. K. Chesterton menciona cinco momentos en la historia, entre ellos la caída del Imperio Romano y el período de las conquistas islámicas, en los cuales el cristianismo parecía enfrentarse a su desaparición. En cada una de esas ocasiones, a partir de la crisis surgió un fresco espíritu de renovación y la fe recuperó vida. Chesterton lo explica diciendo que cuando «la fe tiene todo el aspecto de haber muerto para siempre [...] los que están muertos son sus enemigos». Y añade: «El cristianismo ha muerto muchas veces y resucitado de nuevo, porque tiene un Dios que supo salir de la tumba». Tal vez una nueva era en la que se insista más en las obras que en las palabras logrará iniciar ahora esa renovación.

¿PODREMOS INVERTIR LA TENDENCIA?

Cuando yo era niño, solía cantar esto en la escuela dominical:

Una puerta y solo una
pero que tiene dos lados.
Yo estoy en el de adentro,
¿en cuál lado estás tú?

Ese canto captaba la identidad de nuestra iglesia. Nos considerábamos una pequeña minoría poseedora de La Verdad. Una larga lista de reglas y creencias nos mantenía apartados de los que estaban fuera de la puerta. Nunca se me ocurrió que mi fe tenía algo que contribuir a la vida de «los de afuera». Mi principal obligación era hacer que se nos unieran en el lado correcto de la puerta. Sin embargo, ahora veo que el reino de Dios existe mayormente para el bien de los de afuera, como expresión palpable del amor de Dios por todos.

Podemos aprender algunas cosas de una ocasión en el Antiguo Testamento en la cual el pueblo de Dios se enfrentó a una situación análoga. Los babilonios habían destruido la ciudad de

Jerusalén y se habían llevado cautivos a decenas de miles de sus ciudadanos, que ahora vivían como una asediada minoría en una sociedad «postisraelita». ¿Cómo debían reaccionar ante esta nueva realidad? El profeta Jeremías, hablando en el nombre de Dios, les aconsejó que edificaran casas, se asentaran, sembraran huertos, se casaran y tuvieran hijos. «Además, busquen el bienestar de la ciudad adonde los he deportado, y pidan al Señor por ella, porque el bienestar de ustedes depende del bienestar de la ciudad».

Ya he mencionado tres maneras en que podemos hacer esto —como peregrinos, activistas y artistas— demostrando con nuestro ejemplo cuál es la mejor forma de prosperar para una persona y una sociedad. En lugar de pelear en la retaguardia contra nuestros enemigos seculares, podemos comunicar las buenas nuevas de nuestro mensaje al vivirlo entre los que no están comprometidos. Al fin y al cabo, nuestra fe sí contiene numerosos beneficios que ofrecerle al mundo, como han comenzado a reconocer últimamente varios inesperados voceros.

Jürgen Habermas, filósofo alemán contemporáneo, hizo esta observación: «La democracia exige de sus ciudadanos unas cualidades que ella misma no les puede proporcionar». Mientras que los gobiernos autoritarios se dedican a imponer la moralidad desde el primer detalle hasta el último, las sociedades libres deben depender de unos ciudadanos que actúen con responsabilidad. ¿Cómo puede fomentar una democracia ciertas cualidades como la compasión y la honradez? Habermas, que es agnóstico, va más allá con unas palabras que dejaron anonadados a algunos de sus colegas, afirmando que el legado occidental sobre la conciencia, los derechos humanos y la democracia es «el heredero directo de la ética judaica de la justicia y la ética cristiana del amor». Y añade: «Nosotros seguimos sacando provecho de la sustancia de esa herencia. Todo lo demás no es más que charlatanería inútil postmoderna».

Otro filósofo, el suizo-británico Alain de Botton, exhorta a los que son ateos como él a que tomen prestado de la religión. Admira el éxito de las iglesias en cuanto a la promoción de la moralidad, y cita investigaciones cuyos resultados señalan que la fe en Dios puede ofrecer consuelo durante los momentos difíciles. De Botton no está proponiendo un avivamiento religioso —se burlaría de semejante idea— sino retando a los demás ateos a que aprendan de las iglesias que fomentan un espíritu de comunidad. Se queja de que los educadores y los artistas de la actualidad ya no imparten la sabiduría práctica que el pueblo necesita con tanta urgencia.

Estos pensadores están batallando con una pregunta muy antigua: «¿Cómo podemos lograr que la gente sea buena?». Aceptan como un hecho que el cristianismo ha producido algunos beneficios a lo largo de los siglos, dándonos unos fundamentos para los derechos humanos y el cuidado de los más vulnerables. Sin embargo, ¿dónde pueden ir a buscar hoy en día orientación y esperanza los que son escépticos en cuanto a la religión? Desearía que pudieran ver en los seguidores de Jesús una cura posible a los males de la sociedad sobre cuya existencia todos estamos de acuerdo. ¿Qué haría falta para ello?

Nos hemos acostumbrado tanto a las señales de la decadencia cultural, que se nos hace difícil imaginarnos un movimiento en otra dirección. Me encontré un ejemplo tomado de la historiadora judía Gertrude Himmelfarb, quien se ha pasado gran parte de su carrera explorando una de estas renovaciones en la Gran Bretaña del siglo diecinueve.

El libro de Gertrude Himmelfarb, llamado *The De-Moralization of Society* [La desmoralización de la sociedad], comienza con una escena en la cual participa Margaret Thatcher, la Dama de Hierro de la política británica. Cuando un entrevistador acusa a la Sra. Thatcher de defender los valores victorianos, ella le responde: «Sí, exactamente. Y mucho. Esos son los valores que hicieron grande a nuestra nación». Sus oponentes en las elecciones se lanzaron alegremente a comentar aquellas palabras, y los valores de la época victoriana se convirtieron en un tema frecuente en los titulares de los periódicos. La Sra. Thatcher no se retractó, insistiendo en que entre esos valores había cosas como el compromiso con la familia, el trabajo fuerte, el ahorro, la limpieza, la confianza en sí mismo y la buena vecindad.

Las estadísticas sobre la era victoriana muestran una imagen que es directamente opuesta a las tendencias actuales. Aumentó la alfabetización y disminuyó la pobreza. Los índices de nacimientos ilegítimos y crímenes se fueron al suelo. A fines del siglo diecinueve, las tasas de ilegitimidad en los barrios bajos de Londres estaban en un tres por ciento, comparadas con el setenta por ciento en los vecindarios desfavorecidos de Estados Unidos en la actualidad. La proporción de crímenes y delitos se redujo a la mitad durante la era victoriana.

¿Qué causó ese cambio tan significativo? Como muchos otros historiadores, Himmelfarb lo atribuye a una campaña dirigida por los cristianos evangélicos. Los metodistas presionaron para conseguir reformas en el movimiento de los trabajadores, el alojamiento, las prisiones, la educación pública, la sanidad y la salud. John Wesley, su fundador, enseñaba que el evangelio de Cristo iba más allá de la salvación de las almas. Debía causar un impacto en toda la sociedad, y sus seguidores se esforzaron por lograrlo. Le estaban dispensando la gracia al mundo en general, y mientras lo hacían su espíritu ayudó a transformar a una nación, salvándola del caos revolucionario que se había propagado por toda Europa.

El cuadro que presenta Himmelfarb sobre los valores victorianos es contrario a la estirada imagen que esa frase nos trae hoy a la mente, lo cual, según sostiene ella, forma parte del problema. Estados Unidos ha dado un giro tan grande contra la moralidad popular que uno de los más recientes directores generales de salud pública titubeó antes de desaprobar la promiscuidad sexual entre los *preadolescentes*. «Todo el mundo tiene distintas normas morales», dijo este director general. «Nadie les puede imponer sus normas a los demás». Himmelfarb está en total desacuerdo: «Ahora nos estamos enfrentando a las consecuencias de esta política de neutralidad moral».

Aunque los valores sean una cosa, sigue vigente una pregunta: ¿necesitan esos valores un fundamento *religioso*? Escépticos como Jürgen Habermas han llegado muy a su pesar a la conclusión de que sí lo necesitan. Cuando George Orwell analizó la pérdida de la fe religiosa en Europa (que antes había aplaudido), se lamentó de los resultados: «Durante doscientos años habíamos estado aserrando, aserrando y aserrando la rama en la que nos encontrábamos sentados. Y al final, de una forma mucho más repentina que la prevista por todos, nuestros esfuerzos fueron recompensados y nos vinimos abajo. No obstante, lamentablemente, habíamos cometido un pequeño error. Así descubrimos que aquello que había debajo no era un lecho de rosas, sino una sentina repleta de alambre de púas [...] Al parecer, la amputación del alma *no es* solo una simple tarea quirúrgica, como la de sacarle a alguien el apéndice. Esa herida tiene la tendencia a infectarse».

El poeta W. H. Auden, quien se marchó de Europa en los años treinta para escapar de la guerra que estaba a punto de estallar, vio estremecerse toda su cosmovisión mientras estaba sentado en un cine de Manhattan observando las noticias sobre las atrocidades cometidas por los nazis alemanes. Su creencia en la bondad de los seres humanos chocaba con las evidencias sobre aquella espantosa maldad que tenía ante sus ojos. Así llegó a una conclusión: «Si quisiera decir que aquello era malvado, habría necesitado una norma por la cual guiarme para hacerlo. No la tenía [...] Me había pasado toda mi vida adulta convertido en un intelectual, destruyendo los principios absolutos, y ahora de repente necesitaba uno para tener la capacidad de decir que aquello era incorrecto».

Auden salió de aquella sala de cine en busca de algún principio absoluto que fuera más fuerte que el humanismo liberal, que condenara a los nazis al mismo tiempo que defendía a sus víctimas. Pronto se abrió camino hasta llegar a la fe cristiana. Solo Dios les podía pedir a los seres humanos, como él mismo diría más tarde en un poema, «que amaran a su corrupto prójimo con su corrupto corazón».

POR NUESTRO PROPIO BIEN

Pienso de nuevo en mi niñez, aunque fuera tan legalista, y en el ambiente moral en el cual fui criado. Los buenos cristianos no fumaban, no bebían, no usaban drogas, no se divorciaban ni eran sexualmente promiscuos. La iglesia estaba de acuerdo en que el dinero, el sexo y el poder podían ser dones de Dios, pero insistía en los peligros que los acompañaban: al igual que los explosivos inestables, había que manejarlos con cuidado y disciplina. Escuchaba muchas más motivaciones negativas que positivas: *¡vas a pagar por tus pecados!* La revolución de los años sesenta barrió con aquel ambiente enrarecido como una ráfaga de aire fresco, prometiendo libertad y liberación, y muchos de mis amigos desecharon alegremente la camisa de fuerza de nuestra subcultura.

No obstante, con el tiempo quedó probado que la subcultura estaba en lo cierto en muchas de aquellas cuestiones. A raíz de la revolución sexual se produjeron embarazos de adolescentes, las familias se vieron destruidas y los niños quedaron sin padre. La promiscuidad llevó directamente a brotes de enfermedades venéreas, la plaga del SIDA y otros numerosos problemas de salud. Y ahora los activistas seculares son los que advierten sobre los peligros para la salud que están asociados con el tabaquismo, el exceso en las bebidas y el uso de las drogas.*

---

* En sus numerosos libros, Harold Koenig, de la Universidad de Duke, cita dos mil estudios que señalan que las personas religiosas tienen una salud mejor y viven más tiempo, mayormente a causa del estilo de vida que han escogido en cuanto a las drogas, la promiscuidad, el alcohol y la dieta.

La fe religiosa, que difícilmente se podría considerar como un impedimento para una buena vida, puede mostrar el camino de manera positiva. Un estudio publicado en el *American Journal of Psychiatry* informaba sobre los alumnos de la Universidad de Harvard que experimentaban una conversión religiosa en sus días de estudiantes. Se producía en ellos un «cambio radical del estilo de vida», manifestado por una marcada disminución en el uso de las drogas, el alcohol y el cigarrillo. No solo eso, sino que su desempeño académico mejoraba y parecían tener menos tendencia a las depresiones, la preocupación por la muerte y los ataques de «desesperación existencial».

Muchos no creyentes tienen la idea de que por algún motivo Dios está en su contra y los cristianos están decididos a impedir que ellos disfruten de la vida. Resulta irónico que yo recibiera una versión diferente de ese mismo mensaje proveniente de una iglesia legalista: *Dios está tratando de impedir que conozca algo mejor y más emocionante.* Este susurro es tan antiguo como el Edén. Ahora he llegado a creer exactamente lo opuesto, que Dios quiere para nosotros la mejor vida posible, una vida «en abundancia», según las palabras de Jesús. Dudo mucho que haya alguno de esos estudiantes de Harvard que eche de menos sus días anteriores, llenos de angustias y adicciones.

Necesitamos comunicarles de alguna manera a los no comprometidos que Dios quiere que nos desarrollemos, que vivamos con gozo y no reprimidos, confiados y no temerosos. A mí me llevó años darme cuenta de que la intención divina al señalar el camino de la vida en la Biblia es nuestro propio bien. Las imágenes de Jesús sobre el reino muestran el bienestar propagándose gradualmente por el resto de la sociedad. Cuando mejor nos desarrollamos, y la sociedad funciona mejor, es cuando el sexo va acompañado del compromiso, cuando cuidamos de nuestro cuerpo, cuando los fuertes protegen a los débiles.

He visto muchos ejemplos de cristianos comunes y corrientes que sirven con gozo al bien común, una realidad que se pasa por alto en los medios cuando se enfocan en los cristianos y la política. Robert Putnam, autor del innovador libro *Bowling Alone* [Jugando solo a los bolos], documenta que hay mayores probabilidades de que los estadounidenses religiosos le den dinero a una persona sin techo, le devuelvan a un empleado de una tienda el vuelto que les haya dado de más, donen sangre, ayuden a un vecino enfermo con las compras o los trabajos de la casa, pasen tiempo con alguien que se sienta deprimido, le ofrezcan un asiento a una persona extraña o ayuden a alguien a encontrar un trabajo. Los que asisten regularmente a la iglesia donan para las obras de caridad casi cuatro veces la cantidad de dinero que dan sus vecinos seculares, y son el doble los que se ofrecen a hacer trabajos voluntarios entre los pobres, los enfermos o los ancianos.

La administración de Clinton, que no era precisamente una buena aliada de los cristianos conservadores, comenzó en primer lugar a promover las agencias basadas en la fe debido a que veía la eficacia de grupos como Prison Fellowship, el Ejército de Salvación y Teen Challenge a la hora de resolver los problemas relacionados con el crimen, el alcoholismo y la adicción a las drogas. Con frecuencia los programas que incluyen una dimensión espiritual tienen un porcentaje de éxito mayor que sus equivalentes seculares. Joseph Califano, antiguo secretario del Departamento de Salud, Educación y Bienestar, observó lo siguiente: «Todas las personas que he conocido que han salido con éxito de las drogas o el alcohol han hecho uso de la religión como la clave para su rehabilitación».

«La religión es un poderoso antídoto contra el crimen», sostiene el respetado criminólogo Byron Johnson en su libro *More God, Less Crime*: *Why Faith Matters and How It Could Matter More* [Más Dios, menos crimen: por qué la fe es importante y cómo podría ser más importante aún]. Esta ayuda a reducir los porcentajes de reincidencia en las prisiones, el uso de drogas, la violencia y las actividades de las pandillas. Por tal razón, el pastor Eugene Rivers, de Brooklyn, sugiere que si queremos ayudar a los jóvenes desfavorecidos deberíamos estar invirtiendo en más programas de iglesias, no en más prisiones: «O bien se trata de más alambre de púas y más superdepredadores juveniles de color, o se trata de la sociedad civil y unas iglesias de color más fuertes. Así de sencillo».*

¿Por qué funcionan los programas basados en la fe? Los que los operan atribuyen esto al poder transformador de la conversión y la dependencia en Dios. No obstante, hay un factor más. La motivación para cambiar suele producirse a causa del amor: alguien ve al delincuente no como lo que ha sido, sino como lo que puede llegar a ser. John DiIulio, quien dirigió en el pasado la oficina de la Casa Blanca para los programas basados en la fe, describe el proceso. Los trabajadores sociales comienzan por asesorar los déficits de sus clientes, afirma.

Vienes sin padre y maltratado, no sabes leer ni escribir, y te dicen: «Nosotros te vamos a ayudar. Vas a aprender a leer y escribir, te vamos a ofrecer consejería y vas a conversar con tu oficial de probatoria. Mientras tanto, no te exigiremos nada. Tienes tantos déficits y tanto que progresar, que va a pasar un buen tiempo antes de que te podamos pedir nada».

Pongamos esto junto a la estrategia del alcance espiritual. Es como una estrategia sacada de las artes marciales. Toma todas las fuerzas negativas que traes y las invierte.

---

* David C. Stolinsky, educador médico judío, lo dice con mayor colorido: «La razón por la que tememos salir después que anochece no es que nos vayan a atrapar unas bandas de evangélicos para obligarnos a leer el Nuevo Testamento a la fuerza, sino que nos atrapen unas pandillas de jóvenes salvajes a quienes se les ha enseñado que no hay nada superior a sus propias necesidades o sentimientos».

¿Cómo? Le dice al jovencito: «Puede ser cierto que no tuviste a nadie, pero permíteme que te diga una cosa: Dios te amaba, incluso sin tú saberlo. Cuando el mundo te odiaba, Dios te amaba. Y te voy a decir algo más, yo te amo y estoy aquí para ayudarte. Y voy a seguir estando aquí para ti. ¿Y dónde estoy yo? Aquí mismo. Allí, en ese sótano. Allí, al otro lado de esa puerta, todos los días del año y a todas las horas del día, allí es donde me vas a encontrar».

¿DE QUÉ SIRVE EL CRISTIANISMO?

A principios del año 2014, *Christianity Today* publicó un artículo principal sobre un sociólogo llamado Robert Woodberry, quien se había preguntado por qué algunos países aceptan tan bien la democracia mientras que sus vecinos inmediatos se revuelcan en la corrupción y los malos gobiernos. Una minuciosa investigación lo llevó a la conclusión de que los misioneros fueron los causantes de ese cambio. Le enseñaron al pueblo a leer, edificaron hospitales, y les dieron unos fundamentos bíblicos para los derechos humanos básicos. Esta es la conclusión a la que llega:

> Aquellas zonas donde los misioneros protestantes tuvieron una presencia importante en el pasado se hallan en general más desarrolladas económicamente, con una salud comparativamente mejor, una mortandad infantil más baja, menos corrupción, menor número de analfabetos, logros educativos más elevados (en especial para las mujeres) y una participación más fuerte en las asociaciones no gubernamentales.

Esto no encaja con el estereotipo de Hollywood, por medio del cual se presenta a los misioneros echando a perder las culturas, ya lo sé, pero hasta el momento nadie ha podido refutar las conclusiones a las que ha llegado Woodberry.

Me agradaría que aquellos que preguntan «¿De qué sirve el cristianismo?» pudieran pasar un tiempo con algunas de esas extraordinarias personas que dedican su vida a servir con humildad. He visitado escuelas para los *dalits* («intocables») de la India en las cuales la primera generación de esa casta en cinco mil años está recibiendo una educación de calidad. He hecho reportajes en hospitales para leprosos en Asia, clínicas para el tratamiento del SIDA y orfanatos en África, y un renombrado hospital para pacientes de fístulas obstétricas en Etiopía, todos ellos productos del trabajo misionero.

Pienso en Bill Leslie, quien fuera mi pastor en Chicago durante diez años. Bill se fue con su familia a Zaire para visitar la aldea donde su abuelo había trabajado como médico misionero, solo para descubrir que allí lo estaba esperando una bienvenida digna de un rey. El abuelo de Bill, según él descubrió, no solo había tratado los cuerpos de muchos habitantes de la aldea, sino también sus almas. «Queremos que veas el fruto del ministerio de tu abuelo aquí», le dijeron sus anfitriones. Primero les pidieron a todos los pastores que se pusieran de pie, y se levantaron cerca de cuarenta. Después se pusieron de pie los médicos, después las enfermeras, después los maestros, los albañiles y los trabajadores de la construcción. Al final, había varios centenares de personas de pie bajo el resplandeciente sol africano junto a la mesa del banquete, como pruebas vivas del fiel servicio desarrollado por su abuelo.

Filósofos como Jürgen Habermas y Alain de Botton debaten si es posible producir esta clase de efectos sin la intervención de la fe religiosa. Por supuesto, hay numerosos ejemplos de personas y organizaciones seculares que también sirven al bien común. No obstante, otro escéptico habla de una especie de transformación interna que es mucho más escasa. Matthew Parris, periodista y antiguo miembro del Parlamento en Gran Bretaña, creció en África. En el año 2008 regresó al hogar de su niñez después de cuarenta y cinco años, escribiendo un artículo para *The Times* de Londres con el subtítulo de «Los misioneros, no la ayuda económica, son la solución al mayor problema de África: la aplastante pasividad que existe en la mentalidad de la gente».

Aunque ahora soy un ateo confirmado, me he llegado a convencer de que el evangelismo cristiano hace una contribución enorme en África, claramente distinta al trabajo de las organizaciones sin fines de lucro seculares, los proyectos de los gobiernos y los esfuerzos de ayuda internacionales. Con estos solos no basta. Los estudios y el entrenamiento solos tampoco son suficientes. En África, es el cristianismo el que cambia el corazón de las personas. Produce una transformación espiritual. El nuevo nacimiento es una realidad. El cambio es bueno.

Solía evitar esta verdad al aplaudir —y es posible que tú también lo hagas— la labor práctica de las iglesias misioneras en el África. Es una lástima, podía decir, que la salvación forme parte del paquete, pero los cristianos que trabajan en el África, tanto negros como blancos, sanan realmente a los enfermos, le enseñan a la gente a leer y escribir, y solo la clase más severa de secularismo podría ver un hospital o una escuela de una misión y decir que el mundo estaría mejor sin ellos. Podía aceptar que si es la fe la que se necesita para motivar a los misioneros a ayudar, entonces bien, pero lo que contaría sería la ayuda, no la fe.

Sin embargo, esto no cuadra con los hechos. La fe hace más que sostener al misionero; también se traspasa a su rebaño. Este es el efecto que tiene una importancia tan inmensa y no puedo menos que observar [...]

Los cristianos siempre fueron diferentes. Lejos de haber acobardado o limitado a sus convertidos, su fe parecía haberlos liberado y relajado. Existía una vivacidad, una curiosidad, un compromiso con el mundo y una franqueza en su manera de tratar a los demás que parecían estar faltando en la vida tradicional de los africanos. Ellos se mantenían a la altura de las circunstancias.

Cuando tenía veinticuatro años, el viaje que hice por tierra a través del continente reforzó esta impresión. Desde Argel hasta Níger, Nigeria, Camerún y la República Central Africana, y después atravesando el Congo hasta Ruanda, Tanzania y Kenia, cuatro amigos estudiantes y yo nos fuimos en nuestro viejo Land Rover a Nairobi.

Dormíamos bajo las estrellas, así que era importante que alcanzáramos las partes más pobladas y anárquicas del Subsahara de manera que cada día encontráramos algún lugar seguro antes de que cayera la noche. Muchas veces ese lugar estaba cerca de una misión.

Cada vez que entrábamos a un territorio donde trabajaban los misioneros, teníamos que reconocer que algo cambiaba en los rostros de las personas junto a las cuales pasábamos y con las que conversábamos: algo en sus ojos, en la forma en que se dirigían a nosotros, de hombre a hombre, sin bajar la mirada ni apartarla de nosotros. No se habían vuelto más respetuosos con los extranjeros —en algunos sentidos, lo eran menos— sino se habían vuelto más francos [...]

Lo que ellos eran recibía a su vez la influencia de un concepto sobre el lugar del hombre en el universo que el cristianismo les había enseñado.

En otro lugar de su artículo Matthew Parris informa sobre el fracaso de unos inmensos programas de ayuda que ofrecen cosas materiales sin afectar la mentalidad de la gente. Los africanos del ambiente rural tienen un concepto fatalista de la vida y se consideran como peones indefensos ante las fuerzas de los espíritus malignos, los antepasados, la naturaleza y sus fanfarrones líderes. El cristianismo, escribe Parris, «con su enseñanza de un enlace directo, personal y de doble vía entre la persona y Dios, sin la mediación de la colectividad y sin subordinación alguna a ningún otro ser humano, desbarata por completo ese marco de referencia filosófico y espiritual que acabo de describir. Les ofrece algo a lo cual asirse a los que están ansiosos por desechar una aplastante forma tribal de pensar en grupo. En esto consiste el porqué y el cómo los libera».

Parris confiesa que no le fue fácil llegar a una conclusión así: «Tal cosa confunde mis creencias ideológicas, se niega obstinadamente a caber dentro de mi cosmovisión, y ha avergonzado mi creencia creciente de que no existe un Dios».

ALGO NUEVO EN LA HISTORIA

Puedo predecir la forma en que los que critican a la iglesia van a reaccionar ante este capítulo. Van a citar ejemplos de países europeos, como Dinamarca, en los cuales son pocos los que se definen a sí mismos como comprometidos con el cristianismo, sin embargo, la sociedad parece funcionar de una manera admirable y producir una alta calidad de vida. Después de visitar Dinamarca y a sus vecinos escandinavos igualmente seculares tengo que estar de acuerdo, aunque para ser justos, admitamos que esa región estuvo poblada por vikingos y guerreros dedicados al pillaje hasta que llegó el evangelio cristiano. El evangelio transforma la cultura al invadirla como la levadura, y mucho tiempo después que las personas han abandonado la fe mantienen la tendencia a vivir de acuerdo con los hábitos del alma. Una sociedad, una vez que ha recibido la sal y la levadura, es muy difícil que se deshaga de ellas.

Esos críticos deberían visitar también países que tienen poca o tal vez ninguna historia en cuanto al cristianismo y hacer una comparación con la forma en que cuidan de los oprimidos, la amplitud de las libertades que existen en ellos, el trato que dan a las mujeres y su moralidad básica. He estado en lugares donde resulta necesario ponerles doble candado a las maletas y contar el cambio que se recibe después de toda transacción, donde unos prisioneros inocentes se pudren en las cárceles sin recurso legal alguno, y donde convertirse a otra religión, cualquiera que sea, constituye un delito grave, incluso digno de recibir la pena capital. Es difícil ignorar el efecto leudante que tiene el evangelio: nueve de cada diez naciones a las que Freedom House califica como «libres» también las identifica como cristianas, y este mismo patrón es aplicable a las que Transparency Internacional clasifica como las menos corruptas, el World Giving Index define como generosas y el World Economic Forum cita por ser las que tienen una igualdad mejor entre ambos sexos.

No quisiera que me malentiendan. No tengo intención alguna de hacer cálculos en una hoja de balance para comparar los beneficios netos que trae la fe con un enfoque secular de la situación. Los cristianos nos debemos dedicar a servir a Dios, no a perseguir algún abstracto ideal sobre la mejora de la sociedad. Actuamos de acuerdo con la oración de Jesús en la que pide que se haga la voluntad de Dios en la tierra como ya se cumple en el cielo, porque esa es la grandiosa meta que Dios nos ha prometido que va a lograr. No obstante, si lo hacemos con un espíritu humilde, resulta inevitable que estemos contribuyendo al bien común, tal como es innegable que ha sucedido a lo largo de los siglos. Andy Crouch usa la frase *evangelio de la posteridad* para describir el proceso de bondad y salud que se va propagando por el mundo entero bajo la mayordomía de la iglesia.

Al mismo tiempo es necesario que admitamos nuestros defectos. Vivimos bajo la sombra de los fallos cometidos en el pasado, tal como los críticos nos recuerdan con frecuencia. He aprendido a apreciar la distinción tan importante que existe entre la fuerza inherente al evangelio y el errático historial de la iglesia en cuanto a su divulgación. Dios nos ha encomendado a unos seres humanos con defectos un mensaje tan poderoso que a veces realiza su obra a pesar de nosotros. Al igual que las corrientes de agua, el evangelio erosiona continuamente la maldad aunque la iglesia se haya puesto del lado erróneo, como algunas veces lo ha hecho, e incluso después que la sociedad abandona la fe.

Gil Bailie llama la atención hacia una tendencia moderna que nosotros damos por sentada, pero que en realidad no tiene precedentes en la historia: la empatía a favor de los menos favorecidos. «Hoy en día la víctima es la que ocupa el nivel moral más alto en todos los lugares del mundo occidental», afirma Bailie. Él se apoya en la obra del historiador francés René Girard para afirmar que la crucifixión de Jesús se alza como el acontecimiento central de la historia. La cruz derrotó sorpresivamente las categorías sostenidas desde tiempos muy antiguos, según las cuales había víctimas débiles y héroes fuertes. Esto sucedió debido a que en aquel momento el que era la víctima surgió como el héroe. El evangelio puso en movimiento algo nuevo en la historia, a lo que Bailie le llama «la inversión de valores más asombrosa en toda la historia humana». En todos los lugares donde el cristianismo echó raíces aumentó grandemente la atención a las víctimas. Solo por mencionar un ejemplo, en la Europa de la Edad Media la Orden Benedictina sola operaba treinta y siete mil monasterios dedicados a cuidar de los enfermos.

Además de esto, los que condenan a la iglesia por sus puntos ciegos lo hacen basándose en principios tomados del evangelio, defendiendo los mismos valores morales que el evangelio liberó originalmente en el mundo. Abogamos por los derechos humanos, los derechos civiles, los derechos de la mujer, los derechos de las minorías, los derechos de los homosexuales, los derechos de los discapacitados, los derechos de los animales; el éxito de estos movimientos modernos es reflejo de una extendida empatía por los oprimidos que no tiene precedente alguno en el mundo antiguo, pues los filósofos clásicos consideraban la misericordia y la lástima como defectos de carácter, contrarios a la justicia. Esa actitud no cambió hasta la llegada de Jesús.

Cuando el resto del mundo nos critique por nuestros fallos, le debemos responder con humildad y arrepentimiento, cualidades que no es típico que exhiban los grupos de cabilderos y activistas. Los cristianos saben que la iglesia del año 2100 recordará a la iglesia del año 2000 y sacudirá la cabeza tristemente, sin comprenderla. ¿Cómo nos pudimos perder algo que les parecerá a ellos tan evidente?

Nuestro desafío como seguidores de Jesús está en alinearnos con el verdadero evangelio y recuperar la fuerza que ha liberado en un mundo desesperadamente necesitado. George Orwell dijo algo parcialmente cierto cuando declaró: «El problema de nuestros tiempos consiste en restaurar el sentido de que hay absolutos correctos e incorrectos, a pesar de que la fe en la que este sentido se solía apoyar [...] haya quedado destruida». No mencionó otra alternativa posible: una firme renovación de esa fe.

TRES MUERTES

Tres figuras públicas de importancia murieron a cuatro días de distancia una de otra en diciembre del año 2011. Kim Jong-il, el amado líder de Corea del Norte, representaba el último bastión de un estado marxista totalitario, con su moralidad arbitraria impuesta desde la cima del poder. Él decía que su nación era «un paraíso para el pueblo», aunque cualquiera que tenga acceso a los mapas de Google pueda ver los campos de concentración, los terrenos de las ejecuciones y las granjas en ruinas que desmienten su paraíso al estilo de los «pueblos Potemkin».

El segundo personaje notable que murió fue el ateo Christopher Hitchens, quien escribió algunos de los comentarios más amargos contra la tiranía de Kim Jong-il. No obstante, el código moral de Hitchens no tenía autoridad trascendente tampoco. ¿Con qué base podía juzgar su moralidad como superior a la de Kim Jong-il? Peter Hitchens, el hermano más joven de Christopher, se apartó del ateísmo y se convirtió en cristiano después de observar personalmente los efectos del vacío espiritual en países como Somalia, la Unión Soviética y Corea del Norte.

El tercero, Václav Havel, había vivido bajo una forma más suave de la tiranía comunista, y resultó de ella con una fuerte convicción acerca de las raíces de la crisis moderna. Esta crisis, según dijo, «se debe al hecho de que hemos perdido la certeza de que el universo, la naturaleza, la existencia y nuestras vidas son obra de una creación guiada por una intención definida, con un sentido definido y que sigue un propósito definido también». Usando esta plataforma ideológica como primer presidente de una Checoslovaquia libre, Havel le hizo una profética advertencia a «la primera civilización atea en la historia de la humanidad»: el occidente moderno. Se lamentó de la pérdida de la fe: «Tan pronto como el hombre comenzó a considerarse a sí mismo como la fuente de los significados más elevados del mundo y como la medida de todas las cosas, el mundo comenzó a perder su dimensión humana y el hombre comenzó a perder su control».

De manera predecible, este pronunciamiento de Havel provocó todo un coro de protestas. ¿Cómo era posible que un intelectual estuviera pidiendo un regreso a la religión? ¿Acaso no sabía que la religión hace brotar la violencia, el racismo, la censura y la intolerancia?

No obstante, Havel había vivido bajo un régimen ateo que sobrepasaba en estas categorías a toda religión por equivocada que estuviera. Al Congreso de Estados Unidos le dijo: «La salvación de este mundo humano no se encuentra en ningún otro lugar más que en el corazón humano [...] La única columna vertebral que sostiene nuestras acciones para que sean morales es la responsabilidad. Y una responsabilidad ante algo más elevado que mi familia, mi firma, mi país o mi éxito [...] Una responsabilidad ante el orden de ser en el cual todas nuestras acciones quedan indeleblemente registradas y donde, y solo donde, serán debidamente juzgadas».

¿Es importante la fe para las personas individuales y la sociedad? Resulta evidente que sí.

CAPÍTULO 9

¿EXISTE ALGUIEN MÁS? LA PREGUNTA SOBRE DIOS

A fin de estar preparados para tener esperanza en lo que no engaña, primero debemos perder la esperanza en todo lo que engaña.

GEORGES BERNANOS

Un fin de semana este párrafo fue el más popular de todos los publicados en la red social de Google:

La filosofía es como estar en una habitación oscura buscando a un gato negro. La metafísica es como estar en una habitación oscura buscando a un gato negro que no se encuentra en el cuarto. La teología es como estar en una habitación oscura buscando a un gato negro que no está en el cuarto y gritando: «¡Lo encontré!». La ciencia es como estar en una habitación oscura buscando a un gato negro con la ayuda de una linterna.

La «analogía del gato negro» capta la opinión común en estos días de que la religión es mayormente una fantasía. Al igual que los placebos, la fe religiosa podrá hacer que nos sintamos mejor, pero no tiene sustancia real. Para conocer la verdad acerca del mundo real debemos acudir a la ciencia.

Actualmente se abre un inmenso abismo entre la ciencia y la fe. La ciencia manda, en parte porque ha resuelto algunos de los problemas humanos más atormentadores: podemos curar muchas enfermedades, suavizar los efectos del clima, controlar las pestes, comunicarnos a distancias inmensas. Mientras tanto, son muchos en el mundo moderno los que piensan en los creyentes como personas «anticiencia», y con buena razón en vista de las batallas que se pelean sobre las cuestiones concernientes a la relación entre la ciencia y la fe.

Para ser sincero, debo decir que me cuesta trabajo no dejarme afectar por este punto de vista. Al fin y al cabo, no tenemos pruebas ciertas de la existencia de un Dios invisible y solo un escaso número de pistas sobre otra vida después de esta. Sabemos que existe el mundo material de las piedras y los árboles, el sol y la luna; todo lo demás exige fe.

No obstante, en algunos momentos esenciales me doy cuenta de que hay algunas habitaciones en las cuales la ciencia no intenta siquiera encender linterna alguna. Se hallan fuera de su ámbito de trabajo, como los propios científicos aseguran. Entre ellas están las preguntas sobre el significado de las cosas que todos nos hacemos en ocasiones, preguntas que toda fe seria debe tratar de responder.

Ya mencioné antes al doctor Francis Collins, uno de los científicos estadounidenses más destacados, el cual lideró el Proyecto del Genoma Humano y después dirigió los Institutos Nacionales de la Salud. Educado como ateo, el doctor Collins estaba practicando la medicina al principio de su carrera cuando una anciana que sufría de una enfermedad para la que no había cura le preguntó: «¿Qué cree usted acerca de Dios y la vida después de la muerte?». Esa conversación se convirtió en un punto decisivo para Collins, porque no tuvo ni idea de cómo podría responder algunas de las preguntas más importantes de la vida. Él remonta su conversión a aquel momento crucial que experimentó con una paciente, que lo movió a lanzarse a una búsqueda espiritual.

Aunque como científico siempre había insistido en recoger datos rigurosos, Collins se daba cuenta de que en los asuntos de la fe nunca había buscado dato alguno. Después de consultar con un ministro, leyó el Evangelio de Juan y después los escritos de C. S. Lewis, comenzando por *Mero cristianismo.*

Tal como el propio Lewis dijo en una ocasión, el ateo tiene que ser muy cuidadoso con lo que lee; aquel reticente joven médico cayó pronto en los brazos de la fe.

Por mi parte, tuve mi propio encuentro con la ciencia y mis preguntas sobre el significado de la vida en una conferencia en la cual fui asignado a un panel sobre «ciencia y fe». Me sentía seguro, puesto que un erudito procedente de la Escuela de Divinidades de Harvard me iba a ayudar a sostener el aspecto de la fe en el tema, hasta que leí en el programa que cada uno de los tres representantes de la ciencia había ganado un Premio Nobel en Física. De repente sentí que el cuello de la camisa me apretaba y la sala se volvió notablemente más calurosa.

Cuando me llegó el turno, cité a Sir William Bragg, pionero en el campo de la cristalografía en el uso de los rayos X, a quien le habían preguntado si la ciencia y la teología son opuestas entre sí: «Lo son, en el sentido de que el pulgar y los demás dedos de mi mano están opuestos entre sí. Se trata de una oposición por medio de la cual se puede asir cualquier cosa». Durante una buena parte de la historia los grandes científicos como Copérnico, Kepler, Galileo, Newton y Leibniz creyeron que sus descubrimientos en «el libro de la naturaleza» comprendían una forma de revelación que nos mostraba pistas acerca de un Dios creador.

Le sugerí al panel que, aunque la ciencia había contribuido en mucho a la vida moderna, hay por lo menos tres preguntas importantes para las cuales no tiene respuesta, puesto que se hallan fuera de sus límites. (1) ¿Por qué hay algo en lugar de no haber nada? (2) ¿Por qué ese algo es tan hermoso y ordenado? (3) ¿Cómo nos debemos conducir en un mundo así? Después de alguna discusión los demás panelistas estuvieron de acuerdo en que ciertamente las respuestas se hallan más allá del alcance de la ciencia.

Sin embargo, no es posible evadir estas preguntas básicas. Ellas son las que nos ayudan a captar lo que significa ser humanos y cuál es el propósito de nuestra existencia. Durante siglos el mundo occidental tuvo un cierto consenso cristiano. Hoy en día, cuando no existe un consenso claro, son muchas las respuestas que se proponen. Siento la necesidad, aunque sea solo por mi propia persona, de reflexionar sobre la forma en que algunas de ellas se amontonan contra una alternativa cristiana. A menos que podamos considerar nuestras propias creencias como una noticia realmente buena, no se las podremos comunicar con facilidad a un mundo sediento.

Voy a enmarcar de nuevo las preguntas que presenté en el panel de la manera que siguen y después le dedicaré un capítulo a cada una de ellas.

- ¿Existe alguien más? La pregunta sobre Dios.
- ¿Por qué estamos aquí? La pregunta sobre el ser humano.
- ¿Cómo debemos vivir? La pregunta social.

LA CIENCIA RESPONDE

¿Estamos solos en este vasto universo donde hay cien mil millones de galaxias y un número incalculable de sistemas solares, o existe alguien más? Durante más de cincuenta años los científicos han estado tratando de determinar esto mismo por medio de un costoso proyecto llamado Búsqueda de Inteligencia Extraterrestre (SETI, por sus siglas en inglés). En sus tiempos de apogeo los soviéticos barrieron el firmamento con gigantescas antenas en busca de mensajes. Algunos científicos calculaban que el universo revelaría cien mil, tal vez un millón de civilizaciones avanzadas. El entusiasmo se fue enfriando a medida que los proyectos no fueron capaces de presentar evidencia alguna de vida inteligente.

Los científicos que hablaron con mayor claridad excluían de manera explícita a Dios de toda posibilidad de consideración. Carl Sagan, ya fallecido, quien fuera un fuerte defensor del SETI, comenzó su conferencia televisada con una presuntuosa declaración: «El cosmos es todo lo que hay, todo lo que siempre ha habido, y todo lo que siempre habrá». Más recientemente, nuevos ateos como Richard Dawkins y Daniel Dennett han insistido en que el universo comenzó a existir por su propia cuenta, sin agente externo alguno, a pesar de las abrumadoras probabilidades contra la realidad de un acontecimiento de este tipo.

Los propios científicos que calculan las probabilidades de que el universo comenzara a existir por accidente sugieren unas cifras tan anonadantes como la de una entre 10^{60}. El físico Paul Davies explica: «Para poderles dar algún sentido a esos números, supongamos que usted quisiera disparar una bala contra un blanco de dos centímetros que se halle al otro extremo del universo observable, a veinte mil millones de años luz de distancia. Su puntería tendría que ser también tan precisa como ese uno entre 10^{60}». Stephen Hawking admite que si el rango de expansión un segundo después del Big Bang (la Gran Explosión) hubiera variado solamente en una parte entre cien mil millones de millones, el universo habría vuelto a colapsar. Eso es solo el comienzo: si la fuerza nuclear de ciertos átomos variara solo unos cuantos puntos de porcentaje, el sol y otras estrellas no existirían. La vida en la tierra depende de unos ajustes similarmente delicados; un cambio mínimo en la gravedad, una ligera inclinación del eje de la tierra o un pequeño aumento en el grosor de su corteza causarían que las condiciones existentes hicieran imposible la vida.

Enfrentado a las imponentes probabilidades contra una existencia nacida de la casualidad, Richard Dawkins se limita a encogerse de hombros y decir: «Bueno, aquí estamos, ¿no es cierto?». Como muchos otros, no ve la necesidad de suponer la existencia de un Diseñador tras unas evidencias tan obvias de un diseño del cosmos (aunque en una conversación con Francis Collins, Dawkins admitió que la precisión de los ajustes del universo es el argumento más preocupante al que tienen que tratar de responder los no creyentes). Los científicos de Estados Unidos se hallan divididos en dos partes casi iguales, con el cincuenta y uno por ciento de ellos creyendo en alguna forma de deidad.

Me vino a la mente después, mientras reflexionaba sobre el panel de «ciencia y fe» en el cual había participado, que si se invirtieran las probabilidades, lo más probable sería que no tendríamos discusión alguna. Si alguien calculara la posibilidad de que Dios exista como uno entre 10^{60}, dudo seriamente que hubiera algún científico dispuesto a desperdiciar su tiempo discutiendo temas de fe con personas que creyeran en un Dios tan improbable. Sin embargo, aceptan con toda felicidad esas probabilidades en cuanto a la idea de que un universo haya comenzado a existir por su propia cuenta al azar.

Más tarde, cuando conversé con los ganadores del Premio Nobel, les pregunté si personalmente creían en Dios o no. Los tres me hablaron de haber sido criados de manera muy estricta en una familia judía y haber reaccionado más tarde contra esa forma en que los habían educado. Martin Perl, el descubridor de la partícula leptón Tau, me dijo con toda franqueza: «El diez por ciento de los estadounidenses sostiene que han sido secuestrados por extraterrestres, la mitad son creacionistas y la mitad leen el horóscopo todos los días. ¿Por qué nos habría de sorprender que haya una mayoría que crea en Dios? Yo me opongo a todas esas supersticiones, y según mi experiencia la religión es mayormente dañina. Limito mis creencias a la observación, no a la revelación».

Albert Einstein, el científico más renombrado de los tiempos modernos, era más receptivo en cuanto a la fe: «El científico debe ver todas las conexiones tan delicadas y tan sabias que existen en el universo, y darse cuenta de que no han sido inventadas por el ser humano. Debe sentirse con respecto a aquello que la ciencia aún no ha explicado igual que un niño que trata de comprender las obras y la sabiduría de un adulto. Como consecuencia, todo científico que sea realmente profundo debe tener necesariamente un sentimiento religioso».

A Einstein le maravillaba que nuestra mente sea capaz de formar patrones de significado. A un amigo le dijo: «*A priori*, deberíamos esperar un mundo caótico que la mente no sería capaz de captar de ninguna manera». El hecho de que este no sea el caso, sino que el cosmos resulte comprensible y siga determinadas leyes, nos da evidencias acerca de un «Dios que se revela a sí mismo en la armonía de todo lo que existe». Con todo, Einstein no fue capaz de llegar a creer en un Dios personal, tal como lo describe la Biblia. Sentía la presencia en el universo de un espíritu unitario, ciertamente un espíritu creativo, aunque todo lo que fuera más allá de ese punto —un espíritu amoroso, digamos— lo evadía. Para dar ese salto, como afirma Martin Perl, no necesitamos solo la observación, sino también la revelación.[*]

PISTAS, NO PRUEBAS

Hay otros científicos que comparten ese asombro casi infantil que sentía Einstein. Alexander Tsiaras, profesor en el Departamento de Medicina de Yale, embelesó a una distinguida concurrencia en una conferencia sobre tecnología, entretenimiento y diseño (TED)

---

[*] Los teólogos estarían de acuerdo. Louis Berkhof escribe: «En el estudio de todas las demás ciencias, el ser humano se sitúa *por encima* del objeto de su investigación [...] En cambio, en la teología no se puede situar por encima del objeto de su conocimiento, sino más bien *por debajo* de él. En otras palabras, el hombre solo puede conocer a Dios hasta el punto en que él se dé activamente a conocer».

con un vídeo en el cual presentaba las etapas de desarrollo del feto, desde la concepción hasta el nacimiento. Había escrito ese programa para utilizar una técnica de resonancia magnética que le había ganado a su inventor un Premio Nobel. El vídeo resume nueve meses de crecimiento y desarrollo en una película de nueve minutos, la cual se puede ver en YouTube.

El cuerpo humano está formado mayormente por colágeno —pelo, piel, uñas, huesos, tendones, intestinos, cartílagos, vasos sanguíneos— explica Tsiaras en su introducción. El colágeno, una proteína parecida a una soga, cambia de estructura en un solo lugar, la córnea del ojo, donde forma espontáneamente un patrón transparente en forma de rejilla. A medida que va avanzando el vídeo acelerado sobre el desarrollo del feto, este matemático se deshace de su objetividad, maravillado ante un sistema «tan perfectamente organizado, que es difícil no atribuirle la divinidad [...] La magia de los mecanismos que hay dentro de cada estructura genética indica exactamente dónde debe ir esa célula nerviosa».

Todos los óvulos y espermatozoides que tuvieron como consecuencia la población total de este planeta podrían caber en dos frascos de un litro cada uno, y a partir de esas diminutas células ya han surgido siete mil millones de seres humanos. En el vídeo acelerado de un feto se forman noventa y seis mil kilómetros de capilares y vasos sanguíneos donde se necesitan, siguiendo el guión genético programado en una sola célula. Consciente del intrincado código que se requiere para dirigir un proyecto de esta categoría, el programador Tsiaras comenta: «La complejidad de los modelos matemáticos sobre la forma en que se hacen estas cosas se halla muy por encima de la comprensión del ser humano. Aunque soy matemático, veo todo esto y me siento maravillado. ¿Cómo es posible que estos conjuntos de instrucciones no cometan errores mientras edifican eso que somos nosotros? Es un misterio, es magia, es divinidad».

A diferencia de los científicos, la mayoría de la gente común y corriente intuye con solo mirar a su alrededor la respuesta a la pregunta *¿Existe alguien más?* Vemos la frágil belleza de una mariposa nocturna, el intrincado diseño de un pato de la Florida o la maravilla que constituye el nacimiento de un niño, y nos limitamos a dar por sentado que tiene que haber Alguien detrás de todo esto. Nadia Bolz-Weber, una inquieta pastora luterana de Denver, habla del tiempo que estuvo trabajando como capellana de un hospital durante sus estudios del seminario. En una ocasión entró en el cuarto de una anciana que se estaba recuperando de una cirugía, esperando que esta le pidiera que orara o le leyera la Biblia. «Oh, no. Todas esas cosas son absurdas, cariño. Yo soy atea», le dijo la mujer. Nadia escribe: «Antes de darme cuenta de lo que estaba diciendo, le respondí admirada: "Vaya, qué bueno. Ya quisiera yo poder inventar esa excusa"».

Hace siglos el apóstol Pablo les escribió a los romanos, indicándoles: «Porque desde la creación del mundo las cualidades invisibles de Dios, es decir, su eterno poder y su naturaleza divina, se perciben claramente a través de lo que él creó, de modo que nadie tiene excusa». Hasta en una cultura secular son muchos los que estarían de acuerdo.

No obstante, las evidencias a favor de la existencia de un Creador no son abrumadoras, o de lo contrario todo el mundo creería en Dios. Tal vez, como sugiere Dorothy Sayers en *The Mind of the Maker* [La mente del Hacedor], erramos al imaginarnos a Dios como un ingeniero, cuando en realidad la creación muestra más evidencias de que es un artista. Poco después de la conferencia con los científicos, visité un museo de mariposas. Después de observar a aquellos exquisitos diseños de arte vivientes revoloteando dentro de sus encierros de cristal, examiné bajo un microscopio las crisálidas doradas y enjoyadas de las cuales habían salido. Su belleza parecía superflua —se trataba de una etapa que podría haber transcurrido en un opaco capullo, y hasta con un camuflaje mejor— y todas las crisálidas eran desechadas tan pronto como la mariposa adulta salía de ella. ¿Qué o Quién derramaba en abundancia una belleza gratuita como aquella sobre nuestro planeta?

Mientras camino por las Montañas Rocosas, al doblar una esquina me encuentro con una exuberante alfombra de flores silvestres: copa de rey, pincel indio, pedicularis groenlandica, mitela. La belleza abunda en nuestro planeta, y grita una alabanza sin palabras. Los científicos Alexander Tsiaras y Francis Collins ven la mano de Dios en la codificación de la doble espiral del ADN. Y a través de la lectura de escritores que hablan de la naturaleza como John Muir, Henri Fabre, Loren Eiseley y Lewis Thomas, he ido adquiriendo el aprecio por un Maestro Artista en quien tal vez ellos ni siquiera crean; sin embargo, sus precisas y reverentes observaciones me ayudan a darles forma a mi propia gratitud y alabanza.

Con todo, la ciencia se limita a aquello que se puede verificar de manera empírica, y un Dios invisible se encuentra fuera de ese ámbito. En un intercambio de cartas con Robert Seiple, quien fuera entonces presidente de World Vision USA, Carl Sagan le aclaró que hasta él se mantenía receptivo a la fe en Dios. Observaba maravillado la belleza y la sencillez existentes en las leyes que gobiernan el cosmos. Resumiéndolo todo, le escribió: «Como científico, sostengo que la fe debe seguir a las evidencias, y para mi mente las evidencias a favor de un universo que ha sido creado están lejos de ser convincentes. Ni creo, ni dejo de creer. Mi mente está, según pienso, abierta en espera de datos mejores».

Un amigo que es médico y también un cristiano comprometido se preguntaba si celebrar la creación podría ser una forma de adoración, aun para aquellos que no reconocen al Creador. Me habló de una conversación con alguien que elogiaba uno de sus libros, al mismo tiempo que no podía recordar el nombre del autor y desconocía totalmente que estaba hablando con el propio escritor del libro. «Lo extraño es que ese elogio resultaba más genuino por su inusitado anonimato. Yo sospecho, como especulaba C. S. Lewis en una ocasión, que es posible que Dios tenga más conexiones de las que muchos piensan con los ateos sinceros».

Los cristianos pueden aprender mucho de la ciencia al mismo tiempo que le prestan atención a lo que se encuentra más allá de los límites de ella. Erwin Schrödinger, pionero de la física cuántica, admitía: «La imagen que pinta la ciencia del mundo que me rodea es muy deficiente. Me da una gran cantidad de datos informativos, pone toda nuestra experiencia en un orden magníficamente coherente, pero mantiene un terrible silencio acerca de todo lo que se halla realmente cerca de nuestro corazón, aquello que en realidad nos importa. No nos puede decir una sola palabra acerca de las sensaciones del rojo y el azul, de lo amargo y lo dulce, los sentimientos de deleite y angustia. No sabe nada sobre la belleza y la fealdad, lo bueno y lo malo, Dios y la eternidad».

Otro científico expresaba un pensamiento similar: «No siempre todo aquello que se puede contar, cuenta; tampoco es necesario que se pueda contar todo lo que cuenta».

LA NUEVA ERA RESPONDE

¿Existe alguien más? Aunque tanto los científicos como los laicos aprecien las maravillas de la creación, ese aprecio no lleva forzosamente a la fe tradicional. En tiempos recientes se han abierto en su lugar las compuertas de otras creencias. Dado el avivamiento del interés en las brujas, la canalización de la Nueva Era y los ángeles, el mundo del espíritu ha regresado con fuerza, aun en medio del materialismo de nuestra época.

En los años ochenta, Shirley MacLaine introdujo a millones de personas al mundo de los psíquicos, los canalizadores y los espíritus guía. «Dios se halla en nuestro interior», decía, «y por tanto cada uno de nosotros es parte de él». Así llegaba a una notable conclusión: «Yo creé mi propia realidad [...] Había creado todo lo que veía, escuchaba, tocaba, olía, gustaba [...] Yo constituía mi propio universo [...] ¿Era esto lo que quería decir la declaración "YO SOY EL QUE SOY"?». Carlos Castañeda, Oprah Winfrey, Eckhart Tolle, Marianne Williamson, *Las nueve revelaciones* (*La profecía celestina*), el druidismo, la adoración de la diosa, *Conversaciones con Dios*, la Wicca, la Cábala, *Un curso en milagros*, la Iglesia de la Unidad... cada uno de ellos presenta una comprensión de la realidad diferente a las propuestas del cristianismo y la ciencia.

Robert Bellah entrevistó a una joven, una enfermera llamada Sheila, la cual practicaba una fe tan personalizada que le había dado su propio nombre. «Mi fe me ha llevado muy lejos», le dijo. «Es el sheilaísmo. Solamente tiene en cuenta mi propia vocecita [...] Solo consiste en intentar amarte a ti misma y ser bondadosa contigo misma. Ya sabes, según creo, se trata de ayudarnos unos a otros».

Elizabeth Gilbert relataba su propia búsqueda espiritual en *Eat, pray, love (Come, reza, ama)*, un libro que permaneció casi cuatro años en la lista de los más vendidos del *New York Times* y fue llevado al cine en una película cuya protagonista fue Julia Roberts. A diferencia de Sheila, Elizabeth Gilbert hizo un deliberado esfuerzo por hallar la verdad, buscándola en Italia, la India e Indonesia. Sin embargo, fue a parar a un lugar no muy lejos de Sheila. «Tienes todo el derecho a escoger cuando se trata de mover tu espíritu y hallar la paz en Dios», es su conclusión. ¿Y lo más elevado de su sabiduría espiritual? «Dios habita en tu interior como tú mismo, exactamente en la forma que tú tienes».

Admito tener poco interés en la religión de la Nueva Era, la cual me parece tan resbalosa como un jabón mojado. Me estremezco al imaginarme un universo operado por un Dios que se parezca a mí, que sea exactamente de la forma que soy. No obstante, decidí que la debía analizar con mayor detenimiento, puesto que hay muchos postcristianos a quienes les atraen las creencias de la Nueva Era. Por curiosidad periodística, visité una iglesia de la unidad y, aunque disfruté de su espíritu sonriente y optimista, nunca pude llegar a captar qué es lo que creen sus seguidores ni por qué.

Luego pagué cuarenta y ocho dólares por una entrada para escuchar a Wayne Dyer, un gurú que la estación PBS de televisión presenta con frecuencia y ha escrito libros con títulos como estos: *How to Get What You Really, Really, Really Want* [Cómo conseguir lo que de verdad, de verdad quieres]. Llegué temprano a la reunión con Dyer. Mientras un arpa y un violín tocaban una música relajante, el propio Dyer iba circulando entre todos los asistentes, saludando a sus conocidos y dando apretones de mano. Entonces uno de sus seguidores locales lo presentó con palabras llenas de adulación y Dyer tomó el micrófono.

Él comenzó: «Las palabras más profundas que he escuchado son estas: "Yo soy Dios"». Después se dispuso a hablar durante noventa minutos sin parar. Estableció la meta de conectarse con el Todo, puesto que cada uno de nosotros es parte de una fuente universal. La peor cosa es cualquiera que excluya algo. La religión excluye. Por lo tanto, necesitamos elevarnos por nuestra propia cuenta a un nivel más alto de conciencia.

«Tengo dentro de mí un conocimiento», dijo Dyer. «Nací cerca del cielo, y todo lo que necesito es recordar ese estado». Salpicando su charla con palabras como *energía, vibración* y *armonía*, presentó una fe que es positiva, autorrealizadora y transparente. Mencionó con respeto a Jesús, pero no pude menos que notar lo mucho que difería su programa de la senda estrecha y llena de sacrificio que Jesús describiera. Dyer no había buscado su concepto de Jesús en los cuatro Evangelios, que él considera como redactados muchos años después de su muerte, sino del evangelio de María Magdalena, el cual según afirma se refiere al Bien, pero nunca a Dios.

Con un estilo de testimonio personal que recordaba los que se escuchaban en las tiendas de campaña donde se celebraban los avivamientos en el sur del país, Dyer habló de su propio ascenso desde la sala de un orfanato que compartía con once niños más hasta una posición de fama y riqueza. «Dios me dio el don», dijo con orgullo, y relató cómo había usado ese don para lograr el éxito, convirtiéndose en la primera persona que sin ser médico recibiera el premio Einstein. A lo largo del camino había aprendido a calibrar los grados de conciencia de las personas en cuanto a Dios. Jesús se encuentra solo en la cima, con una puntuación de novecientos; la Madre Teresa se encontraba en los setecientos; y sorprendentemente, Sky, la hija del propio Dyer, alcanza una puntuación de seiscientos cuarenta cuando canta una canción en particular.

Confieso que mientras escuchaba a Wayne Dyer tuve que luchar con la tendencia a descartarlo por completo. Sus teorías sobre conspiraciones en la historia de la iglesia al estilo del Código Da Vinci no eran convincentes. Su Dios parecía excesivamente manso para ser capaz de gobernar un universo; ni siquiera podía saber si él creía en un Dios separado de los seres humanos. Ciertamente, no tenía concepto alguno de la Caída, y yo me preguntaba en qué lugar de su sistema cabía la maldad. Precisamente cuando me estaba inclinando hacia el desdén, me recordé a mí mismo que había ido allí a escuchar, no a juzgar. Miré alrededor del salón y vi a setecientos seguidores sonrientes, que interrumpían a Dyer con sus aplausos mientras asentían entusiasmados ante lo que decía. Todos habían pagado por lo menos cuarenta y ocho dólares por la entrada, y los más dedicados habían contribuido con cincuenta dólares adicionales por tener el privilegio de cenar con él.

El folleto que tenía en mi regazo presentaba el mensaje central: «Dios es AMOR. El amor es VIDA. Yo soy VIDA. YO SOY». Amor, vida, significado, Dios... yo estaba presenciando en aquel salón de conferencias del hotel la expresión de una profunda sed. Para mí, el nebuloso misticismo, la autopromoción descarada, e incluso la calidad de la música no llegaban a la altura de lo que escucho habitualmente en la iglesia. Sin embargo, entre los asistentes había muchos que admitían que lo habían intentado con la iglesia y no habían hallado en ella el remedio para su sed. Sería fácil culparlos por preferir la autorrealización a un discipulado radical, pero había escuchado demasiadas historias sobre personas que han sido heridas por la iglesia y desencantadas por cristianos que distorsionan el mensaje.

Me preguntaba cómo habrían reaccionado aquellas personas ante Jesús, que se las arregló para inquietar a la religión establecida y presentar unas exigencias absolutas, al mismo tiempo que ofrecía un Agua Viva que satisface plenamente. En una ocasión escuché a un rabino mientras se dirigía a un grupo de capellanes del ejército: «Donde otros ven rebelión, nosotros vemos sed», les decía. «Donde otros ven apatía, nosotros vemos añoranza. Donde otros ven enemistad, nosotros vemos búsqueda». Sus palabras, con las cuales describía el papel de un capellán en una sociedad postmoderna, eran un eco de las de otro rabino que había vivido dos mil años antes.

LA RELIGIÓN RESPONDE

¿Existe alguien más? Todavía los investigadores no han podido encontrar una sola sociedad en toda la tierra, por «primitiva» que sea, que no tenga algún sistema de creencias religiosas. En su relato sobre el viaje del *Beagle*, Charles Darwin comentaba lo asombrado que estaba al haber hallado unas creencias tan avanzadas incluso entre las tribus que vivían en el extremo sur de Argentina, la Tierra del Fuego, que a él le parecía el fin del mundo. La religión está programada en la psiquis humana, según sostienen algunos científicos. No podemos dejar de hacer preguntas trascendentales acerca de la vida, la muerte y el sentido de todo; las mismas preguntas que se hallan más allá de las limitaciones de la ciencia.

«Claro, esas preguntas son importantes», me decía un conocido. «Pero cada religión tiene sus propias respuestas, y la mayor parte de la gente se limita a aceptar la religión en la cual creció. ¿Cómo es posible que alguien pueda decidir qué es cierto?».

Cuando la Iglesia de la Comunidad de Willow Creek hizo una encuesta, encontró que algunas personas de su congregación, y en especial sus amigos postcristianos, creían que todas las religiones del mundo son en esencia la misma cosa. Si sus doctrinas resultan similares y señalan en una misma dirección, ¿por qué es importante escoger la «correcta»? En respuesta a esa encuesta, la iglesia invitó a un culto a un representante bien ilustrado de cada una de las religiones principales. Un hindú, un budista, un musulmán, un judío y un cristiano se sentaron juntos en la plataforma y respondieron las preguntas que les hizo Bill Hybels, el moderador. Voy a presentar resumidos algunos de los puntos principales.

¿Cómo entiende usted el concepto de Dios?

El hindú: Dios era todo conciencia antes de la creación, y durante sus tiempos de entretenimiento creó el universo. Así que Dios en una forma es la creación, y también puso vida en ella cuando entró en esa creación una cantidad incalculable de veces. En realidad, cualquiera puede alcanzar la categoría de la divinidad si sigue las reglas establecidas.

El budista: Nosotros no nos enfocamos en Dios ni en los dioses, sino en las enseñanzas de Gautama Buda, quien vivió en el siglo quinto A.C. Al igual que Buda, nos esforzamos por convertirnos en seres humanos iluminados que sirven por compasión y tratan de acabar con el sufrimiento en el mundo.

El musulmán: Dios es un dador de misericordia. Es paz. Es el primero y el último. Es el dueño del Día del Juicio. Es el dueño del universo. Es el guía. Es la luz. Es la misericordia.

El judío: Me imagino que todos los que están aquí reconocerían al Dios del judaísmo a través de las religiones hijas del judaísmo, el cristianismo y el islam, puesto que ambas han creado sus propias teologías a partir del judaísmo, que es su religión madre.

El cristiano: Dios es omnipotente, omnisciente y omnipresente. Dios es espíritu y existe eternamente en tres personas: Dios Padre, Dios Hijo y Dios Espíritu Santo. Además, Dios es personal, lo cual significa que me invita a mí a conocerlo y a establecer una relación amorosa y creciente con él.

¿Qué piensa acerca de Jesucristo? ¿Quién fue Jesús de Nazaret según su tradición?

El hindú: Este mundo es el drama de Dios. Él creó numerosas religiones, y quería esa variedad para su propia complacencia. Cuando vino Jesucristo y apareció el cristianismo, se trataba de Dios manifestándose en Jesús. Nosotros tenemos tolerancia hacia todos los dioses y les decimos a todos que oren a su dios, si esa es su creencia, y que sigan haciendo lo que están haciendo.

El budista: Jesús fue un ser humano, un hombre sabio y compasivo al que le preocupaba el sufrimiento de la humanidad. Y la tradición budista también reconocería la perspectiva según la cual Jesús es el Hijo de Dios, pero no el único camino hacia Dios.

El musulmán: Nosotros creemos en los profetas de Dios, entre ellos Jesús, la paz sea con él. Sin embargo, no creemos que murió en la cruz. El Corán dice que no fue asesinado ni crucificado. Dios lo ha hecho ascender y regresará para guiar a toda la comunidad de acuerdo con los principios del islam.

El judío: En cuanto a la preeminencia de Jesús sobre todas las demás figuras centrales de la religión, eso lo dejamos para que cada cual decida por su cuenta. Nosotros tenemos nuestra Biblia y nuestros profetas, y ellos tienen su Biblia y sus profetas, y así consideramos nosotros las cosas.

El cristiano: Jesucristo es el Hijo unigénito de Dios, plenamente hombre y plenamente Dios, sin pecado, el único digno o calificado para perdonar el pecado. Demostró ser Dios cuando resucitó, y también probó que podía derrotar a la muerte y perdonar los pecados.

Una pregunta final, ¿qué concepto tiene sobre la vida después de esta vida? Si usted muriera después de esta reunión, ¿qué le sucedería?

El hindú: Los hindúes creemos en la reencarnación, una continuación de la vida. Antes de mi nacimiento deben haber ocurrido miles de nacimientos previos. Según mis acciones y mi próximo nacimiento, podría entrar en una criatura inferior o me podría elevar, al menos hasta alcanzar el estado de conciencia plena.

El budista: La vida después de esta vida es problemática. Si se ha producido la iluminación antes de la muerte, hay una liberación completa, o nirvana total, que no es posible describir ni explicar. No es ni un estado eterno de conciencia ni una aniquilación. Nosotros no tenemos capacidad intelectual para comprenderlo.

El musulmán: Todo ser humano tiene un asiento reservado en el cielo y en el infierno. Los ángeles le preguntarán qué sucedió en su vida, quién era su Dios, quién era su profeta, cuál era su religión, cuál era su libro. De manera que en el momento de la muerte, a los que van al cielo se les enseñará el lugar que tienen reservado en el infierno —y lo que sucedió por la gracia de Dios, que hizo que fueran salvados de ir a ese infierno— y después serán enviados al cielo. De lo contrario, se les enviará por el otro camino. Todos tenemos que estar preparados.

El judío: Los rabinos han dicho que la calidad de la vida de la persona después de la muerte depende del carácter de su vida en la tierra. «Los justos de todas las naciones del mundo participarán en el mundo que habrá de venir».

El cristiano: El alma vivirá para siempre en la eternidad, y las decisiones que tomamos aquí y ahora son las que determinarán nuestro destino eterno. Si decidimos ignorar o rechazar a Dios, o ignorar el problema de la separación [el pecado], nos pasaremos la eternidad apartados de Dios, y ese lugar recibe el nombre de infierno. Por otra parte, si decidimos resolver el problema de la separación de acuerdo con lo dispuesto por Dios, recibiendo a Jesucristo en nuestra vida y permitiéndole que perdone nuestros pecados y se convierta en nuestro puente sobre ese abismo de separación, nos pasaremos la eternidad con Dios en el cielo.

Está claro que no todas las religiones enseñan las mismas respuestas a las preguntas más definitivas. (Necesito hacer la observación de que, por supuesto, otros representantes de esas mismas religiones habrían podido expresar de manera diferente sus creencias.)

«Vivimos en un mundo donde existe una gran diversidad, y tenemos que aprender a entendernos y respetarnos, mostrando deferencia y amabilidad hacia las personas que representan a religiones diferentes a la nuestra», dijo Bill Hybels al final de aquel servicio. «Tengo la esperanza de que al marcharnos nos vayamos con las palabras de Jesús en nuestra mente: la ley o el valor más elevado del reino es la ley del amor. Aunque estemos en desacuerdo en cuanto a dónde debemos clavar nuestra estaca de convicciones y creencias, todos estamos llamados a ser compasivos, comprensivos y respetuosos con aquellos que tienen creencias diferentes a las nuestras».

¿CÓMO DECIDIR?

Cada una de las principales religiones aborda las preguntas más importantes —¿Quién es Dios? ¿Cómo debo vivir? ¿Qué sucede después de la muerte?— y presenta sus propias respuestas. En mi condición de cristiano, mi principal preocupación no consiste en degradar las creencias de los demás, sino en analizar las mías. No tenemos pruebas definitivas que presentar, nada que convencería a un científico que solo mira los datos empíricos. Y en un ambiente religiosamente diverso, los argumentos tomados de la Biblia no funcionan bien, porque no todo el mundo acepta su autoridad. En su lugar, las personas toman decisiones basadas en las creencias que se corresponden mejor con la manera en que perciben la realidad.

Hace más de un siglo, William James hizo notar que todas las religiones giran alrededor de un núcleo común que consiste en «una intranquilidad» acerca de la vida y «su solución». El mundo contiene belleza, pero también violencia y muerte. Los seres humanos sienten amor y gozo, pero también añoranza y desesperación. ¿Cuáles son las creencias que reflejan mejor ese sentimiento de ser incompletos e imperfectos? ¿Qué solución ofrece esperanza y sacia la sed? Pensándolo con mayor profundidad, ¿cuál es la religión cuyos seguidores viven mejor la realidad que afirman creer?

En mi propia búsqueda de respuestas comienzo por el cuadro general, la contemplación de toda la creación. Aunque no todo el mundo esté de acuerdo, sencillamente para mí el universo, la tierra, la vida y los seres humanos presentan demasiadas «coincidencias» para ser productos del azar. Siendo ese el caso, ¿cómo escojo entre las diversas opciones religiosas? La Nueva Era me atrae muy poco, ya que el universo exige que haya un Dios muy diferente a mí, un Dios que me inspire admiración y adoración. Así que organizo las principales alternativas. Como hizo notar C. S. Lewis, de un lado se hallan el judaísmo, el cristianismo y el islam, que comparten una herencia en común. Del otro lado están el hinduismo y su primo el budismo. Por muchas razones que exigirían otro libro para explicarlas, pienso que el cristianismo es el que presenta el atractivo más convincente.

Resulta evidente que no deberíamos decidir acerca de estas cuestiones de importancia máxima a partir de lo que nos hace sentir bien. No obstante, cuando trato de ver mis propias creencias desde el punto de vista de un extraño, el evangelio cristiano sí parece corresponderse con la realidad, y de alguna manera se destaca como una noticia realmente buena. Comienza con la seguridad de que el universo llegó a la existencia no al azar, por obra de unas fuerzas impersonales, sino a través de la obra de un amoroso Creador que diseñó un hogar espléndido para nosotros los seres humanos. Sin embargo, toda la creación presenta las señales de haber sido arruinada, y los que seguimos a Dios tenemos la misión de traerle *shalom* —un estado de justicia, paz y salud— a un mundo quebrantado. También hemos recibido la promesa de una restauración definitiva del diseño original del Creador. «Voy a prepararles un lugar», les aseguró Jesús a los que dejaba detrás de sí en la tierra.

La esencia de la fe cristiana nos ha llegado en forma de relato, el relato de un Dios que está dispuesto a hacer cuanto sea necesario para recuperar a su familia. La Biblia nos habla de personas llenas de defectos —gente como tú y yo— que toman unas decisiones sorprendentemente malas y aun así descubren que Dios las sigue buscando. Cuando esas personas reciben gracia y perdón, su deseo natural es ofrecérselos a otros, y un toque de esperanza y transformación se evidencia a lo largo de todos los relatos de la Biblia.

Lo natural en un Dios amoroso es que se quiera conectar con aquellos que llevan su propia imagen, lo cual lo llevó a una inconcebible hazaña en la que asumió voluntariamente una situación de igualdad con nosotros: tomó la decisión de unírsenos en la tierra. Las buenas nuevas llegan a su punto focal en el Hijo de Dios, quien nos mostró al mismo tiempo cómo es Dios y cómo debemos ser nosotros. En la historia de Jesús encontramos pruebas del constante amor que Dios siente por nosotros («Porque tanto amó Dios al mundo, que dio a su Hijo unigénito...») y una muestra de cómo él puede sacar vida de la muerte y bien de la maldad.

He aquí una paráfrasis del resumen que hace Pablo en su epístola a los Efesios:

Mucho antes de poner los cimientos del mundo nos tuvo presentes en su mente y estableció que su amor se centraría en nosotros, para hacernos íntegros y santos por medio de tal amor. Muchísimo tiempo atrás, decidió adoptarnos por medio de Jesucristo para que formáramos parte de su familia. (¡Cómo le agradó planificar esto!) [...]

En Cristo descubrimos quiénes somos y para qué estamos vivos. Mucho antes de que oyéramos hablar de Cristo por vez primera y surgiera nuestra esperanza, él ya había puesto sus ojos en nosotros, tenía designios acerca de nosotros para hacer que lleváramos una vida gloriosa, como parte del propósito general que está desarrollándose en todas las cosas y todos los seres humanos.

Como admite el mismo Nuevo Testamento, Jesús es a un tiempo la piedra angular de la creación y también la mayor piedra de tropiezo para los no creyentes. Todos los que estaban allí en el panel de Willow Creek estuvieron de acuerdo en que Jesús constituye un punto en común: es un apreciado rabino para los judíos, un dios para los hindúes, un iluminado para los budistas, un gran profeta para los musulmanes. Hasta para el gurú de la Nueva Era, Jesús representa la cúspide de nuestra percepción de Dios. Al mismo tiempo, él es quien nos divide. Solo los cristianos lo ven como miembro de la Deidad, en una misión exclusiva que consiste en reparar a este mundo destrozado.

Para nosotros, los seguidores de Jesús, las buenas nuevas se centran en él, como la luz del sol concentrada por una lupa. Él perdonó a los pecadores, amó a sus enemigos, sanó a los enfermos, les extendió su gracia a los que no la merecían y triunfó como víctima. En resumen, manifestó que hay una manera diferente de ser humano. Ese modelo representa unas asombrosas buenas nuevas, aunque nadie encuentre que Jesús sea muy fácil de imitar. Y nadie lo va a encontrar a menos que los cristianos vivamos de acuerdo con lo que creemos.

Para el postcristiano, Jesús sigue siendo la figura central, la que no se descarta ni se rechaza con facilidad. Hace unos pocos años, Jeff Bethke compuso un poema de rap titulado «Por qué detesto la religión, pero amo a Jesús», el cual tuvo una aceptación «viral», un éxito impresionante, atrayendo a casi treinta millones de visitantes en YouTube. Una historia principal de *Newsweek* en la Semana Santa del año 2012 presentaba con sencillez el mensaje: «Olvídate de la iglesia y sigue a Jesús». Esta clase de lemas indica que una iglesia repleta de moralismo, crítica y clasificaciones espirituales ha fracasado en su deber de representar a Jesús.

Al fin y al cabo, la presentación de las buenas nuevas es responsabilidad de los seguidores de Jesús. La sed persiste. ¿Ayudamos a saciarla? Nosotros somos los que debemos responder de forma convincente la pregunta: «¿Existe alguien más?».

UN FUERTE ENCUENTRO CON LA REALIDAD

Tuve un fuerte encuentro con la realidad en el año 2012 cuando me pidieron que hablara en Newtown, Connecticut, poco después de la matanza en la Escuela Primaria de Sandy Hook, donde murieron veinte niños de primer grado, además de seis maestros y miembros del personal. Sí, la gente se estaba preguntando: «¿Cómo es posible que Dios haya permitido una tragedia así?». Sin embargo, preguntaban con mayor urgencia: «¿Volveré a ver alguna vez a esos niños? ¿Significaron algo perdurable esas vidas de seis y siete años solamente?». En otras palabras, ¿hay alguna buena noticia a la cual aferrarnos en medio de unos momentos tan terribles?

Pude presentarme ante una comunidad llena de angustia a fin de ofrecerle una esperanza. Incapaz de aliviar su sufrimiento, al menos podía reconocer algo: la indignación que sentían contra una matanza premeditada era una indignación verdadera y justa contra una despreciable maldad. También les podía recordar que Dios se halla del lado del que sufre, ya que tenemos el claro ejemplo de Jesús, que lo demostró personalmente. Y lo más importante de todo, les pude ofrecer la esperanza de que aquellas cortas vidas no habían terminado en esa fecha terrible, y que un día los padres se podrían reunir con unos niños a los que solo se les había permitido vivir unos breves años en este planeta.

Nuestra fe no se apoya solamente en el ejemplo de Jesús, sino también en su resurrección. El apóstol Pablo lo dijo: «Si no hay resurrección, entonces ni siquiera Cristo ha resucitado. Y si Cristo no ha resucitado, nuestra predicación no sirve para nada, como tampoco la fe de ustedes. Aún más, resultaríamos falsos testigos de Dios [...] Si la esperanza que tenemos en Cristo fuera sólo para esta vida, seríamos los más desdichados de todos los mortales».

En mi sitio web recibí este mensaje de una dama que ve al cristianismo más como un engaño que como un adversario:

Acabo de almorzar mientras revisaba su libro *Desilusión con Dios*. Lloré un poco, algo que no hago con frecuencia. Soy enfermera, tengo cincuenta y un años y fui educada en un hogar cristiano. Lloré porque acabo de buscarlo en la Internet y tal parece que todos estos años, desde que escribió el libro, usted no ha sido capaz de enfrentarse a la verdad de que en realidad no existe un Dios. Lloré porque comprendo por qué no ha sido capaz de enfrentarse a esa verdad; lloré porque usted sigue guiando a la gente por un camino sin salida, creyendo que le está dando consuelo cuando en realidad la está descarriando; lloré porque usted hizo que mis padres se equivocaran y los inspiró a enseñarme que existe un Dios personal que cuida de mí, lo cual ha estado distorsionando mi cosmovisión durante años mientras que habría sido más feliz de lo que jamás hubiera pensado de haber seguido la verdad: que en realidad no sabemos por qué estamos aquí, sino que existe una naturaleza, un inmenso cosmos que estamos explorando, y que si realmente existiera un Dios que cuidara de nosotros, él nunca jamás, jamás, se nos habría dejado de revelar de una manera que comprendiéramos, porque esta situación sencillamente carece de sentido. LE SUPLICO que abra la mente a la posibilidad de que, aunque sin culpa alguna, usted haya estado equivocado. SE LO SUPLICO por el bien de nuestra humanidad. LE SUPLICO que tanto usted como su familia VEAN lo que está haciendo y diciendo. Si usted se interesa por ALGUIEN, le ruego que explore la posibilidad de que pudiera estar haciendo daño en lugar de ayudar. POR FAVOR.

Me quedé largo rato contemplando aquella carta. En ella me estaban suplicando que hiciera una nueva valoración de mi fe, la parte más importante de mi vida. No puedo negar que he batallado con las dudas, que a veces me he preguntado acerca de las mismas cuestiones que esta dama mencionaba. Lo que me golpeó más fue su tono de máxima preocupación, su anhelo de una realidad sin adornos de ninguna clase. Seguí su sugerencia de que leyera algunos libros que me recomendaba escritos por ateos. En uno de ellos, Jean Paul Sartre, admitía: «El que Dios no exista, no lo puedo negar. El que todo mi ser clama por Dios, no lo puedo olvidar».

He aquí parte de mi respuesta a esta enfermera:

Le agradezco su compasión, de veras se la agradezco. Y comprendo su posición tal vez mejor de lo que se imagina. He leído [algunos de los libros que ella me mencionaba]. Estoy seguro de que está consciente de que otros hemos visto las mismas evidencias que usted y han llegado a una conclusión diferente. Muchos de nosotros creemos que Dios se ha revelado realmente a sí mismo por medio de la naturaleza, la Biblia y Jesús. Por supuesto, nosotros podríamos estar equivocados, tal como usted podría estarlo también.

Recuerdo la «apuesta» hecha por Blas Pascal. «El silencio eterno de estos espacios infinitos me aterra», dijo. No obstante, no podía comprender la actitud de regocijo con la cual los escépticos proclamaban su falta de fe en Dios y la inmortalidad. Una breve vida en un universo sin sentido y después la aniquilación, ¿puede alguien recibir con agrado semejante visión del futuro? ¿Acaso no es más bien «algo que decir con aflicción, como la cosa más triste del mundo»?

Usted experimenta la incredulidad como una especie de liberación. Para muchos de nosotros, la fe es un consuelo. He tenido el privilegio de conocer a muchas personas maravillosas que se sienten motivadas por sus creencias a hacer el bien con generosidad —en lugar de sentirse heridas por ellas— y he podido escribir sobre esas personas. Algún día todos sabremos la realidad sin que nos quede lugar a dudas. Mientras tanto, tomamos decisiones. Yo respeto su decisión, y le doy gracias por la labor que está haciendo en un estado en el cual viví en el pasado.

¿Existe alguien más? Si no existe, los que creemos nos hallamos lamentablemente descarriados. Si existe, algún día conoceremos el fin de todas las incomodidades y serán saciados todos nuestros anhelos.

CAPÍTULO 10

¿POR QUÉ ESTAMOS AQUÍ? LA PREGUNTA SOBRE EL SER HUMANO

Naciste sin propósito alguno, vives sin razón de ser, vivir es la propia razón de ser. Cuando mueras, te habrás extinguido. De ser tú, pasarás a ser una no-entidad.

Ingmar Bergman

Cada mes, un cuarto de millón de estadounidenses indaga en el buscador de Google: «¿Cuál es el sentido de la vida?». Cuando lo hice, Google me presentó un reporte con seiscientos cuarenta millones de resultados en menos de medio segundo. Al revisar las primeras páginas, encontré respuestas que variaban desde lo filosófico hasta el cinismo. Era típica una cita tomada de la película *El sentido de la vida*, de Monty Python: «Bueno, no es nada demasiado especial. Hmm, trata de ser amable con la gente, evita comer grasas, lee un buen libro de vez en cuando, camina un poco e intenta vivir en paz y armonía con las personas de todos los credos y las naciones».

Varios de los que contribuyeron con sus respuestas sugerían cosas como «Lograr mi potencial», «Buscar la sabiduría», «Ser bueno», «Amar a Dios y a los demás» y «Ser feliz». Alguien había puesto una escena del programa de televisión *Los Simpson*, en la cual Dios promete iluminar a Homero en cuanto al sentido de la vida; solo que aparece la lista final de créditos y se termina la música precisamente en el momento en que comienza el discurso de Dios.

Las respuestas que dan la comunidad de la ciencia y la fe a la pregunta «¿Por qué estamos aquí?» no podrían ser más diferentes. El Catecismo de Baltimore presenta la respuesta cristiana clásica: «Dios me hizo a fin de conocerlo, amarlo y servirle en este mundo, y ser feliz con él para siempre en el cielo». En el otro extremo del espectro, Richard Dawkins ve al universo como poseedor «precisamente de las propiedades que esperaríamos si en esencia no existieran diseño, ni propósito, ni maldad ni bien; nada más que una ciega y despiadada indiferencia». La ciencia podrá ayudar a responder las preguntas acerca del «¿Cómo?», pero no las que indagan «¿Con qué propósito?».

TODO TIENE QUE VER CONMIGO

Como si estuviera reaccionando ante esta crisis de identidad, el reciente campo de la psicología evolutiva ha surgido con un nuevo enfoque muy audaz. Necesitamos mirar hacia abajo, no hacia arriba; a la naturaleza, no a un Creador. La mejor manera de aprender acerca de nosotros mismos consiste en estudiar a otras especies en busca de indicios sobre la razón por la cual la selección natural podría preferir ciertas formas de conducta. Los que escriben sobre psicología evolutiva llenan sus obras con vívidas descripciones de hormigas y chimpancés, proponiendo teorías acerca del origen de rasgos como la infidelidad, los instintos maternales, la murmuración y la violencia. Hay revistas al estilo de *Time* que contratan a estos escritores para que le encuentren sentido a la conducta de las pandillas en los barrios bajos de las ciudades, o a las indiscreciones sexuales en la capital de la nación. Los nuevos conductistas se esfuerzan por ayudarnos a comprendernos a nosotros mismos y comprender nuestro papel en el cosmos.*

Los relatos de los psicólogos evolucionistas sobre la conducta animal me parecen fascinantes. No obstante, cuando se aplican los mismos principios a los seres humanos, mis timbres de alarma se disparan. Por mencionar el más importante, el desplazamiento de Dios también derriba a la especie humana de su pedestal. Si los seres humanos no están hechos a la imagen de Dios, ¿cómo nos podremos atribuir derechos o privilegios especiales? El zoólogo Paul Shepard admite: «La palabra "derechos" implica alguna forma de dominio cósmico [...] algo intrínseco, u otorgado por Dios o la Naturaleza». Los ateos sinceros están de acuerdo en que toda discusión acerca de los derechos del ser humano o los animales carece de sentido, lo cual causa un enorme impacto en nuestra manera de considerarnos a nosotros mismos y al mundo.

«En realidad, no hay razón racional alguna para decir que un ser humano tiene derechos especiales», afirma Ingrid Newkirk, cofundadora de People for the Ethical Treatment of Animals [Personas a favor del trato ético de los animales]. «Lo mismo da una rata, que un cerdo, que un perro, que un niño».** En el año 2013, el grupo Non-human Rights Project (NhRP) [Proyecto sobre los derechos de los no humanos] presentó ante los tribunales una serie de litigios legales en un intento por lograr que los jueces declararan que los grandes simios son personas legales. Hay eticistas

---

* No todos los teóricos del evolucionismo aceptan esta escuela de pensamiento. Es notable que Stephen Jay Gould haya presentado una fuerte crítica en números sucesivos del *New York Review of Books*, llamando a los psicólogos evolucionistas «fundamentalistas darwinianos» e «hiperdarwinianos» por su obstinada insistencia en que la selección natural es la única responsable de todo el desarrollo evolutivo y de la conducta humana.

** El teólogo Walter Wink comenta: «En el pasado, errábamos al atribuirles a los animales unas facultades que solo se encuentran en los humanos; hoy en día, el conductismo les niega a los seres humanos las facultades que no se encuentran en los animales. Según la sarcástica frase de Arthur Koestler, hemos sustituido la visión antropomórfica de la rata por una visión ratomórfica de los humanos».

serios que sostienen actualmente que algunas veces los derechos de un animal deberían tener precedencia por encima de los de un ser humano. Peter Singer, de Princeton, sugiere que un chimpancé adulto podría tener un valor mayor que un bebé humano, en especial si se trata de un niño «defectuoso». El infanticidio debería producirse después del nacimiento tan pronto como sea posible, aunque sería aceptable matar a niños de un año de edad que tuvieran discapacidades mentales o físicas. Esta proposición nos llega de un hombre al cual *The New Yorker* considera el filósofo más influyente de todos en la actualidad.

Llevada hasta su conclusión lógica, la pregunta «¿Por qué estamos aquí?» se convierte en «¿Acaso deberíamos incluso estar aquí?». Un escritor reflexiona en la publicación periódica *Wild Earth* acerca de un mundo en el cual no hubiera seres humanos: «Si no has pensado mucho antes en la extinción voluntaria de los seres humanos, la idea de un mundo sin gente te parecerá extraña. No obstante, si le das una oportunidad a esa idea, estarás de acuerdo en que la extinción del *Homo sapiens* significaría la supervivencia de millones, tal vez miles de millones de especies más que habitan en la Tierra [...] La eliminación gradual de la raza humana va a resolver todos los problemas de la tierra, tanto sociales como ambientales». Este movimiento mantiene un sitio web en once idiomas y aboga por la eliminación de todos los nuevos nacimientos bajo el lema: «Que vivamos largo tiempo y nos extingamos». El fundador visualiza un tiempo en el cual «los últimos humanos podrían disfrutar pacíficamente de sus últimas puestas de sol, sabiendo que han hecho regresar al planeta lo más cerca posible al huerto del Edén».

Por fortuna, son pocos los que están dispuestos a llevar hasta ese extremo sus conclusiones sobre la falta de sentido de la vida humana. Los psicólogos evolucionistas lo enfocan de una manera distinta. Afirman que todo indicio en cuanto al sentido de la vida se debe hallar en algo llamado «el gen egoísta», el cual es responsable de toda la conducta humana. Existimos con un solo propósito, que es la perpetuación de nuestros genes; por tanto, todas las decisiones que yo haga deberán beneficiar de alguna manera a mi grupo de genes. Algunos teóricos del evolucionismo proclaman esta idea como el avance más importante de su teoría desde Darwin. Richard Dawkins lo presenta de esta manera: «Somos máquinas de supervivencia, vehículos autómatas ciegamente programados para conservar esas moléculas egoístas conocidas como genes. Esta es una verdad que aún me sigue dejando estupefacto».

Los críticos han presentado algunas objeciones a la teoría del gen egoísta. ¿Qué decir entonces en cuanto a la existencia de los homosexuales o las parejas sin descendencia, que no perpetúan sus genes? ¿Cómo explicar su conducta? ¿Cómo encaja el movimiento de la extinción voluntaria de la humanidad dentro de la teoría del gen egoísta? O pensemos en el caso de Robertson McQuilkin, un hombre al que conozco bien. Siendo presidente de un colegio universitario cristiano, renunció en medio de la plenitud de su vida para cuidar de su esposa, que sufría con la enfermedad de Alzheimer. ¿Cómo explicar una conducta tan generosa? Los psicólogos evolucionistas, como si le estuvieran enseñando álgebra a un niño, toman uno por uno estos espinosos problemas y los explican en función del gen egoísta.

Si Robertson McQuilkin afirma, tal como lo hace, que decidió permanecer junto a su esposa enferma porque la amaba y a causa de su compromiso con las normas bíblicas de la fidelidad, ¿por qué en efecto lo habría de alegar? Él se gana la vida como escritor y orador cristiano, ¿no es cierto? Así que todo lo que está haciendo es propagar las ideas que tan bien le han venido. Desafiado a explicar la conducta de la Madre Teresa, Edward O. Wilson señaló que su seguridad descansaba en el servicio a Cristo y su creencia en la inmortalidad; en otras palabras, ella había actuado a partir de la base «egoísta» de la recompensa que estaba esperando recibir.

Ese mismo principio se podría aplicar a mí: sin duda alguna estoy escribiendo este capítulo como respuesta a mi propio gen egoísta, con el fin de propagar mis creencias cristianas. Si estás en desacuerdo conmigo, debe ser porque estás respondiendo a un gen egoísta que te impulsa a reaccionar contra los cristianos. Ambos estamos siguiendo un guión de tipo determinista que tal vez no sea evidente para nosotros mismos ni para ninguna otra persona... con la posible excepción de los psicólogos evolucionistas.

LA NATURALEZA SOMBRÍA

Cuando leo a estos pensadores modernos, no puedo menos que notar la presencia de anomalías. Ellos nos piden que protejamos a las especies en peligro de extinción y respetemos los derechos de los animales sin presentar base alguna para esos supuestos «derechos». Después de describir escalofriantes ejemplos de violaciones a manos de pandillas, asesinatos y canibalismo en la naturaleza, nos exhortan a levantarnos por encima de este tipo de prácticas. Nos llaman a los valores «más elevados» de la no violencia y el respeto mutuo, a pesar de que no hay fundamento alguno para que nada sea más elevado o más bajo, y evidentemente de todas formas carecemos de una libertad real para actuar. Lo más serio de todo es que les cuesta juzgar algo como erróneo o malvado, puesto que al fin y al cabo solo estamos actuando de acuerdo a nuestros genes.

Robert Wright defiende la lujuria como un ejemplo del funcionamiento del gen egoísta. La lujuria se desarrolló como la manera que tuvo la naturaleza de «hacer que actuemos como si quisiéramos una gran cantidad de hijos y supiéramos de qué manera lograrlos, tanto si lo conseguimos realmente o no». Si un hombre se pone cada vez más inquieto después que una mujer le da unos pocos hijos, ¿por qué no habría de esparcir más ampliamente sus genes uniéndose a una mujer más?

Los psicólogos evolucionistas, puesto que no tienen categoría alguna para la maldad, van muy lejos en sus esfuerzos por explicar los crímenes más horribles. Lyall Watson presenta el caso de Susan Smith, quien hundió en un lago un sedán Mazda donde estaban sus dos bebés, apodados Precious [Precioso] y Sugarfoot [Pies de azúcar], a fin de seguir adelante en su aventura amorosa con un hombre rico. Watson afirma que el infanticidio no tiene nada de nuevo, puesto que se practica en muchas especies animales. En su libro *Dark Nature* [La naturaleza sombría], Watson intenta incluso hacer encajar las atrocidades de Ruanda y Auschwitz dentro de un marco racional de conducta genética. Lógicamente, tiene que hacerlo, puesto que da por sentado que *toda* forma de conducta humana se deriva de unos impulsos internos que han sido escogidos por medio de la selección natural.

Sin código moral externo sobre lo correcto y lo incorrecto, muchos científicos modernos se balancean en el borde de la autocontradicción. Edward O. Wilson se presenta en sus memorias como un hombre que posee las mejores cualidades que puede tener un científico: curiosidad, equidad y dedicación a la verdad. Sin embargo, si recibió por vía genética esas cualidades, siendo en realidad determinadas para él, ¿qué las hace superiores a otras como la pereza, la falta de honradez y la superstición, contra las cuales él mismo lucha con tanta valentía? ¿Por qué escoger un conjunto de valores por encima de otro, en especial cuando uno no cree en el libre albedrío?

Hay algunos biólogos evolucionistas que admiten jovialmente el problema. Robert Wright llega a esta conclusión: «De manera que la difícil pregunta sobre si el animal humano puede ser un animal moral, esa pregunta que el cinismo moderno tiende a recibir con una actitud de desesperación, parecería cada vez más pintoresca. La pregunta muy bien podría ser si, después que eche raíces el nuevo darwinismo, la palabra *moral* puede ser algo más que una simple broma».

Randolph Nesse, otro de los defensores de estas ideas, se siente más incómodo en cuanto a atribuirle al egoísmo todas las formas de conducta:

> Cuando por fin lo capté, dormí mal durante muchas noches, tratando de hallar alguna alternativa que no desafiara de una manera tan ruda mi sentido del bien y el mal. Comprendiendo que este descubrimiento puede socavar el compromiso con la moralidad, parece absurdo dominarse si la conducta moral solo es una estrategia más para favorecer los intereses de los genes de uno. Me da vergüenza decir que algunos estudiantes han salido de mis clases con un ingenuo concepto de la teoría del gen egoísta que a ellos les parecía justificar la conducta egocéntrica, a pesar de que había hecho mis mejores esfuerzos por explicar la falacia naturalista.

La ciencia nos bombardea cada vez más con un deprimente mensaje acerca de lo que significa ser humano. *Eres el resultado de un accidente en la selección natural. No tienes valor intrínseco alguno.* Comparando este con cualquier otro momento de la historia, vemos que los seres humanos han perdido el sentido de tener un destino único y lo han reemplazado por un complejo cósmico de inferioridad. Los científicos, educadores y políticos se esfuerzan por obtener una respuesta convincente a la pregunta: «¿Por qué estamos aquí?».

EL CAMINO ANCHO

La persona promedio hace a un lado las preguntas filosóficas y las últimas tendencias dentro de la ciencia evolucionista. La mayoría de nosotros nos vamos moviendo junto con la corriente cultural, comprando lo último en aparatos electrónicos, viendo películas y programas de televisión, pagando facturas, llevando a nuestros hijos a las prácticas de fútbol. Vivimos en el «camino ancho», para tomar prestadas las palabras de Jesús, y en el camino ancho se plantean muy pocas veces preguntas tan elevadas como «¿Por qué estamos aquí?». En lugar de plantearlas, la cultura popular nos proporciona una corriente interminable de cosas triviales —noticias, juegos, deportes, chismes de Hollywood— que tienen un efecto tranquilizador.

Mi adolescencia transcurrió en la década de 1960, una época en la cual un movimiento de jóvenes se rebeló ante la superficialidad de la cultura popular. Nos burlábamos abiertamente del sueño de tener un hogar en un barrio residencial, rodeado por un césped mantenido con todo cuidado, en el cual viviría una familia con hijos corteses y siempre bien acicalados. ¿Qué pasaba con los problemas mundiales del racismo, la pobreza y la guerra? ¿Cuál era el sentido de la vida?

No sospechábamos siquiera que los más brillantes y mejores entre nosotros pronto se desempeñarían como negociantes de inversiones, en lugar de convertirse en trabajadores sociales y poetas. La gente sencillamente dejó de preocuparse por las grandes preguntas existenciales. Mark, el hijo de Kurt Vonnegut, le preguntó a su padre en una ocasión: «¿Para qué sirve la gente?». Él entonces le sugirió la única respuesta que puede aceptar la cultura moderna: «Nosotros estamos aquí para ayudarnos unos a otros a pasar por todo esto, sea lo que sea».

La sociedad moderna, manejada por el mercadeo dirigido al consumidor, resulta excelente para ofrecer soluciones escapistas que impiden que preguntemos los porqués más importantes. La Internet está plagada de carteles publicitarios y propagandas que aparecen sorpresivamente en la pantalla.

De cada hora, la televisión destina dieciocho minutos a unos comerciales que nos tientan para que compremos los últimos productos —zapatos y pantalones de mezclilla de diseño, máquinas para hacer ejercicios, videojuegos, teléfonos inteligentes— y lo hace con una urgencia tal que en los días en que hay ventas especiales los clientes hacen largas filas durante toda la noche, atropellándose después unos a otros cuando por fin se abren las puertas de las tiendas. La economía de consumo despliega una sed que solo sus productos pueden saciar.

Cada vez que regreso de un viaje que he dado al mundo en desarrollo a una cultura más «avanzada» que por algún motivo me parece menos real, siento una oleada de sacudidas motivada por la cultura. En lugar de conversar alrededor del pozo de la aldea o compartir una comida con una extensa familia, entro al ámbito de los «amigos virtuales» que se comunican por medio de sucintos mensajes y tweets de ciento cuarenta caracteres. Y si busco en la cultura moderna una respuesta a ese «¿Por qué estamos aquí?», solo puedo deducir que estamos aquí para reír, hacer dinero, volvernos famosos y tener el mejor aspecto externo que nos sea posible.

Vivimos en una cultura de celebridades que glorifica el sexo, las riquezas y el éxito. Los cantantes populares ascienden con rapidez a la fama, tanto a causa de la forma de su cuerpo como de la calidad de su voz. Les atribuimos una importancia tan suprema a las diversiones, que el atleta favorito de una ciudad puede ganar más dinero que varios centenares de sus maestros. Mi primer instinto consiste en despreciar una cultura que se permite ser tan superficial como para que en el año 2009 la revista *Time* escogiera a un jugador de fútbol soccer y a Lady Gaga junto a Bill Clinton como personajes principales para una edición acerca de «Las cien personas más influyentes del mundo». Una vez más tengo que luchar contra este reflejo de cursilería y obligarme a mí mismo a prestarle atención a la sed subyacente a él. ¿Qué revela?

Todos andamos en busca de un sentido para nuestra vida. John Updike decía: «Por muchas que sean las maneras en que se demuestre que nuestra vida carece de significado, solo la podremos vivir como si no careciera de él». En un mundo donde hay siete mil millones de personas queremos destacarnos de alguna manera, dejar una huella, lograr algo de valor, y nuestra cultura nos mete por los ojos los ideales de la belleza, la riqueza y el poder. He aquí la manera de triunfar, proclaman los medios de comunicación: tener unos dientes más blancos, una bella figura en traje de baño y una cartera diversificada de valores. Y si no podemos alcanzar esas alturas, por lo menos podemos ver a nuestros ídolos en una inmensa pantalla de televisión tridimensional de alta definición y encontrar un placer vicario al proyectar en ellos el éxito que nosotros nunca lograremos.

Hay agencias que ofrecen un servicio personal de paparazzi que una persona puede contratar durante una noche para que la sigan con centelleantes cámaras, a fin de impresionar a las multitudes sin fotografiar que la rodean. Mediante el pago de una cantidad, puedes fingir que calificas para actuar en un segmento del programa *Entertainment Tonight*, o por lo menos desempeñar un papel en un «reality» en la televisión. De este modo al menos puedes lograr que la multitud murmure: «¿Y ese quién es?».

«Yo cuento», gritamos. Mi vida *cuenta* para el mundo; mi vida produce un impacto. ¿Ha encontrado alguna sociedad de la historia unas maneras tan eficaces de explotar la sed de significado del ser humano?

LAS ILUSIONES AL DESCUBIERTO

Resulta frecuente que los cristianos sigamos ese mismo camino, creando nuestra propia versión de una cultura basada en la celebridad y el espectáculo. El sociólogo Alan Wolfe hace esta observación: «La cultura ha transformado a Cristo, así como a todas las demás religiones que se encuentran dentro de estas tierras. En todos los aspectos de la vida religiosa, la fe estadounidense ha tenido un encuentro con la cultura estadounidense, y es esta última la que ha triunfado». ¿Acaso no deberíamos estar presentando nosotros una alternativa a la cultura prevalente en lugar de limitarnos a imitarla? ¿Qué aspecto tendría una iglesia que creara un espacio para el silencio, que se sacudiera de la tendencia a buscar celebridades y se desconectara de los ruidosos medios, que se resistiera activamente a nuestra cultura de consumo? ¿Cuál es el aspecto que tendría la adoración si la enfocáramos más en Dios que en nuestra propia diversión?

Cuando firmé un contrato con una nueva compañía proveedora de televisión, recibí más de quinientos canales por cable de prueba durante tres meses. A lo largo de los noventa días siguientes me pasé una cantidad altamente excesiva de tiempo recorriendo esos canales con el control remoto, observando escenas de desenfadados espectáculos llenas de persecuciones de autos, glamour y obsesión por el sexo. Ese deslumbrante despliegue superó con facilidad el mensaje contracultural de Jesús de que los verdaderamente bendecidos son los pobres y no los ricos, así como también los mansos, los perseguidos y los que lloran. ¿De qué le aprovecha a una persona ganar el mundo entero? De mucho, insinuaban aquellos programas de televisión.

Debo admitir que durante esos noventa días de televisión gratuita sentí el seductor atractivo del placer egoísta, el canto de sirena de la cultura moderna. No obstante, como seguidor de Jesús, tenía continuamente dudas en cuanto a si una cultura de consumo y diversión satisface realmente la sed más profunda. Tomás de Aquino sugiere algo diametralmente opuesto, que la persona que carece de gozo espiritual es la que se conforma con los placeres inferiores. Al prometer más, ¿no será que en realidad el camino ancho ofrece menos?

Una vez que mi contrato con la televisión incluyó una vez más el cable básico, y después de un período de desintoxicación, pasé algún tiempo reflexionando en el mensaje que había estado absorbiendo. Me da la impresión de que el camino ancho no satisface, al menos en tres niveles. En primer lugar, la cultura de los medios de comunicación está edificada sobre la ilusión. En segundo, sus distracciones son temporales. Y por último, esta tiene poco lugar para los fracasados.

En un extraño giro de las circunstancias, los mismos medios que convierten en ídolos a los pocos con suerte proceden después a disecar a base de chismes sus vidas llenas de defectos, revelando que solo se trata de una ilusión. La fama sola no satisface la sed: los matrimonios de Hollywood se vienen abajo, los ganadores de la lotería despilfarran su botín, los atletas privilegiados coquetean con las drogas y el crimen. Lindsay Lohan, Barry Bonds, Whitney Houston, Michael Jackson, Amy Winehouse, Lance Armstrong, Paris Hilton, John Edwards, los Kardashians, Tiger Woods, Charlie Sheen... los nombres pasan de moda tan pronto como los escribo y surge un nuevo conjunto de celebridades, solo para caer luego también. Con todo, esto no nos desanima; la fama se convierte en un fin en sí misma, algo que perseguir por su propio valor, cualesquiera sean las consecuencias.

Hemos inventado una sociedad con dos niveles: el de los que observan y el de los que son observados, como los sesenta mil espectadores de un estadio de fútbol que centran toda su atención en las diminutas figuras que se encuentran debajo en la cancha de juego. Walker Percy escribió una novela acerca de un pequeño pueblo sureño que adquiere una *importancia* repentina cuando un director lo selecciona como el escenario para su próxima película. Los anuncios de las revistas gritan el mensaje: «¡Como se ve en la televisión!», de manera que parece que basta con esa realidad para validar el producto. Los «*reality shows*» crean una irrealidad instantánea al grabar las vidas de unas supermadres y amas de casa en Nueva Jersey, en el Condado de Orange o en Atlanta, como si hubiera alguien que pudiera vivir sin que le afectara la presencia del personal que lleva a cabo el vídeo las veinticuatro horas del día, los siete días de la semana. Y nosotros seguimos cayendo en la trampa de una realidad falsa creada por los medios.

Todas las sociedades han elevado a los ricos y poderosos: los burócratas chinos se arrastraban por el suelo como gusanos ante el emperador, y los siervos de Rusia inclinaban la cabeza con reverencia al pasar junto a ellos a toda carrera el carruaje donde iba el zar. Lo que resulta nuevo es la ilusión de la intimidad. Justin Bieber o Miley Cyrus lanzan un mensaje por Twitter, y al instante ese mensaje personal aparece en treinta millones de teléfonos móviles. Queremos saber todo lo que tenga que ver con ellos, y casi lo logramos. Conocemos sus rutinas de ejercicios, sus dietas, su gusto en cuanto a ropa, y con un poco que indaguemos en la Internet los descubriremos en diversas etapas, cada vez con menos ropa.

Garrison Keillor, una personalidad de la radio, relató una vez una historia acerca de Elizabeth June, «el balón humano», una solitaria mujer obesa que «no andaba muy bien de la cabeza» y era con frecuencia el objeto de las bromas de la gente de su pueblo. Se solía adentrar en un bosque, extender un mantel de picnic y servirles cócteles (a los que llamaba «deicuíris», pronunciando mal la palabra «daiquirís») a sus amigos imaginarios, los cuales había escogido en un catálogo de la tienda Sears Roebuck. Al final de su monólogo, Keillor señaló con un golpe de sinceridad poco usual en un animador: «Hasta pronto, mis amigos de la tierra del radio, y cuando digo esto les recuerdo que ustedes son amigos míos de la misma forma que lo eran los amigos de Elizabeth June para ella».

La ilusión de la intimidad me permite sentirme más cerca de mis héroes, aunque en realidad si me acercara a cualquiera de ellos para entablar una conversación, sus guardaespaldas me sacarían de allí inmediatamente. Mi única esperanza es unirme de alguna manera a ese grupo escogido y convertirme en uno de los que son observados, no en uno de los observadores, y los mismos medios alimentan esa ilusión con una interminable provisión de productos para cambiar mi imagen que me van a hacer más deseable y a darme un éxito mayor.

Los que seguimos a Jesús conocemos otra esperanza: las buenas nuevas que él nos presentó. Lo más asombroso de todo es que él hizo posible que tuviéramos una intimidad con el Dios del universo, la cual puede solucionar esa sed de sentido en la vida. A una mujer avergonzada por una enfermedad embarazosa, a un paria de la sociedad afectado de lepra, a un ladrón que pendía de una cruz horas antes de morir, a una ramera común y corriente... a todas esas personas y a muchas más les presentó la brillante promesa de que tener sentido en la vida no es algo que haya que alcanzar, sino que más bien nos otorga un Dios misericordioso. Y así nosotros, los que seguimos a Jesús, deberíamos tratar a aquellos que se hallan en una posición muy baja dentro de la escala social —«los más pequeños», según la expresión usada por el Señor— tal como él mismo los trató, proclamando con nuestras obras lo que creemos acerca del hecho de que la imagen de Dios se encuentra en todas y cada una de las personas.

Como periodista, he conocido gente realizada y piadosa en los lugares más inesperados: un leprosorio de Nepal, la celda de una prisión en Suráfrica, una iglesia hogar en China, un barrio bajo de Chicago, un monasterio en Sarajevo. Ninguna de estas personas tiene los ojos puestos en la cultura que las rodea en busca de un sentido de valor para su vida, sino en Dios. Eso constituye ciertamente una buena noticia para alguien que fracase en la prueba del camino hacia el éxito que le impone la cultura, e incluso tal vez para alguno de los que se las arreglan para triunfar. El escritor John Cheever, cuyas historias describen a la capa más elevada de la sociedad, comentó en una ocasión: «La principal emoción del adulto estadounidense que tiene todas las ventajas de la riqueza, la educación y la cultura es la desilusión».

He aquí la sincera confesión de un testigo, el periodista de televisión y escritor Malcolm Muggeridge, quien pasó la mayor parte de su vida ascendiendo por la escala social:

> Supongo que debería considerarme un hombre con éxito, o al menos pasar por serlo. La gente se me queda contemplando a veces en las calles; eso es la fama. Me es bastante fácil ganar lo suficiente para que me admitan en los niveles más altos de la Hacienda Pública; eso es el éxito. Provistos de dinero y un poco de fama, hasta los ancianos, si es que les interesa, pueden participar en las diversiones modernas; eso es el placer. De vez en cuando quizá suceda que algo que dije o escribí ha sido tenido en cuenta lo necesario como para persuadirme que representa un serio impacto en nuestros tiempos; eso es la realización. Sin embargo, te digo, y te suplico que me creas, que si multiplicas esos diminutos triunfos por un millón y los sumas todos, no son nada —o menos que nada, porque son un impedimento positivo— medidos contra un poco de esa agua viva que Cristo les ofrece a los espiritualmente sedientos, independientemente de quiénes o qué sean.

¿Por qué estamos aquí? Porque Dios quiere que florezcamos, y paradójicamente como mejor florecemos es obedeciendo en lugar de rebelarnos, dando en lugar de recibir, sirviendo en lugar de ser servidos. Seis veces Jesús reiteró en los Evangelios la verdad más profunda de que no triunfamos al adquirir cada vez más, sino al «perder» la vida por medio de nuestro servicio a Dios y los demás. Siglos más tarde, John Newton, un traficante de esclavos convertido, escribió en un himno acerca de «los continuos gozos y el tesoro perdurable» que superan en gran medida el «placer del mundano», el cual pronto se desvanece.

Jesús ofreció una vívida lección objetiva en su última noche con los discípulos, cuando les lavó los pies como si fuera un siervo. Los padres conocen por instinto el principio de entregarse cuando invierten sus energías en sus hijos, quienes se hallan absortos en sus propias personas. Los voluntarios de los repartos de comida, los hospicios y los proyectos misioneros aprenden esta lección mientras trabajan.[*] Algo que parece un sacrificio se convierte más bien en una especie de alimento, puesto que dispensar la gracia enriquece tanto al que la recibe como al que la da.

LA MUERTE DERROTADA

La muerte pone al descubierto la segunda debilidad de nuestra cultura: todas sus promesas son efímeras. Jesús lo dijo claramente: «¿De qué le sirve a uno ganar el mundo entero si se pierde o se destruye a sí mismo?».[**] Santiago presentó este pensamiento de otra forma: «El rico [debe sentirse orgulloso] de su humilde condición. El rico pasará como la flor del campo».

Acepta los veinte, cuarenta, ochenta, o cuantos años de vida sean los que tengas sobre la tierra como la suma total de todo lo que experimentaremos, y una cultura de personas obsesionadas en ellas mismas tendrá sentido para ti... incluso a pesar de que la carne por

---

[*] Según la revista *Time*: «Un análisis investigativo publicado en *BMC Public Health* encontró que el hecho de realizar trabajos voluntarios —en lugares como los hospitales y las distribuciones de comidas a los necesitados que permiten un contacto directo con las personas a las que se les está brindando ayuda— puede hacer que descienda el índice de mortalidad hasta un veintidós por ciento, comparado con el de aquellos que nunca hacen trabajo voluntario. Hacer este tipo de conexiones sociales aumenta la satisfacción en la vida, reduce la depresión y el sentimiento de soledad, y al producirse estos efectos, disminuyen los riesgos de hipertensión, ataques al corazón, pérdida de la mente y otros».

[**] John Steinbeck actualizó la pregunta en *Cannery Row*: «¿De qué le puede aprovechar a un hombre ganar el mundo entero y volver a su propiedad con una úlcera gástrica, una próstata inflamada y lentes bifocales?».

mucho que la mimes termine descomponiéndose y los lujos queden atrás. Por otra parte, si aceptamos que no nos está garantizada ni siquiera una hora más sobre la tierra y creemos que la vida se extiende más allá de lo que experimentamos aquí, todo será distinto.

El materialista tiende a ver esta vida como la meta, mientras que Jesús nos presenta una visión diferente, en la cual esta vida es una preparación para una existencia mucho más larga: «El que beba del agua que yo le daré, no volverá a tener sed jamás, sino que dentro de él esa agua se convertirá en un manantial del que brotará vida eterna». La cultura moderna desvía la atención de todo lo que sea una vida más allá de la actual... hasta que algo la interrumpe bruscamente. Dos torres muy elevadas se desploman en una resplandeciente mañana de otoño del año 2001, convirtiéndose en un montón de ruinas, y como consecuencia se cancelan acontecimientos deportivos, programas humorísticos e incluso comerciales. Un tsunami barre aldeas enteras en Japón, y los ciudadanos de una cultura secular que goza de una alta tecnología deambulan aturdidos, incapaces de evitar la pregunta: «¿Por qué estamos aquí?». Un hombre armado asesina a veinte niños en una escuela de Connecticut, y en ese momento nuestros espectáculos de sexo y violencia nos dan la impresión de ser unas obscenidades.

No puedo menos que observar que en los momentos de crisis nacional hasta íconos seculares como el *New York Times* les abren sus páginas de opinión a los sacerdotes, rabinos y pastores. Los ateos y psicólogos evolucionistas mantienen un discreto silencio, y por una buena razón: ¿qué palabras de consuelo y esperanza podrían ofrecer ellos? Tengo un amigo cuyo hermano agnóstico trató de consolar a su madre agonizante. Mientras le acariciaba un brazo le aseguraba: «El universo te ama». Mi amigo reflexionaba más tarde diciendo: «Por alguna razón aquello no la ayudó gran cosa».

No hay científico, político, filósofo ni celebridad que haya podido resolver el problema de la muerte. Desde el día en que nacemos, vivimos bajo esta sentencia segura. Todos los animales mueren, pero la indignación contra la muerte es exclusiva del ser humano. He visto a un león atacando a una gacela en el África, y después de esparcirse a una distancia segura, las otras gacelas siguieron comiendo hierba tranquilamente mientras el león devoraba a su pariente. La naturaleza experimenta poca indignación con respecto a la muerte, no tiene la escandalosa sensación de que hay algo que anda mal... con la excepción de nosotros los seres humanos.

El apóstol Pablo apostó su fe a las buenas nuevas de que un día Dios resolverá el problema de la muerte. En la mayoría de los sentidos, la fe de Pablo hizo que su vida fuera más dura, no más fácil, y su biografía es una aterradora sucesión de golpizas, motines, temporadas en las prisiones y huidas a tiempo. No obstante, su seguridad subyacente en que existe un destino eterno lo cambiaba todo. Después de revisar todas esas tribulaciones sufridas con los corintios, las resumió diciéndoles: «Aunque por fuera nos vamos desgastando, por dentro nos vamos renovando día tras día. Pues los sufrimientos ligeros y efímeros que ahora padecemos producen una gloria eterna que vale muchísimo más que todo sufrimiento».

Esa fe en algo que se halla más allá de esta vida transitoria se fue propagando junto con el evangelio. Las iglesias pasaron gradualmente de enterrar a sus muertos en horrendos cementerios a sepultarlos en el césped que rodeaba a sus instalaciones, o incluso dentro de los mismos edificios. «Los fieles se detenían sobre los cuerpos de sus seres amados mientras oraban», hace notar un historiador de ese período, y como consecuencia «se pasó una página definitiva en la historia de la muerte».

Cuando el misionero Paulino le presentó por vez primera el evangelio a la feroz tribu de los anglosajones de Gran Bretaña, les explicó el concepto cristiano sobre la muerte y lo que le sigue. El historiador Paul Johnson narra:

Hubo un momento de silencio, y entonces habló un sabio conde ya anciano. La vida, dijo, es corta. Es como un gorrión que vuela en invierno a través del salón real. «Pasa de las tinieblas a la luz, y después pasa de nuevo a las tinieblas, eso es la vida». Luego añadió: «Esta aparece por corto tiempo, pero de lo que pasó antes, y de lo que va a pasar, no sabemos nada. De modo que si esta nueva enseñanza nos da certidumbres, la deberíamos seguir».

Los anglosajones se convirtieron con rapidez. Johnson llega a esta conclusión: «Sin Dios, la muerte es horripilante. Con Dios, la muerte sigue siendo temible, pero podemos ver que tiene un sentido y una razón de ser, y una esperanza. La gran fortaleza del cristianismo siempre ha sido que hace que tanto hombres como mujeres se enfrenten a la muerte de una manera que les ofrece un consuelo y una explicación».

Los defensores de los discapacitados usan algunas veces la expresión «temporalmente capacitados» para describir a las personas que no padecen de aflicción alguna, indicando con esto que todos tenemos una salud que nos ha sido prestada por un tiempo. Mi amigo Tim Hansel vivió con un dolor incesante e insoportable después de un accidente que sufrió haciendo alpinismo, aunque eso no impidió que siguiera desarrollando una vida productiva como orador y autor. Cuando murió, su esposa Anastasia, cuyo nombre griego significa «resurrección», pidió sus cenizas luego de ser incinerado en el recipiente menos costoso. El crematorio le entregó una caja de cartón con un cartel que decía en grandes letras: «Recipiente temporal». Ella me envió una extraña foto donde aparecía sosteniendo la caja que contenía todo lo que quedaba del torturado cuerpo de su esposo, una imagen en negativo del nuevo cuerpo resucitado que él había esperado por largo tiempo. Tim veía esta vida como una preparación, no como un fin, y para él también aquello lo cambiaba todo.

La promesa de la resurrección no tiene el mismo atractivo de novedad que tenía en el pasado para esta escéptica sociedad postcristiana, la cual resume la vieja queja de que los cristianos prometen «maravillas en el cielo durante la otra vida» a expensas de una vida de realización aquí en la tierra. En realidad, el hecho de tener en mente cuál es nuestro punto real de destino debería transformar nuestra vida aquí y ahora. En palabras de C. S. Lewis: «Si lees la historia, descubrirás que los cristianos que hicieron más cosas a favor del mundo presente fueron precisamente los que más pensaron en el mundo futuro». Y añade: «Apunta al cielo y vas a conseguir también la tierra. Apunta a la tierra y no obtendrás ninguno de los dos».

UN MUNDO SIN FRACASADOS

Por último, la cultura moderna les da poco espacio a los fracasados, a aquellos que nunca se encuentran a la altura de sus ideales. Me detengo cerca de la salida de la tienda, junto a una estantería con revistas que exhibe los hermosos cuerpos de las celebridades y los atletas, y observo a los demás compradores. Las dos terceras partes de ellos son personas obesas, pocos parecen andar bien de fondos, y ninguno sería un buen candidato para el *America's Top Model* [El mejor modelo de Estados Unidos]. Según las normas de la cultura popular es poco lo que pueden ofrecer.

El novelista canadiense Robertson Davies habla con franqueza acerca de otra clase de perdedor: «El mayor de los idiotas y los palurdos puede ser salvo, según afirma la doctrina, porque Cristo lo ama tanto como ama a Albert Einstein. Yo no creo que esto sea cierto. Considero que la civilización, la vida, tiene un lugar diferente para la gente inteligente que trata de sacarnos un poco más lejos del limo primigenio del que tiene para los tontos que se limitan a seguirlos al trote, siempre detrás de las ruedas».

Una vez más vemos que Jesús tiene para su reino un conjunto diferente de calificaciones que la civilización. En sus historias siempre hacía del personaje menos pensado el héroe del relato: el hijo pródigo, y no el responsable hermano mayor; el buen samaritano, y no el buen rabino; un limosnero repleto de llagas, y no el hombre rico. Entre las personas que más atraía se encontraban algunas indeseables como una mujer mestiza con un pasado poco recomendable, un limosnero ciego, diez exiliados con lepra, un recaudador de impuestos corrupto, una ramera, un soldado romano... todos parias de acuerdo a las normas de una sociedad judía correcta. Los profesionales de la religión, los eruditos de la ley, un rey y un gobernador fueron los que organizaron la muerte de Jesús.

Para confusión de la élite moderna, la fe cristiana sigue creciendo, y los valores controversiales de Jesús nos podrían ayudar a explicar el porqué. Una esclava afroamericana llamada «Old Elizabeth» [la vieja Elizabeth], quien narraba la historia de su conversión a los noventa y siete años, decía que había recibido de Jesús la sensación de «ser alguien». En las partes rurales de la India y China, así como en los desordenados arrabales de Suramérica y las Filipinas, la gente reacciona ante un evangelio que les otorga dignidad a los que la sociedad considera fracasados. Hasta en las sociedades prósperas, que miden el valor según el atractivo sexual, el talento innato y la categoría de persona célebre, la mayoría de los individuos se dan cuenta de que nunca llegarán a estar a esa altura. Algunas veces todos nos sentimos como «los tontos que se limitan a seguirlos al trote, siempre detrás de las ruedas». Y en esos momentos surge la sed por una satisfacción más duradera, la sed por el Agua Viva.

Las buenas nuevas del evangelio significan que todos y cada uno de nosotros tenemos un sentido de destino, un papel que desempeñar en la gran historia de Dios. Somos más que una simple colección de neuronas, más que un organismo dirigido por un conjunto de genes egoístas. Una recepcionista, un camionero, una maestra del jardín de la infancia, un banquero, una madre que es ama de casa o un padre que cuida de sus hijos pueden todos convertir en realidad ese destino, no al adoptar las normas culturales de riqueza y fama, sino al amar a Dios y al prójimo. Esta es la diferencia entre ir sobreviviendo y vivir para Dios.

¿Por qué estamos aquí? Nosotros, todos nosotros, estamos aquí debido al amor del Creador, quien busca que prosperemos y le respondamos con amor y gratitud. «Comprueben lo que agrada al Señor», les dijo Pablo a los efesios. Estamos aquí para agradar a Dios. A Dios le complace vernos florecer, y nosotros florecemos cuando vivimos de la manera que él quiere que lo hagamos.

La respuesta cristiana a la pregunta «¿Por qué estamos aquí?» presenta un fuerte contraste con las que ofrecen la ciencia y la cultura popular. Robertson Davies señala una distinción, aun cuando no está de acuerdo con ella: Cristo ama al mayor de los idiotas y los palurdos tanto como ama a Albert Einstein. Los primeros seguidores de Jesús entendían que todos los individuos, ya fueran esclavos o libres, judíos o gentiles, hombres o mujeres, tenían un valor absoluto, un concepto radical que no había existido antes del cristianismo. Platón valoraba a las personas de acuerdo a su conducta. Aristóteles veía a algunos hombres como «esclavos por naturaleza». En cambio, según los cristianos, Dios nos creó a todos como seres eternos, hechos a su propia imagen, lo cual es muy cierto con respecto a los brillantes o los de mente limitada, los ciudadanos virtuosos o los criminales.

Escribo estas palabras y después pienso en la manera tan pobre en que las vivo. Ayer mismo me alteré con un empleado que tomaba pedidos por teléfono, porque me dejó esperando media hora y después borró por accidente la orden de la Internet que yo había escrito pasando mil trabajos. La semana pasada oí hablar en la iglesia de una familia que les había distribuido alimentos y mantas a unas personas que no tenían hogar. Su hijo, de solo seis años, hizo el comentario más conmovedor. «A mí me parece que mayormente la gente que vive en las calles quiere tener a alguien con quien conversar», dijo, mientras yo pensaba con cuanta frecuencia cambio de dirección la mirada y aprieto el paso cuando me encuentro con estas personas sin techo.

Solo habremos triunfado en nuestra responsabilidad de ofrecerles las buenas nuevas a un mundo sediento hasta el punto en que vivamos el mensaje que decimos creer, tratando a todos con dignidad y sentido de valía, y midiendo el éxito por las normas de Jesús, no las de la cultura que nos rodea.

CAPÍTULO 11

¿CÓMO DEBEMOS VIVIR? LA PREGUNTA SOCIAL

En un escenario destrozado y desierto, sin guión, director, apuntador ni público, el autor está libre para improvisar su propio papel.

Jean-Paul Sartre

Pude entrever las cuestiones postmodernas y morales cuando mi grupo de lectura se enfrentó a la extensa *Cairo Trilogy* [Trilogía de El Cairo] en tres volúmenes, una obra de Naguib Mahfouz, el novelista egipcio ganador del Premio Nobel.

Los escritos de Mahfouz pusieron tan furiosos a los extremistas islámicos que en 1994, a sus ochenta y dos años, unos asesinos lo atacaron cerca de su casa, apuñalándolo en el cuello y dejándolo con discapacidades permanentes (murió en el año 2006, a los noventa y cuatro años). Al leer la trilogía, comprendí por qué hasta los más moderados se pueden avergonzar ante la forma en que él describe su cultura.

Las novelas se enfocan en un patriarca hipócrita que se pasa todas las noches bebiendo y entreteniéndose con mujeres, pero gobierna su casa como un verdadero tirano represor. Se niega a permitir que su esposa salga siquiera de la casa, y cuando por insistencia de sus hijos ella quebranta esa regla por primera y única vez, él la echa del hogar. De igual manera controla todos los aspectos de la vida de sus dos hijas, confinándolas a la casa y prohibiéndoles que estudien. Asalta sexualmente a sus criadas. En resumen, es la encarnación de la peor clase de opresión chauvinista masculina, por medio de la cual los hombres hacen todo lo que quieren y tratan a las mujeres como si fueran su propiedad.

Hubo momentos en que me tuve que obligar a seguir leyendo debido a lo grandes que eran las injusticias que presentaba Mahfouz, así que fui al grupo de lectura esperando oír la indignación moral de las mujeres, la mayoría de ellas feministas ardientes. Sin embargo, muy para mi sorpresa, apenas reaccionaron. «Es una cultura diferente», dijeron. «No le podemos imponer nuestros valores».

«¡Un momento!», protesté yo. «Encerrar a una mujer en su casa durante treinta años y después echarla de ella un día cuando sale es más que una simple diferencia cultural. ¡Es algo incorrecto! ¿Y qué me dicen de su hipocresía, gobernando a su familia con puño de hierro al mismo tiempo que anda siempre de fiesta con rameras?». Me dieron la misma respuesta indiferente.

Más tarde leímos *The Siege* [El sitio], de un escritor albano. La acción se desarrolla en el siglo quince, y se refiere a una invasión armada por parte de los turcos otomanos. En una escena, los atacantes musulmanes toman prisioneras a centenares de mujeres albanas. Como no están acostumbrados a ver a las mujeres sin velo, piensan que ellas se están riendo cuando en realidad están sollozando. Con una crueldad sistemática, los invasores se dedican a violar repetidamente a las mujeres, hasta que algunas de ellas mueren. Pensaba que con toda seguridad el grupo de lectura condenaría aquel salvajismo. Por supuesto, todo el mundo encontró reprensible la escena, aunque no pareció sorprenderles. Una de las mujeres, científica y con un doctorado, señaló encogiéndose de hombros: «Constituye algo genético, es una propagación de los genes: sociobiología. En una palabra, *hombres*».

Me marché perturbado por esa visión tan tenebrosa de la naturaleza humana. Aquello me recordó un comentario que había leído en una novela que escribiera la feminista Marilyn French. Uno de sus personajes proclama: «En sus relaciones con las mujeres, todos los hombres son violadores, y eso es todo lo que hay». Sin embargo, los hombres de nuestro grupo de lectores nunca hemos violado a nadie, y que yo sepa todos hemos sido fieles a nuestras esposas. ¿Acaso los animales humanos somos víctimas indefensas de nuestros genes programados? Seguramente tendremos alguna capacidad para resistirnos ante nuestros instintos más bajos y tomar decisiones morales.

Los miembros del grupo de lectores estaban tratando de evitar el imperialismo cultural de occidente. Sin duda, reaccionaban ante los días imperiales, en los cuales las naciones europeas se dividieron el mundo entre ellas como si estuvieran jugando al Monopolio, y tal vez hasta hubieran visto vídeos de misioneros haciendo que los «nativos» usaran ropa y cantaran himnos. Está bien, ¿pero acaso no podemos juzgar nunca las prácticas culturales, incluyendo las nuestras? ¿Qué decir de la quema de esposas, la esclavitud, el sacrificio de bebés, el canibalismo, el soborno, la pederastia, el maltrato físico a las esposas, el tráfico sexual, el genocidio, la contaminación tóxica, las torturas, la mutación genital de las mujeres y la explotación de los niños? Dudo que mis amigos del grupo de lectores hubieran estado dispuestos a usar esa misma lógica con Martin Luther King Jr. en la década de 1960: «El sur tiene una cultura diferente, y nosotros no tenemos derecho a imponerle nuestros valores».

Hoy en día, los juicios sobre lo correcto y lo incorrecto tienen un carácter caprichoso. Aunque la gente sigue usando la terminología moral —resulta *incorrecto* poseer esclavos, abusar de un niño, saquear el medio ambiente, aprovecharse de los pobres, discriminar a las mujeres o los homosexuales— es posible que les cueste trabajo explicar el porqué. Un profesor de una universidad de Texas me dijo que cuando se les preguntó a sus estudiantes, se les hizo difícil condenar la esclavitud actual en Sudán, o incluso el Holocausto de los nazis, a partir de unos motivos puramente morales. No obstante, algunos de esos mismos estudiantes condenaron el abuso de menores por parte de un prominente entrenador de fútbol, y varios de ellos se unieron al movimiento Occupy Wall Street porque consideraban incorrecto que unos pocos explotaran a los demás.

En su libro *Lost in Transition* [Perdidos en la transición], el sociólogo Christian Smith documenta la dificultad que tienen los adultos jóvenes para hacer juicios morales. Uno de los que le contestaron dijo: «Es algo personal. Es un asunto del individuo. ¿Quién soy yo para decidir por alguien?». Otro se hacía eco de esos sentimientos: «Quiero decir que supongo que lo que hace que una cosa sea correcta es la forma en que me siento con respecto a ella. Sin embargo, las diferentes personas sienten de maneras diferentes, así que no podría hablar en nombre de ninguna otra persona con respecto a lo que es correcto o incorrecto».

UNA CONFUSIÓN NATURAL

¿Cómo debemos vivir? Tradicionalmente, el sentido moral de lo correcto y lo incorrecto es transmitido a través de una religión o cultura, como la sabiduría colectiva de un grupo en lugar de un solo individuo. Hasta hace poco el occidente acudía a la Biblia como fuente primaria, de aquí la expresión «ética judeocristiana». Ya no.

Los postcristianos ya no acuden a la religión en busca de orientación. «A mí no me parece útil el concepto de *maldad*», dijo un abogado en mi reunión de lectores. «Pienso en función de conductas inadecuadas, no de conductas incorrectas». Unas cuestiones tan fundamentales como la diferencia entre el bien y el mal, o incluso la de si tienen aplicación esas categorías, han quedado suspendidas en el aire, sin resolver. En ese caso, ¿a dónde acuden los seculares modernos en busca de orientación?

La científica de mi grupo de lectura señalaba hacia la sociobiología, el estudio de la conducta de los animales. La ciencia moderna busca pistas en la naturaleza, porque da por sentado que no existe ninguna otra fuente. Uno de los defensores de esta idea explica:

> ¿Pero existe alguna forma de decidir con certeza cuáles acciones son las correctas? El punto de vista de [Daniel] Dennett, que yo comparto, es que no la hay, a menos que uno sostenga que algún libro, por ejemplo, la Biblia, es la palabra de Dios, y que los seres humanos estamos aquí para hacer lo que Dios nos indique. Si una persona es solo el producto de su composición genética y su historia ambiental, que incluye todas las ideas que ha asimilado, sencillamente no existe fuente alguna de la cual pueda proceder una moralidad que parta de unos principios absolutos.

Charles Darwin era igualmente franco: «Un hombre que no tenga una fe firme y siempre presente en la existencia de un Dios personal, o en una existencia futura en la que habrá castigo o recompensa, hasta donde yo puedo ver, solo puede tener como norma en su vida seguir aquellos impulsos e instintos que sean los más fuertes, que le parezcan los mejores»

No obstante, ¿cuáles de esos impulsos e instintos seguimos? Como guía moral, la naturaleza nos da unos mensajes decididamente mixtos. En ocasiones, los animales manifiestan una conducta admirable: las ballenas y los delfines arriesgan su vida para salvar a algún compañero herido, los chimpancés acuden en ayuda de los heridos, los elefantes se niegan a abandonar a sus camaradas que han sido asesinados. Sí, pero todo tiene que ver con la dirección en que enfoquemos nuestros binoculares.

Por ejemplo, ¿dónde aprender una conducta correcta entre los sexos? Todos los otoños, afuera de mi hogar en Colorado, un alce macho reúne con sus llamadas a unas sesenta hembras, las fuerza a convertirse en una manada, y usa su cornamenta superior para embestir a todos los machos que sean sus rivales. ¿Acaso debería un hombre imitar a este alce formando a la fuerza un harén de mujeres ganado por medio de la violencia? Aunque los alces sean más notorios en el dominio que ejercen sus machos, la realidad es que la naturaleza ofrece relativamente pocos modelos de monogamia, y menos aún de igualdad entre los sexos. ¿Deberían resolver sus disputas nuestros vecinos como lo hacen los bonobos o chimpancés pigmeos, entregándose a una rápida orgía en la cual todos tienen relaciones sexuales entre sí? ¿O deberían hacer nuestras mujeres como las mantis religiosas, que devoran a los machos que se están apareando con ellas?

La violencia abunda en la naturaleza. Los zoólogos, que creían en el pasado que el asesinato era algo peculiar de la especie humana, tuvieron que revisar sus teorías después de investigar con mayor detenimiento. Las ardillas de tierra se comen rutinariamente a sus pequeños; los ánades reales violan en pandilla y ahogan a otros patos; las larvas de las avispas parásitas van consumiendo a su presa paralizada desde su interior; los peces cíclidos del África se alimentan con los ojos de otros cíclidos. Las hienas se llevan el premio por su despiadado canibalismo, porque dentro de la hora siguiente a su nacimiento, el mayor de los gemelos pelea con su hermano recién nacido hasta matarlo.

El biólogo Lyall Watson admite que le «perturba» que los cachorros de hiena parezcan genéticamente programados para atacar y matar a sus hermanos apenas los ven. De manera similar, los investigadores que estudian a los chimpancés y gorilas reaccionan con consternación cuando los ejemplares a los que han llegado a tenerles afecto son asesinados por otros de su misma especie. ¿Cuáles son los motivos? No se sabe. En cambio, los simios parecen quedarse impertérritos; ellos están actuando de manera natural, como respuesta a su programa genético.

Robert Wright traza un paralelo entre la conducta de las pandillas urbanas y la de los primates en estado salvaje, que asesinan y violan a sus vecinos: «No se debería clasificar la violencia en los barrios bajos como una "patología"», escribe; «la violencia es inminentemente funcional, algo para lo cual la gente ha sido diseñada». Lyall Watson va más allá: aunque le incomodan los instintos asesinos de las hienas, admite que no le sería fácil condenar a los cazadores de cabezas humanos, ya que su práctica mantiene a ciertas tribus dentro de un equilibrio ecológico.

Este tipo de ideas hace que surjan evidentes luces rojas de alarma. En respuesta, los sociobiólogos alegan: «No pasen del *es* al *debe ser*». Solo porque otras especies sean violentas, eso no significa que nosotros debamos hacer lo que ellas hacen. Por lo tanto, ¿cómo decidimos con respecto a lo que debe ser? O de forma más específica, ¿toda esta idea de lo que *debe* ser de dónde surgió? Cuando una persona comete un acto monstruoso, usamos palabras como *bestial* y *brutal* para describirlo, unos términos que expresan nuestra creencia innata en que los humanos nos deberíamos comportar de una manera diferente.

Y con frecuencia es cierto que nos comportamos de una manera diferente. Los cónyuges se resisten a las tentaciones sexuales y permanecen unidos. En ocasiones una persona totalmente desconocida dona un riñón para salvarle la vida a otra. Cuidamos de los pacientes que tienen una enfermedad mortal, adoptamos niños con necesidades especiales y les otorgamos beneficios a los pobres. El filósofo australiano David Stove, un ateo que acepta la evolución biológica, admite que su premisa de la selección natural y la supervivencia de los mejores dotados no alcanza a explicar todas las formas de conducta del ser humano. Al cuidar a los débiles, en lugar de eliminarlos, estamos renunciando a un acervo genético más saludable. Stove le da a esta paradoja el nombre de «dilema de Darwin»: los seres humanos, supuestamente gobernados por un gen egoísta, deciden comportarse con frecuencia de una manera generosa.

A pesar de lo que nos puedan decir los psicólogos evolucionistas, no todo el mundo actúa movido solo por el egoísmo. Ya mencioné que el filósofo Peter Singer, quien escribió el principal artículo sobre la ética en la *Encyclopædia Britannica*, ha sugerido que los recién nacidos «defectuosos» y algunos adultos ya no califican como personas, de modo que se les podría aplicar la eutanasia. A pesar de esto, siguió sosteniendo económicamente a su propia madre después que esta manifestó señales de deterioro de sus facultades mentales. «Me parece que esto me ha hecho ver cómo las cuestiones relacionadas con tal clase de problemas son muy difíciles en realidad», dijo Singer en una entrevista. «Tal vez sean más difíciles de lo que creía antes, porque las cosas son distintas cuando se trata de la madre de uno».*

Aunque las encuestas indican que los estadounidenses de hoy se siguen comportando con generosidad, pocos de los que fueron encuestados pueden expresar cuál es la razón de su conducta. Robert Bellah opina que actúan a partir de los «hábitos del corazón», enraizados primordialmente en nuestra herencia cristiana. Eliminemos esos hábitos del corazón, y saldrá a la luz la verdadera confusión de la cultura postcristiana.

---

* No obstante, en otra entrevista Singer admitió que su hermana —irónicamente una abogada dedicada a defender los derechos de los discapacitados— comparte la decisión de apoyar a su madre, y que si él fuera el único responsable, es posible que su madre no estuviera viva hoy.

LAS DECISIONES PERSONALES

Todos tomamos decisiones morales y formulamos una respuesta personal a la pregunta: «¿Cómo debemos vivir?». Los cristianos aceptamos como nuestra fuente principal el código moral revelado en el Nuevo Testamento, por imperfecta que sea la manera en que lo comprendamos y sigamos. En cambio, una cultura secular postmoderna no tiene un código común y los juicios morales se vuelven subjetivos.

Marilyn vos Savant, quien aparece en el Salón de la Fama del *Guinness World Records (Enciclopedia Guinness de Records Mundiales)* como poseedora del cociente de inteligencia más alto que se haya medido jamás, responde preguntas en una columna semanal llamada «Ask Marilyn» [Pregúntale a Marilyn], la cual aparece en *Parade*, un folleto que acompaña al periódico dominical. Por lo general resuelve las confusiones de tipo matemático de los lectores, pero una semana uno de ellos le hizo una pregunta más seria: «¿Cuál cree que es la fuente de la autoridad moral?». Esta fue la contestación de Marilyn: «La mayoría de las personas hallan en sus religiones su fuente de autoridad moral, pero yo no». En su lugar, ella acude a las lecciones de la historia, lo cual ofrece una ventaja sobre la religión debido al hecho de que se puede escoger la más conveniente. En esencia, la fuente de autoridad moral para Marilyn vos Savant es ella misma, y ese es precisamente, en pocas palabras, el dilema de la sociedad postcristiana.

Hoy en día, el paisaje moral se apoya en unas arenas movedizas. Christina Hoff Sommers habla de una maestra de Massachusetts que trató de darle una lección sobre «aclaración de valores» a su clase de sexto grado. Un día, sus astutos estudiantes le anunciaron que ellos valoraban las trampas en los estudios, de modo que deseaban tener libertad para practicarlas en clase. La maestra solo pudo responder que como se trataba de *su clase*, ella exigía honradez; los alumnos tendrían que practicar su falta de honradez en otros lugares. Y resulta evidente que lo hacen, porque las encuestas señalan que la mitad de los estudiantes hacen trampas en sus estudios. Me pregunto qué será lo que les impide hacerlas a la otra mitad.

Las pensadoras feministas han abierto el camino en cuanto a desafiar las normas sexuales, hasta el punto de que algunas de ellas abogan a favor del adulterio como una cura para los apetitos reprimidos. Barbara Ehrenreich sugiere: «La única ética que puede funcionar en un mundo sobrepoblado es la que insiste en que [...] el sexo, preferiblemente entre adultos que se tienen afecto y actúan de mutuo consentimiento, pertenece por completo al ámbito del juego». Ahora bien, ¿por qué limitar el sexo a unos adultos que consienten de común acuerdo? Si es una cuestión de juegos, ¿por qué no aprobar la pederastia, como lo hicieron los griegos y los romanos? ¿Por qué escoger la edad de dieciocho años como frontera arbitraria entre el abuso de menores y el juego? ¿Por qué tanto alboroto a causa de los sacerdotes que abusan sexualmente de los niños? Y si el sexo solo es un juego, ¿por qué llevamos a juicio a las personas que cometen incesto?

Jesse Bering, el autor de *Perv: The Sexual Deviant in All of Us* [Depravado: el aberrante sexual que hay en todos nosotros], después de examinar prácticas como la violación, la pederastia y el fetichismo sexual, llega a una conclusión en la que toma una postura neutra desde el punto de vista moral: «Veo crecer lentamente un nivel de comodidad como resultado de un pensamiento racional y una introspección sincera acerca de nuestros gustos escondidos. En mi opinión, todo cambio social que sea producto de un cuidadoso razonamiento moral, basado en unos conocimientos y entendimientos científicos adquiridos con gran trabajo, no en "sensaciones" ni en reglas religiosas, constituye un progreso moral».

James Davison Hunter especula sobre la dirección que podría tomar una sociedad una vez que pierde todos los consensos morales. «Yo personalmente estoy de acuerdo con los sacrificios rituales de animales», afirma un ciudadano. «¿Ah, sí?», dice otro. «Pues a mí me parecen bien las relaciones entre hombres y niños». El final lógico de esta manera de pensar, según sugiere Hunter, lo podemos encontrar en la novela *Juliette*, del Marqués de Sade, en la cual el autor declara: «No hay nada que sea prohibido por naturaleza». En esta novela, un hombre bestial acusado de haber violado, sodomizado y asesinado a más de una docena de personas, incluyendo niños, niñas, hombres y mujeres, se defiende diciendo que todos los conceptos sobre la virtud y el vicio son arbitrarios: «No existe un Dios en este mundo, ni tampoco existe la virtud, ni la justicia; no hay nada que sea bueno, útil ni necesario, con la excepción de nuestras pasiones».

No quiero dar la impresión de ser un malhumorado moralista, por lo que necesito decir que para mí el verdadero interrogante no está en la razón por la cual los secularistas modernos se oponen a la moralidad tradicional, sino en el fundamento que pueden tener para defender *cualquier* tipo de moralidad. El sistema legal de Estados Unidos defiende vigorosamente el derecho de una mujer a abortar; sin embargo, ¿por qué detenernos ahí? Históricamente, el método preferido para deshacerse de los hijos indeseados ha sido el infanticidio o el abandono. Los romanos lo hacían, los griegos también, y hace unos pocos siglos a un tercio de los bebés en París simplemente se les abandonaba. En cambio, hoy en día si una madre deja a su bebé en un callejón de Chicago, o dos adolescentes depositan a su hijo recién nacido en un latón de basura, se arriesgan a ser arrestados y llevados a juicio.

Nos sentimos indignados cuando oímos la noticia de que una pareja de la clase media ha sacado a la calle a un padre o una madre que sufre de Alzheimer porque ya no quieren seguirlos cuidando, o cuando unos chicos empujan a un niño de cinco años por la ventana de un edificio de varios pisos, o violan a una niña de diez años en un vestíbulo, o una madre ahoga a sus dos hijos porque interfieren con su estilo de vida. ¿Por qué? ¿Qué base tenemos para hacerlo si creemos realmente que la moralidad es algo que nosotros mismos decidimos? Es evidente que las personas que han cometido esos crímenes no se sienten compungidas, de la misma manera que muchos de los miembros de las SS de Hitler no sentían escrúpulos de ninguna clase en cuanto al uso de los hornos de exterminación.

Y si no somos nosotros mismos quienes determinamos la moralidad, ¿quién la determina? El poeta W. H. Auden lo presenta de esta manera: «Si, como estoy convencido, los nazis están errados y yo estoy en lo cierto, ¿qué es lo que les da validez a nuestros valores e invalida los de ellos?».

UNA RESPUESTA CRISTIANA

He pintado una deprimente y unilateral imagen de la ética postcristiana con el fin de mostrar que el occidente actual está pasando por tropiezos en cuanto a un sentido básico de lo correcto y lo incorrecto. Como resultado, nos enfrentamos a una crisis moral continua que llega hasta el dominio de la ley. Cuando seis renombrados expertos en filosofía moral alegaron ante el Tribunal Supremo de Estados Unidos a favor del suicidio asistido o «el derecho a morir», estaban sosteniendo que las personas deben tomar sus propias decisiones, «libres de las imposiciones de toda ortodoxia religiosa o filosófica». Al decidir cuestiones como el matrimonio, la vida y la muerte, según ellos, solo existe un criterio aceptable: «A las personas individuales se les debe permitir tomar esas decisiones por ellos mismos, de acuerdo con su propia fe, conciencia y convicciones».

Los líderes cristianos tienen tendencia a abalanzarse contra esa nueva realidad. *¿Ven? ¡Eso es lo que sucede cuando la sociedad pierde sus raíces cristianas! Necesitamos volver a unos tiempos en que la socie-*

dad acuda a nosotros *en busca de orientación moral.* Ellos tienen su razón. Según los historiadores Will y Ariel Durant, «no hay en la historia ningún ejemplo significativo de una sociedad que haya mantenido con éxito una vida moral sin la ayuda de la religión». Los esposos Durant añaden una observación que más parece un presentimiento: «El mayor de los interrogantes de nuestros tiempos es [...] si los hombres podrán vivir sin Dios».

En medio de toda esa confusión, los cristianos nos debemos situar en la posición debida para proporcionarle a nuestra sociedad la orientación que necesita. Lamento tener que decir con sinceridad que dudo que eso vaya a suceder. A causa de que no hemos vivido de acuerdo con nuestras creencias, nos ha faltado claridad moral, y nos hemos mezclado con políticas de partido, la cultura occidental ya no acude al cristianismo como fuente de su moral. Esa realidad les presenta graves problemas a los legisladores. Y hace surgir graves preguntas también para los creyentes. ¿Cómo nos debemos relacionar con aquellos que ven el mundo de una manera tan diferente y cómo debemos comunicarles la fe?

Un intento de retroceso con el fin de «restaurar a Estados Unidos a sus raíces cristianas» puede poner en peligro el mismo espíritu de gracia que hemos sido llamados a dispensarle a un mundo sediento. Sirve de poco menear la cabeza consternados y añorar los días de Eisenhower en la década de 1950, cuando Estados Unidos disfrutaba de un consenso cristiano mayor al menos en la superficie. Más bien nos deberíamos estar preguntando por qué son tantas las personas que consideran a los cristianos como portadores de malas noticias, no de buenas nuevas que pudieran ayudar al mundo a resolver estas difíciles cuestiones.

Una de las razones por las cuales el mundo en general no acude a los cristianos en busca de orientación es porque los cristianos no hemos hablado con una voz digna de crédito. En los tiempos de mi niñez las iglesias centraban su atención en cuestiones como el largo del cabello y las faldas, las películas, el baile, el tabaquismo y la bebida. Mientras tanto, las iglesias conservadoras decían muy poco acerca de la pobreza, el racismo, las guerras, el consumismo, la inmigración, el trato dado a las mujeres y el medio ambiente. Con algunas honrosas excepciones, la iglesia se había quedado sentada al margen de los movimientos que se enfrentaban a estas importantes causas.

Hay quienes enturbian aun más el mensaje de la gracia al lanzar piadosamente su juicio sobre la sociedad. Mientras estaba escribiendo este capítulo, escuché un ejemplo demasiado típico. En los días posteriores a unas históricas inundaciones que dañaron dieciocho mil casas en Colorado, una personalidad de la radio cristiana culpó de esas crecidas a los legisladores que «favorecen unas corruptas actividades homosexuales, votan para que se mate a tantos bebés como sea posible, y aprueban leyes que legalizan idolatrías tan abominables como la de la marihuana». Lo mismo diría ese preciso verano con relación a los fuegos incontrolados. Escuchar aquellas palabras, mientras veía cómo el agua iba subiendo hasta llegar a centímetros del momento en que habría inundado mi oficina en la planta baja de mi casa, me facilitó comprender de qué manera los cristianos alejan de sí a la gente. Podría hacer una notable lista de veintenas de pronunciamientos morales de este tipo que fomentan una mentalidad de «nosotros contra el mundo», en lugar de una que signifique que «nosotros le dispensamos gracia al mundo».

Los críticos del cristianismo observan, y con razón, que la iglesia ha demostrado ser una portadora de valores morales que no es de fiar. Por supuesto que la iglesia ha cometido errores, como espero haber dejado en claro. Sin embargo, también posee un potencial innato para la autocorrección, porque cree en una autoridad superior. En años recientes, denominaciones protestantes como los bautistas del sur y la iglesia reformada holandesa de Suráfrica se arrepintieron del apoyo que les habían dado anteriormente a la esclavitud y el apartheid. Los católicos admitieron los errores de la iglesia al oponerse a la ciencia y pidieron disculpas por las injusticias cometidas contra los judíos y musulmanes. El papa Francisco reconoció que la fijación de la iglesia en cuanto a cuestiones sociales como la homosexualidad, el aborto y la anticoncepción ha interferido con el principal mensaje de que Dios ama a todos.

¿Hasta qué punto tendría el mundo un concepto diferente de los cristianos si nos enfocáramos en nuestros propios errores en lugar de en los de la sociedad? Cuando leo el Nuevo Testamento, me sorprende la poca atención que este les presta a los fallos de la cultura que rodeaba a los cristianos. Jesús y Pablo no dijeron nada con respecto a los violentos juegos de los gladiadores o al infanticidio, dos prácticas comunes entre los romanos. En un pasaje revelador, el apóstol Pablo reacciona intensamente ante un informe de incesto dentro de la iglesia de Corinto. Les indica que actúen con severidad contra los que han participado en esa situación, pero se apresura a añadir: «Por supuesto, no me refería a la gente inmoral de este mundo [...] ¿Acaso me toca a mí juzgar a los de afuera? ¿No son ustedes los que deben juzgar a los de adentro? Dios juzgará a los de afuera».

Hoy en día los cristianos dedicamos enormes cantidades de energía a juzgar a «los de afuera». Solo por dar un ejemplo, en la generación del milenio muchos dirán que se alejaron de la iglesia en parte a causa de su estridente oposición a los homosexuales. Durante mis primeros años de vida escuché hablar muy poco acerca de la homosexualidad, aunque no cabe duda de que los pastores y líderes sabían de qué se trataba. ¿Cómo fue que de repente esta cuestión se convirtió en la obsesión principal de ciertos cristianos prominentes?

Un amigo mío ha documentado el hecho de que el surgimiento de esta retórica contra los homosexuales se produjo precisamente al mismo tiempo que cayó el comunismo. Antes de aquel momento, los teleevangelistas y los grupos cristianos habían recogido fondos basados en el temor al enemigo común que era el comunismo sin Dios. «Los movimientos masivos pueden levantarse y propagarse sin creer en un Dios, pero nunca sin creer en un diablo», escribía Eric Hoffer en *Trve Believer* (*El verdadero creyente*), y mi amigo sostiene la teoría de que la retórica contra los homosexuales surgió como una estrategia para recaudar fondos, ya que se necesitaba un nuevo enemigo. No sé si esa teoría es correcta, pero sí sé que el hecho de destacar una sola forma de conducta como «pecado», e insistir en ella sobre las demás, proporciona una manera muy oportuna de eludir nuestra propia necesidad de gracia. Un moralismo pretencioso y unos pronunciamientos de juicio estridentes podrán ayudar a recoger fondos, pero socavan al evangelio de la gracia.

Los que se nos oponen acusan algunas veces a los cristianos de ser simples «santurrones». En un comentario acerca de la epístola a los romanos, John Stott nos recuerda que somos exactamente lo opuesto. El propio apóstol Pablo confesó: «Yo sé que en mí, es decir, en mi naturaleza pecaminosa, nada bueno habita. Aunque deseo hacer lo bueno, no soy capaz de hacerlo [...] ¡Soy un pobre miserable!». (Estas palabras las escribió después de su conversión; antes de ese momento, se enorgullecía de su moralidad como «fariseo de fariseos».) Nuestra única bondad, insiste Stott, procede de una humilde dependencia de Dios, que es el único justo. En cambio, los no creyentes lo que tienen es literalmente su *propia* justicia, porque no poseen una fuente moral en la cual apoyarse más que ellos mismos.

En el Sermón del Monte, Jesús establece ideales tan altos que no hay ninguno de nosotros que sea capaz de alcanzarlos. No he cometido adulterio... ¿he deseado con lujuria alguna vez? Nunca he asesinado a nadie... ¿he odiado alguna vez? ¿Amo a mis enemigos?

¿Le doy a todo aquel que me pida? Sin embargo, lo que al principio parece una mala noticia, una norma moral que nadie puede alcanzar, da un cambio dramático, porque en ese mismo sermón Jesús hace descender esa red de seguridad que es la gracia. A través de su ministerio él nos demostró de una manera muy clara que nadie tiene necesidad de caer por debajo del alcance de la gracia de Dios; ni una ramera, un ladrón, un asesino o un traidor. En realidad, Pedro el traidor y Pablo el atropellador de los derechos humanos, ya perdonados y transformados, procedieron a abrir el camino en la labor de propagar ese evangelio de gracia.

Lamentablemente, los seguidores de Jesús tienden a enfocar las cosas de una forma opuesta por completo. Algunas iglesias van rebajando gradualmente sus ideales, acomodando sus normas morales a una cultura cambiante. Otras elevan tan alto el nivel de la gracia que la gente necesitada no se siente bien recibida: «No queremos esa clase de persona en nuestra iglesia». De cualquiera de las dos formas estamos dejando de comunicar las espectaculares buenas nuevas de que todos cometemos errores y aun así un Dios generoso nos ofrece a todos el perdón.

ABRIENDO EL CAMINO

En una ocasión le escuché decir a un pastor australiano que los cristianos le hablan con frecuencia a la cultura en general de la misma forma que los profetas le hablaban a Jerusalén, llamándola a volver a un avivamiento espiritual. En realidad, afirmaba, deberíamos pensar más en ella como si de tratara de Atenas, una sociedad secular cosmopolita que nos considera como una secta marginal. Sabemos de qué manera les habló el apóstol Pablo a los atenienses en su tiempo, tratando de buscar un terreno común y despertando una sed que ya estaba presente en aquellos que lo estaban escuchando. También usó un enfoque similar con las ciudades paganas de Roma y Corinto, al exhortar a los creyentes a convertirse en una comunidad de contraste que le mostrara al mundo que hay una manera mejor de vivir.

Por supuesto, estoy de acuerdo en que a veces los cristianos, sobre todo en un período de confusión moral, debemos entrar en la pelea y enfrentarnos a lo incorrecto, lo cual es el tema del próximo capítulo. Sí, los cristianos tenemos un papel que desempeñar en cuanto a ofrecer claridad en lo que respecta a las cuestiones morales, pero solamente si escuchamos bien, vivimos bien y nos involucramos bien con el resto de la sociedad.

Voy a mencionar dos ejemplos diferentes de cristianos que se supieron involucrar bien. El primero salió a escena hace más de un siglo. Francis Galton, primo de Charles Darwin, trató de aplicar los principios del evolucionismo al progreso humano al eliminar a los humanos «inferiores» o «defectuosos» del acervo genético. El movimiento resultante, la eugenesia, obtuvo el apoyo entusiasta de científicos, filósofos e incluso políticos como Wintson Churchill y Teodoro Roosevelt.

En Estados Unidos, las «familias más adecuadas», con los rasgos deseados, eran exhibidas en las ferias estatales junto a las exhibiciones de ganado. Los estados sureños promulgaron leyes contra los matrimonios interraciales en un intento de mantener «puras» las líneas genéticas, y muchos otros estados comenzaron a poner en práctica la esterilización de los criminales, las madres solteras y los que tenían enfermedades mentales. Otros países clasificaron como «degenerados» o «inadecuados» a grupos como los pobres, los homosexuales, las mujeres promiscuas y aquellos que padecían de ceguera o sordera hereditaria.

Hasta el famoso Oliver Wendell Holmes Jr., magistrado del Tribunal Supremo, emitió un fallo a favor de la eugenesia. En apoyo a la esterilización forzada, señaló: «No veo razón alguna para atribuirle al hombre una importancia de una clase diferente a la que se les da a un mandril o un grano de arena [...] La sacralidad de la vida humana es una idea puramente provinciana que carece de validez fuera de su jurisdicción». Holmes veía correctamente que en el fondo esta era una cuestión teológica. A menos que toda vida humana individual, «defectuosa» o no, fuera sagrada, la eugenesia habría representado un paso positivo en la evolución humana. Hubo voceros católicos, los más notables el papa Pío XI y G. K. Chesterton, que se opusieron fuertemente a la eugenesia, pero esta floreció hasta convertirse en una gran industria que contaba con el apoyo de los departamentos académicos de las universidades y una serie de conferencias internacionales.

El movimiento de la eugenesia terminó cayendo en la desaprobación general mayormente a causa de Adolfo Hitler, que lo llevó a su conclusión lógica al exterminar de forma sistemática a los grupos que él juzgaba indeseables: los romaníes (gitanos), judíos, homosexuales, oponentes políticos, limosneros y criminales. Hitler lanzó también una campaña de propaganda con el fin de preparar a los alemanes para que los médicos comenzaran a matar a los «niños incapacitados» y las personas con problemas mentales. Vi una película nazi de aquellos tiempos en un teatro de arte, en la cual un político presentaba una serie de gráficas sobre presupuestos. El hombre explicaba: «Hacen falta cien mil marcos para mantener vivo a uno de estos defectuosos. ¡Compatriotas alemanes, ese dinero es de ustedes también!». Los seres humanos debían seguir el ejemplo de la naturaleza y permitir que murieran los débiles: «La zorra atrapa al débil conejo, y el cazador le dispara al débil venado».

A pesar de sus habilidosas películas y su propaganda, los nazis fracasaron en sus esfuerzos por matar a la mayoría de los discapacitados, tanto mentales como físicos. El radical giro en cuanto a estas normas se remonta a una valiente mujer, una enfermera cristiana que trabajaba en una institución para enfermos mentales. Cuando vio que aquellas dependencias se estaban convirtiendo en cámaras de gases, no se pudo quedar callada. Documentó cuidadosamente los hechos y se los informó a su obispo, el cual los sacó a la luz pública. El clamor resultante, que procedía de la iglesia, obligó a los nazis a dar marcha atrás.

Como ha demostrado la historia, las sociedades civilizadas son capaces de hacer toda clase de cosas impulsadas por la confusión moral. En una carta dirigida al *New York Times*, el novelista Walker Percy afirmaba que tal vez el libro más influyente que se publicó en Alemania antes del comienzo de la Segunda Guerra Mundial fue *The justification of the Destruction of Life Devoid of Value* [La justificación de la destrucción de la vida carente de valor]. Percy advertía que la sociedad moderna confronta también algunos de esos mismos puntos ciegos en cuanto a la moralidad. Si lo correcto y lo incorrecto se deciden a base de encuestas sobre opiniones, razonaba, «no es difícil imaginarse un electorado o un tribunal dentro de diez a cincuenta años, que estuviera a favor de librarse de la gente anciana inútil, los niños retardados, los negros antisociales, los hispanos ilegales, los gitanos, los judíos [...] ¿Por qué no, si eso es lo que quiere la mayoría, la opinión hallada por las encuestas y el sistema de gobierno del momento?».

Recordamos con horror la campaña nazi para matar a los que tenían defectos mentales. Sin embargo, no hace mucho una circular de Mensa, la organización para personas con cocientes de inteligencia altos, publicó un artículo en el que se proponía que elimináramos a los ciudadanos indeseables, como los retrasados mentales y los que viven por las calles. En la China moderna es obligatorio abortar a los fetos defectuosos, incluso los diagnosticados con retraso mental, así como a los bebés no autorizados que van más allá del límite de un solo hijo impuesto por el gobierno. Y en algunos lugares de Estados Unidos la incidencia de niños con el síndrome de Down ha descendido en un noventa por ciento; los demás son abortados antes de nacer. Mi vecino, que administra hogares grupales para personas con el síndrome de Down, encuentra espantosa tal norma: «¡Estas personas son maravillosas!», me dice. «Llevan una vida feliz y realizada, y muchos de ellos tienen trabajos productivos. Me cuesta trabajo creer que una sociedad civilizada favorezca su eliminación».

A los estadounidenses nos agrada resolver las cuestiones morales a partir de unas bases utilitarias. No obstante, Aristóteles defendía la esclavitud usando ese mismo razonamiento. En su cruzada para abolir la esclavitud, William Wilberforce se tuvo que enfrentar a filósofos utilitarios como David Hume, que consideraba inferiores a los negros, y también desafió a los negociantes y políticos que veían a los esclavos como un beneficio para la economía. Los cristianos aliados con Wilberforce lanzaron en contra de estas presiones una apelación de tipo moral, enfocándose en el valor esencial de los esclavos como seres humanos creados por Dios.

Los cristianos tenemos un papel importante que desempeñar en la lucha a fin de sostener que no hay vida alguna que «carezca de valor». Esto lo podemos hacer por medio de valientes protestas, como sucedió en Alemania, y también por medio de un compasivo cuidado de los miembros más vulnerables de la sociedad, como hizo la Madre Teresa. En ambos enfoques importa la teología; lo que uno cree con respecto a Dios y la vida humana. El mundo necesita con urgencia esas buenas nuevas.

RESPONSABILIDAD Y ESPERANZA

En un ejemplo muy diferente y más reciente, el arzobispo Desmond Tutu se encontró lanzado en medio de una vorágine moral en Suráfrica. Nombrado por Nelson Mandela para dirigir la Comisión de Verdad y Reconciliación, oyó a diario testimonios presenciales sobre violentos asaltos por parte de ambos lados del conflicto. Mientras los escuchaba, Tutu se daba cuenta de que sus creencias cristianas afectaban todo lo que él oía y veía.

La teología me recordaba que, por diabólico que fuera el acto, eso no convertía a su perpetrador en un demonio. Teníamos que distinguir entre el acto y el perpetrador; entre el pecador y el pecado, con el fin de detestar y condenar el pecado al mismo tiempo que nos llenábamos de compasión por el pecador. La cuestión está en que si perdíamos las esperanzas con respecto a los perpetradores, como si fueran monstruos y demonios, al hacerlo estaríamos tirando por la ventana la responsabilidad personal, porque estaríamos declarando que no eran agentes morales a los que se les podía hacer responsables de los actos que habían cometido. Y mucho más importante todavía, significaba que estábamos abandonando toda esperanza de que ellos tuvieran capacidad de mejorar. De lo contrario, nosotros, como comisión, habríamos tenido que cerrar nuestras puertas...

Lo que comenzó como una serie de juicios políticos se convirtió en cambio para Tutu en un curso avanzado de teología. La experiencia lo convencía de que los seres humanos vivimos en un universo moral y se nos debe responsabilizar por nuestros actos, «porque este universo ha sido construido de una manera tal, que a menos que vivamos de acuerdo con sus leyes morales tendremos que pagar un precio por nuestra actitud». Al mismo tiempo, la comisión ofrecía un camino de esperanza: los que «se arrepentían», admitiendo con sinceridad sus crímenes y pidiéndoles perdón a sus víctimas, eran puestos en libertad.

La Comisión de Verdad y Reconciliación ratificaba para Tutu que el bien y el mal son reales, y que la forma en que vivamos tiene consecuencias duraderas. Esta es la conclusión a la que llegó: «A pesar de todas las evidencias que parecen contrarias, es imposible que la maldad, la injusticia, la opresión y las mentiras puedan tener la última palabra». Al mismo tiempo, no hay nadie que sea irredimible: «Según esta teología, nunca nos podemos dar por vencidos con respecto a alguien, porque nuestro Dios tiene un sentimiento especial de bondad hacia los pecadores».

Después de dos años de presidir la comisión, el arzobispo Tutu salió con su fe fortalecida, no destrozada. Suráfrica necesitaba un mensaje simultáneo de responsabilidad y esperanza, y eso fue exactamente lo que le proporcionó su comisión.

A Martin Luther King Jr. le agradaba citar a un abolicionista que decía que el arco moral del universo es largo, pero se inclina del lado de la justicia. El presidente Barack Obama citó esas mismas palabras en el funeral de Nelson Mandela. Tanto Suráfrica como el sur de Estados Unidos han llegado a comprender la perdurable veracidad de esas palabras en los años que hemos vivido.

Las personas y las sociedades no somos víctimas indefensas de la herencia. Tenemos poder para hacer cambios, no descendiendo la mirada hacia la naturaleza, sino elevándola hacia Dios, quien nos llama continuamente a avanzar para que nos convirtamos en las personas que él deseaba que fuéramos cuando nos formó. Un mundo lleno de confusión necesita con urgencia un modelo sobre lo que significa actuar de esta forma. Si los cristianos no le facilitamos ese modelo, ¿quién lo va a hacer?

CUARTA PARTE

FE Y CULTURA

De pie sobre las ruinas de su Alemania nativa después de la Segunda Guerra Mundial, el pastor Helmut Thielicke se preguntó: «A la larga, ¿podremos mantener siendo cristiano al occidente si perdemos esta Figura que lo sostiene, anima e inspira? ¿Es posible mantenerse firme en cuanto a ciertas ideas cristianas acerca de la humanidad, el amor al prójimo y la fe si la figura de Cristo mismo desaparece y en nuestras manos solo tenemos copias de las copias, no el original?».

CAPÍTULO 12

SOCIOS INCOMPATIBLES: LOS CRISTIANOS Y LA POLÍTICA

La gente dice que necesitamos religión, cuando lo que en realidad quiere decir es que necesitamos control.

H. L. Mencken

En el año 2012 viajé por Croacia y Bosnia-Herzegovina, dos de los países balcánicos que se separaron de la antigua Yugoslavia en medio de una guerra brutal. La religión desempeñó un importante papel en la violencia, puesto que católicos, ortodoxos y musulmanes pelearon frente a frente. Para mi sorpresa, cuando llegué, el editor que me servía de anfitrión me anunció que había concertado una reunión con Ivo Josípović, el presidente de Croacia.

Unos guardaespaldas con la cabeza rapada y audífonos de trasmisores en los oídos se nos unieron ante la verja de los terrenos llenos de árboles y nos llevaron con rapidez en autos BMW negros hasta el palacio presidencial. Allí esperamos en una ornamentada habitación al estilo de Versalles desde donde se percibía la espesura resplandeciente con el follaje del otoño, muy por encima de la ciudad de Zagreb. Aquel día, el presidente estaba ocupado con un escándalo apodado «el Watergate croata», así que durante una hora estuvimos tomando café fuerte mientras admirábamos el paisaje y las obras de arte que había en las paredes. Finalmente se nos hizo entrar a la oficina del presidente, donde este nos saludó y nos pidió disculpas por el retraso.

Antes de dedicarse a la política, Josípović había combinado una carrera de abogado con un serio entretenimiento que consistía en componer música clásica. Durante la campaña electoral dio a conocer con claridad sus creencias agnósticas en cuanto a lo religioso, lo cual agitó la oposición por parte de la jerarquía católica. Sin embargo, durante su gobierno se las había ingeniado para hacer que los representantes de todas las religiones de la zona —católicos, protestantes, judíos, ortodoxos orientales y musulmanes— trabajaran a fin de lograr la paz. Durante ese proceso logró captar el antagonismo que hay entre la religión y la política, y también el potencial de colaboración existente.

Mi editor le explicó el propósito de mi visita a Croacia (lanzar las traducciones de dos de mis libros) y le habló de nuestra visita a Sarajevo, donde recientemente Josípović había hecho una súplica a favor de la paz y la unidad entre los líderes religiosos. Mientras hablábamos, mencioné una observación del filósofo agnóstico alemán Jürgen Habermas: «Una democracia liberal les exige a sus ciudadanos unas cualidades que ella misma no les puede proporcionar». En este mismo sentido, Martin Luther King Jr. señaló que el gobierno le puede exigir a un hombre blanco que sirva en su restaurante a la gente de color, y puede impedir que los blancos linchen a los negros, pero ningún gobierno puede obligar a una persona blanca a *amar* a una persona negra. Eso exige una transformación del corazón, lo cual es el terreno de la religión.

Luego comenté acerca de las encuestas hechas en Estados Unidos —que presentan una proporción mayor de trabajadores voluntarios y donaciones de caridad, al mismo tiempo que un índice menor de crímenes— entre aquellos que se hallan fuertemente comprometidos con la religión. El presidente sonrió y me preguntó con malicia: «¿Me está usted diciendo que los cristianos son mejores que los no cristianos como yo?». Le contesté que no, pero que era posible que se encontraran entre sus mejores ciudadanos.

Pocos días más tarde regresé a Estados Unidos para hallarme en medio de la contienda presidencial del año 2012 entre Barack Obama y Mitt Romney, la campaña más caldeada de la historia reciente. Los republicanos estaban apelando con fuerza a los evangélicos como base esencial (al final obtuvieron el ochenta por ciento de sus votos), algunas veces difamando al presidente titular. El anfitrión de un programa evangélico de entrevistas con un millón de seguidores declaró que Obama «desprecia la Constitución» y «fomenta el odio hacia el hombre blanco». Su ministerio presentaba una foto del rostro del presidente a la que se le había añadido el bigote típico de Hitler y tenía detrás un fondo repleto de esvásticas.

El presidente Obama se mantuvo hablando de su fe cristiana, a pesar de que la quinta parte del país lo consideraba musulmán. En un extenso artículo, el editor de religión de CNN.com exploró cómo Obama se había acercado a evangélicos como Joel Hunter y T. D. Jakes para que fueran sus mentores espirituales. Todas las mañanas él comienza leyendo devocionales cristianos en su teléfono Blackberry y ora con los líderes cristianos antes de los acontecimientos de importancia. Sin embargo, a mi computadora me llegaban mensajes electrónicos de cristianos que detallaban la fe de «musulmán devoto» y el marxismo secreto de Obama: «Está abrumando a propósito la economía de Estados Unidos para crear un fallo del sistema, una crisis económica y el caos social, con lo cual estaría destruyendo desde dentro tanto al capitalismo como nuestra nación».

No podía menos que preguntarme cuánta de esa recargada oposición habría logrado llegar hasta el escritorio del presidente

Obama.* ¿Es de maravillarse que tanto el partido democrático como los principales medios de comunicación miren con suspicacia a los cristianos? No obstante, mi visita a los Balcanes hizo que las disputas entre las distintas facciones que existían en mi propia nación parecieran una simple pelea de familia. ¡Al menos nosotros no nos estábamos matando unos a otros!

Pensando en Croacia y las elecciones de Estados Unidos, volví de nuevo a alguna de las preguntas acerca de la fe y la política que me han interesado durante largo tiempo. Me interesan esas preguntas en parte porque son muchos los no creyentes que juzgan la fe a partir de la política, destacando a los evangélicos simplemente como otro estridente grupo de presión más. Los medios usan con frecuencia la expresión «de derecha» como si fuera un adjetivo inseparablemente conectado a los evangélicos. James Davison Hunter indica: «Es posible sostener que al mismo tiempo que la derecha cristiana adquiría y ejercía su

---

* Una famosa carta que envió James Dobson en el año 2008 detalla sucesos «que es probable, o al menos muy posible» que se produjeran «a más tardar en el año 2012», si Barack Obama resultaba elegido y los demócratas de extrema izquierda obtenían el control del gobierno, entre ellos se incluyen:

Las organizaciones universitarias, como Cruzada Estudiantil y Profesional para Cristo [conocida actualmente como Cru], los Navigators e InterVarsity se reducirán hasta ser esqueletos de organizaciones, y en muchos estados dejarán de existir.

Las escuelas primarias impondrán de manera obligatoria la homosexualidad como una de las decisiones posibles para los niños, y los Boy Scouts dejarán de existir a causa de este mismo problema. Las iglesias que se nieguen a permitir que se usen sus edificios para bodas de personas del mismo sexo perderán su categoría de exentas de impuestos.

Las estaciones de radio cristianas se verán sujetas a nuevas normas sobre las «expresiones de odio», como sucede en Suecia, y las radios conservadoras que realizan charlas y entrevistas quedarán prácticamente eliminadas. Las casas editoriales evangélicas serán eliminadas en Amazon.com y Barnes & Noble.

Debido a fuertes restricciones en cuanto a la educación en el hogar, habrá padres comprometidos que emigrarán a lugares como Australia y Nueva Zelanda.

Los terroristas habrán puesto bombas en cuatro ciudades de Estados Unidos, y la respuesta de Obama habrá sido mínima.

Aprovechando la debilidad de Obama, Rusia recuperará gran parte del este de Europa.

Tel Aviv será destruida cuando Irán lance un ataque nuclear contra Israel.

Debido al racionamiento del cuidado de la salud, las personas mayores de ochenta años no tendrán esencialmente acceso a los hospitales ni a los procedimientos quirúrgicos. La eutanasia [se convertirá] en algo cada vez más común.

mayor poder, que culminó en las elecciones presidenciales de 2004, este movimiento también generaba una hostilidad mayor hacia la fe cristiana que en ningún otro momento anterior en la historia de la nación». Hunter añade que los evangélicos de izquierda siguen un curso paralelo de participación en la política, tratando de que el gobierno sancione las normas que ellos valoran profundamente.

¿Cómo se deberían comprometer los cristianos con una democracia que incluye una notable diversidad de creencias y que se va haciendo cada vez más postcristiana? ¿Y cómo podremos vivir nuestras convicciones de una manera en la que sigan expresando la gracia?

CRISTO Y LA CULTURA

Jesús mismo manifestó poca preocupación por la política secular, llamándole a Herodes «ese zorro», resistiéndose a Poncio Pilato al no querer defenderse a sí mismo, y dejándonos una enigmática norma: «Denle al césar lo que es del césar, y a Dios lo que es de Dios». En cambio, el apóstol Pablo utilizó plenamente sus privilegios como ciudadano romano. Se enfrentó a la cultura con el nuevo mensaje de Jesús, al mismo tiempo que manifestaba su respeto por las autoridades políticas. Testificó ante los funcionarios imperiales, y en ocasiones se apoyó en los militares romanos para que lo protegieran de sus enemigos religiosos. Cuando lo arrestaron, apeló su caso hasta lo más alto de la escalinata de la justicia romana, donde le fue concedida una vista final que tuvo una conclusión trágica.

En resumen, el Nuevo Testamento presenta el gobierno como necesario, e incluso dispuesto por Dios, pero ciertamente no como protector o amigo de la fe. Al fin y al cabo, Jesús, Pablo y la mayor parte de los doce discípulos murieron como mártires, y los primeros cristianos se vieron enfrentados a oleadas periódicas de persecución por parte de los emperadores romanos.

En el siglo cuarto, los cristianos recibieron con acción de gracias y alivio la conversión del emperador Constantino, que le otorgó al cristianismo la categoría de religión protegida. Este pronto se convirtió en la religión oficial del estado. En la Europa del milenio siguiente, la iglesia y el estado interactuaron como compañeros de baile, unas veces unidos por un fuerte abrazo y otras lanzándose mutuamente de un extremo a otro del salón. La expansión mundial del cristianismo introdujo nuevas variaciones en la relación entre iglesia y estado en lugares como África y el continente americano.

Durante la era de Eisenhower en la década de 1950, alrededor del tiempo en que se añadió la inscripción «En Dios confiamos» a las monedas de Estados Unidos, el teólogo H. Richard Niebuhr publicó un libro llamado *Christ and Culture* [Cristo y la cultura], el cual se convirtió en un clásico y donde describe cinco enfoques diferentes sobre la forma en que la religión y el gobierno, o bien la iglesia y el estado, se podrían relacionar entre sí.

Niebuhr le llama a uno de estos enfoques «Cristo *por encima* de la cultura», refiriéndose a los tiempos en los cuales era la iglesia la que tenía en sus manos el poder real. El Sacro Imperio Romano Germánico perfeccionó en Europa este modelo: la realeza se arrodillaba ante el papa, y no viceversa. En el otro extremo del espectro, los anabaptistas y otros grupos disidentes se separaron de la cultura que los rodeaba: Niebuhr calificó su enfoque como «Cristo *contra* la cultura». Estos disidentes se negaban a hacer juramentos, quitarse el sombrero ante las autoridades, y servir en el ejército y los jurados, lo cual enfurecía a sus gobiernos. El resultado fue que los países europeos los persiguieron cruelmente. Norteamérica les sirvió de refugio a muchos de esos grupos, entre ellos los cuáqueros, los amish, los menonitas y los huteritas.

El modelo de Juan Calvino, adoptado por los puritanos en Estados Unidos, exige que Cristo *transforme* la cultura, poniendo a la sociedad en tanta sintonía con los valores cristianos como les fuera posible. Alrededor de ese mismo tiempo los luteranos desarrollaron una doctrina de Cristo *en paradoja con* la cultura. En la tierra estamos sometidos a dos reinos, decía Martín Lutero: el reino de Dios y el reino de este mundo. (Por supuesto, algunas veces el gobierno les podría exigir a los cristianos que hicieran algo que fuera contra sus convicciones, creando un conflicto entre los dos reinos. En la tierra de Lutero, muchos de los soldados de Hitler seguirían tiempo después la misma excusa: «Estamos obedeciendo al reino secular».)

Por último, un quinto grupo identifica a Cristo *con* la cultura. Este enfoque puede tomar muchas formas, como los grupos étnicos (por ejemplo, los serbios ortodoxos y los croatas católicos), que mezclan religión y cultura. Niebuhr usó el movimiento del Evangelio Social como ejemplo en el continente norteamericano: estas personas, a la vez que se esfuerzan por reformar a la sociedad, tienden a absorber la cultura que les rodea, y con el tiempo es posible que desaparezcan los distintivos de su fe.

La lectura del libro de Niebuhr en mis días de universidad me dejó sintiéndome ilustrado, pero más confundido que nunca. Me parecía que los cinco enfoques tenían algo con lo cual contribuir, y por cierto podía señalar ejemplos bíblicos de cada uno de ellos, en especial en el Antiguo Testamento. Los reyes como David y Salomón combinaron prácticamente la iglesia y el estado. Los profetas denunciaron con frecuencia la cultura que los rodeaba, aunque al mismo tiempo que el profeta Elías se oponía con fuerza al régimen de Acab, un hombre llamado Abdías, que «veneraba al Señor», era quien administraba el palacio de Acab, al mismo tiempo que mantenía escondidos a los verdaderos profetas de Dios. Amós y Oseas rugían contra el estado; Isaías actuaba como una especie de profeta de la corte. Daniel fue un alto funcionario de dos gobiernos paganos diferentes, y Nehemías dirigió un destacamento de la caballería persa.

El teólogo John Howard Yoder señala que los cristianos nunca abrazaremos ni rechazaremos de todo corazón la cultura, sino que más bien debemos discriminar entre sus diversas partes. Refutaremos de manera categórica algunos elementos (la pornografía, la tiranía, el tráfico humano), aceptaremos otros de manera limitada (el comercio, el transporte, los impuestos) y les daremos una motivación nueva a otros (la vida familiar, la educación, la pacificación). Usaremos algunos aspectos de la cultura (la música, el arte, el lenguaje), aunque lo hagamos a nuestra manera, y fomentaremos con entusiasmo ciertas actividades (los hospicios, el cuidado de los huérfanos, los refugios para personas sin techo, la distribución de alimentos).

¿Existe una manera de relacionarnos como cristianos con la política y la cultura que sea la mejor, en especial en una democracia en la que tenemos derecho a expresarnos? ¿Nos deberíamos retirar a una contracultura y dedicar nuestras energías al reino de Dios, o deberíamos trabajar activamente para transformar la sociedad? Y si escogemos este segundo camino, ¿lo podemos hacer de una forma que no asfixie nuestro mensaje central de amor y gracia? Leslie Newbigin hacía esta pregunta: «¿Podemos seguir el camino de la Cruz sentados en el asiento de Pilato cuando este quede vacante?».

Estoy escribiendo después de un año de elecciones en el cual los candidatos cortejaron afanosos el voto de los evangélicos. Con todas esas menciones de Dios en la política de hoy, es posible que los votantes jóvenes se sorprendan al conocer que la aventura amorosa entre los evangélicos y la política es un fenómeno reciente. Durante mi niñez, las iglesias conservadoras «se mezclaban» muy poco con la política, enfatizando en cambio la conducta personal y la preparación para la vida futura. En términos de Niebuhr, éramos mayormente «Cristo *contra* la cultura», y solo fue en la década de 1980 cuando alguien comenzó a hablar acerca de una *Mayoría* Moral.

En las décadas siguientes surgió un claro patrón, como lo atestiguan numerosas encuestas: mientras más expresaban sus ideas los cristianos en la arena política, más negativamente se les consideraba. No hace mucho, una inmensa mayoría de las personas no comprometidas tenían una opinión favorable acerca de los cristianos. Ahora, como ya he mencionado, hay una minoría cada vez más exigua de jóvenes «ajenos a la iglesia» que evidencia una impresión favorable del cristianismo, y solo tres por ciento de ellos tiene una buena impresión con respecto a los evangélicos. ¿Habremos oscurecido los cristianos las buenas nuevas con nuestros esfuerzos por restaurar la moralidad dentro de la cultura general?

El estado tiene una preocupación predominante: la de controlar la mala conducta. ¿Cómo hacer para impedir que los ciudadanos se maten entre sí, entren a los hogares a robar, les hagan trampas a sus clientes en el mercado y se entreguen a una vida sexual licenciosa que socavaría a las familias? El mundo moderno se enfrenta a un dilema. En cuestiones importantes como las que hemos tratado en el último capítulo, la sociedad tiene una terrible necesidad de orientación moral. La religión parece un recurso obvio, sin embargo, es rechazada por gran parte de la sociedad secular. Ya a estas horas los medios de comunicación tratan a las encuestas de opinión como el principal árbitro en cuestiones como la conducta sexual, el aborto, la pena de muerte y el suicidio asistido.

En las naciones donde existe un consenso religioso, la iglesia y el estado pueden trabajar hombro con hombro para favorecer unos valores morales en los que ambos están de acuerdo. Por ejemplo, en unos tiempos más religiosos, el rey lanzó una proclamación para «el estímulo de la piedad y la virtud, y para la prevención y el castigo del vicio, la profanidad y la inmoralidad». No obstante, el mundo ha cambiado. Las sociedades son diversas ahora y contienen muchas religiones diferentes. Yugoslavia se dividió en siete países por no haber sido capaz de resolver este mismo dilema.

El presidente Obama irritó a algunos cristianos cuando dijo en una visita a Turquía que aunque Estados Unidos tiene una abundante población cristiana, «no nos consideramos una nación cristiana, ni judía ni musulmana; nos consideramos una nación cuyos ciudadanos tienen obligaciones con respecto a sus ideales y un conjunto de valores». De acuerdo, pero si los cristianos constituyen una mayoría en un país, como sucede en Estados Unidos, ¿acaso no deberían tener una fuerte influencia en la determinación de esos ideales y valores?

CINCO SUGERENCIAS

El cambio en la sociedad estadounidense desde la admiración por los cristianos hasta el temor y la crítica nos proporciona una oportunidad para reflexionar sobre nosotros mismos. ¿Cómo *hemos estado* presentando el mensaje en el que creemos? ¿Habría alguna forma de hacerlo con un contenido mayor de gracia?

Algunos se quieren centrar en la moralidad personal y dejar la moralidad pública en manos de los políticos seculares. Otros buscan maneras de guiar a la cultura en general, al mismo tiempo que comunican la gracia. En lugar de proponer un solo camino, voy a hacer una serie de observaciones y sugerencias con el fin de que los cristianos las tengamos en cuenta al interactuar con un mundo que no siempre comparte nuestros puntos de vista.

1. Los choques entre Cristo y la cultura son inevitables.

John Howard Yoder hizo un recuento de cincuenta y un momentos distintos en los cuales Jesús mismo se enfrentó a las injusticias, y a lo largo de toda la historia sus seguidores han hecho lo mismo. Los primeros cristianos tuvieron una influencia decisiva en la terminación de prácticas romanas como los juegos de gladiadores y el infanticidio, y en los años que han pasado desde entonces también han llevado a cabo campañas morales contra abusos como la esclavitud y el tráfico sexual. Hasta los grupos separatistas necesitan relacionarse con la cultura. Por ejemplo, el pacifismo anabaptista constituye una poderosa proclamación moral.

Los cristianos debemos discernir siempre cuáles son las injusticias que ameritan una lucha a fin de eliminarlas, pero el aislamiento total es malo tanto para la iglesia como para el estado. La Alemania nazi constituyó la prueba más fuerte para la doctrina de Lutero con respecto a los dos reinos, una prueba en la cual la mayor parte de la iglesia fracasó. Mientras practicaban una fe personal, sin una tradición real de oposición al estado, los líderes eclesiásticos alemanes esperaron demasiado, hasta que fue muy tarde para protestar. En realidad, inicialmente hubo muchos líderes protestantes que recibieron a los nazis como una alternativa al comunismo, y algunos llegaron a adoptar un lema que ahora nos parece obsceno: «La esvástica en el pecho, y la Cruz en el corazón».*

Finalmente, sí hubo algunos cristianos que despertaron ante la amenaza. Martín Niemöller publicó una serie de sermones con el desafiante título de *Christus ist mein Führer* («Cristo [y no Hitler] es mi Führer»). Niemöller pasó siete años en un campo de concentración; Dietrich Bonhoeffer fue ejecutado en otro. Al final, los cristianos fieles fueron uno de los pocos grupos que se opusieron a Hitler dentro de Alemania. Los sindicatos de trabajadores, el parlamento, los políticos, los médicos, los científicos, los profesores de las universidades, los abogados... todos ellos capitularon. Una minoría de cristianos pequeña, pero firmemente decidida, que comprendía su lealtad a un poder superior, se le resistió, y su

---

* Jürgen Moltmann, que sirvió en el ejército de Hitler siendo adolescente, reflexiona: «Pero lo que escuchábamos de los políticos gobernantes de aquellos tiempos era que se necesitaba una suspensión del Sermón del Monte a causa de la responsabilidad política, lo cual era un eco de la áspera declaración de Bismarck de que "es imposible gobernar a ninguna nación con el Sermón del Monte". Sin embargo, todo el que excluya los preceptos del Sermón del Monte de ciertas partes de su vida, también estará perdiendo las seguridades de sus Bienaventuranzas».

valiente posición atrajo la atención del mundo: desde 1933 hasta 1937, el *New York Times* publicó cerca de mil relatos de noticias relacionados con la lucha de la iglesia alemana.

Después de la Segunda Guerra Mundial, la parte oriental de Alemania quedó bajo una clase diferente de gobierno totalitario y comenzaron cuatro décadas de dominio soviético. Hace algunos años entrevisté en Sajonia a un pastor que recordaba las dificultades a las que se enfrentaron los cristianos bajo el comunismo. En aquellos días sus hijos tuvieron unas oportunidades de estudio limitadas, y él mismo necesitó trabajar como fontanero para completar su escaso sueldo de pastor. Cuando se vino abajo el Muro de Berlín, todo cambió. Aunque menos de veinte por ciento de los ciudadanos de Sajonia pertenecen actualmente a una iglesia, él calcula que setenta por ciento de los que forman parte del Parlamento son cristianos activos y practicantes.

Después de haber vivido bajo el nazismo primero y luego bajo el comunismo, los cristianos se dedicaron de inmediato a llenar un vacío cultural con el fin de ayudar a su sociedad, nuevamente libre, a establecer unos fundamentos para la moralidad y la ley. Sabían demasiado bien lo que puede suceder cuando los cristianos quedan excluidos de la vida pública.

Como pudo aprender aquel pastor, el trabajo dentro de una democracia presenta un tipo distinto de desafío. Exige que se trabaje de manera incansable y se hagan complicadas concesiones. Stephen Monsma, un cristiano que sirvió en la legislatura estatal de Michigan, escribe sobre las minuciosas luchas que fueron necesarias para conseguir que su estado aprobara leyes contra los que conducen en estado de ebriedad, una cuestión que invita a un claro consenso moral. Él compara su visión original acerca de hacer el bien a permanecer sentado junto al fuego en la sala de su hogar, escogiendo exquisitos vegetales y hermosas flores en un catálogo de semillas; el trabajo real, según señala, se parece más a las tareas del jardinero: abrir surcos, arrancar hierbas malas y combatir los insectos.

Existen diversidad de formas de involucrarse en la cultura. Hay cristianos que expresan sus creencias a favor de la vida de los bebés llevando a cabo protestas; otros trabajan como voluntarios en los hospicios y centros de consejería sobre el embarazo; algunos trabajan con Mothers Against Drunk Driving [Madres contra los conductores ebrios] o hacen campaña contra la pena de muerte. Unos debaten cuestiones éticas dentro del mundo académico, mientras que otros se dedican a la tediosa labor de redactar leyes.

La democracia exige siempre negociaciones y concesiones. C. Everett Koop, mientras era Director General de Salud Pública, siempre atrajo la ira de otros conservadores que tenían un enfoque de todo o nada en cuanto a la moralidad y se resistían a hacer concesiones en cuanto al aborto. Koop, que compartía con igual fuerza su creencia de que el aborto es algo incorrecto, llegó a esta conclusión: «Uno de los problemas que tiene el movimiento a favor de la vida de los bebés es que lo quiere todo al ciento por ciento. Históricamente es cierto que si el movimiento a favor de la vida se hubiera sentado a hablar, digamos en 1970 o 1972, con los que defienden el derecho a escoger, habríamos terminado con un acuerdo sobre el aborto a favor de la vida de la madre, de los niños con defectos, los que son producto de la violación o el incesto, y nada más. Aquello habría evitado el noventa y cinco por ciento de los abortos desde esos momentos». Solo después de perder la batalla absoluta, el movimiento a favor de la vida tuvo que cambiar de tácticas, tratando ahora de restringir los abortos en lugar de abolirlos; desde entonces, las legislaturas estatales han aprobado centenares de leyes de este tipo.

La democracia moderna, que brotó de suelo cristiano, nos obliga a reconocer los derechos de los demás, aunque estemos en profundo desacuerdo con su posición. Tratamos de persuadir, no de obligar. Además de esto, el evangelio me ordena amar tanto a mi prójimo como a mi enemigo. Los cristianos pueden trabajar dentro de las instituciones, pero siempre siendo precavidos ante sus limitaciones y conscientes en todo momento de que nuestra primera encomienda consiste en amar. En realidad, las instituciones no pueden expresar amor; lo más que pueden hacer es practicar la justicia.

2. Los cristianos debemos escoger nuestras batallas con sabiduría.

El sociólogo Peter Berger escribió sobre las funciones de «mantener al mundo» y «sacudir al mundo» que tiene la religión. Los fundadores de Estados Unidos reconocían que una democracia con menos control desde la cúpula del poder y mayor libertad necesita unos fundamentos religiosos para guiar y motivar a sus ciudadanos. En palabras de John Adams, «nuestra constitución fue hecha solo para un pueblo moral y religioso. Es totalmente inadecuada para gobernar a cualquier otro que no lo sea». Los líderes de la nación contaban con que la iglesia, dentro de este papel de mantenimiento del mundo, enseñara y preparara a los ciudadanos para que actuaran de una manera responsable.

No obstante, cuando la iglesia pasa a la labor de sacudir el mundo, es necesario que actúe con sabiduría y cuidado. Sin embargo, los cristianos que participan en la política han mostrado la tendencia a irse por la tangente. En las décadas de 1840 y 1850, el muy adecuadamente llamado «Movimiento de ignorarlo todo» se dedicó a caracterizar a los católicos como malvados y suscitar temores histéricos con respecto a ellos. El historiador Mark Noll escribe acerca de unos disturbios de 1844 que surgieron cuando un obispo católico solicitó que a las escuelas católicas se les permitiera leer su propia versión de la Biblia, en lugar de la versión King James; en Filadelfia, los amotinados quemaron varias iglesias católicas y mataron a más de una docena de personas. Tan cerca de nuestros tiempos como en el año 1960, la Asociación Nacional de Evangélicos instó a todo el clero evangélico a que proclamara los peligros que significaba tener un presidente católico durante el Día de la Reforma, justo antes de la elección de John F. Kennedy.

La campaña moral emblemática de la iglesia fue la Ley Seca o Prohibición, que absorbió más energía de parte de los cristianos protestantes que cualquier otro esfuerzo político. Los líderes sabían bien cómo funciona la democracia y cómo alcanzar un consenso público. Sus defensores persuadieron al público en general de que el alcohol cobraba un nefasto precio en cuanto a salud, años de vida, pobreza, destrucción de las familias, falta de eficiencia en los obreros y decadencia social. Las leyes de la Prohibición triunfaron a causa de una incansable educación del pueblo y una hábil presión. Las primeras feministas se unieron a esta causa, ampliando su apoyo. Se llegó incluso al punto de que un partido de la Prohibición presentó candidatos a la presidencia, y en dos décadas Estados Unidos pasó de tener cinco estados «secos» a aprobar una enmienda constitucional para toda la nación; solo hubo dos estados, Connecticut y Rhode Island, que no ratificaron esa enmienda.

Durante cinco años la nación en su mayoría obedeció la enmienda. Después de este tiempo, el consumo de bebidas alcohólicas comenzó a aumentar, acompañado por el crimen organizado y la corrupción. La ley era demasiado severa y distanciaba a otros grupos religiosos, como los judíos y los católicos, que no veían problema alguno en beber con moderación. En última instancia, juzga el historiador Paul Johnson, «lo que al principio parecía la mayor victoria del movimiento evangélico estadounidense se convirtió en su mayor derrota». El fracaso de esta cruzada moral sacó a los protestantes de la arena política, y hasta fines del siglo veinte no regresarían a ella en grandes números.

Mientras más los cristianos nos enfoquemos en cuestiones tangenciales, menos nos oirán en los asuntos de verdadera importancia moral. Yo oigo hablar muy poco a los evangélicos con respecto al impacto que tiene la proliferación de las armas de fuego sobre los crímenes violentos, y mucho menos acerca de un tema como el desarme nuclear. No oigo casi nada acerca del cuidado de la salud para los pobres, ni de la protección de las viudas y los huérfanos, puntos todos que nos han sido prescritos en la Biblia. Solo en los tiempos recientes los evangélicos se han unido a la causa de cuidar de la creación. Los evangélicos proclaman los valores familiares, pero cuando una administración propuso una legislación para permitirles a las madres que tuvieran un tiempo de ausencia *sin sueldo* en sus empleos después de dar a luz, hubo grupos religiosos conservadores que se opusieron.

Con demasiada frecuencia la agenda de los grupos religiosos es idéntica punto por punto a la que presenta la política conservadora —o liberal— y no a las prioridades señaladas en la Biblia.

3. Los cristianos debemos pelear nuestras batallas con sagacidad.

Los evangélicos tampoco tenemos en esto el mejor de los historiales. En una ocasión, un ingeniero que trabajaba para la Christian Broadcasting Network usó el equipo de transmisión vía satélite para interrumpir el canal de Playboy durante la transmisión de *American Ecstasy* con este mensaje: «Así dice el Señor tu Dios. Recuerda el día de reposo y santifícalo. ¡Arrepiéntete, el reino de Dios se acerca!». (Posteriormente fue acusado por un gran jurado federal.) Su jefe, Pat Robertson, ha hecho varias declaraciones excéntricas a lo largo de los años, entre ellas una famosa descripción del feminismo como «el movimiento político antifamilia y socialista que anima a las mujeres a dejar a sus esposos, matar a sus hijos, practicar la brujería, destruir el capitalismo y convertirse en lesbianas».

Lograr que nos escuche una sociedad postcristiana, que ya es escéptica con respecto a la religión, exige una cuidadosa estrategia. En palabras del propio Jesús, sabemos que debemos ser sabios como serpientes y mansos como palomas. Me temo que nuestros desmañados pronunciamientos, nuestros insultos, nuestra estridencia —en esencia, nuestra falta de gracia— hayan sido tan dañinos que la sociedad ha dejado por completo de buscar en nosotros la orientación que necesita. Estas tácticas, sin mencionar los comentarios sobre los huracanes y el terrorismo como actos de juicio por parte de Dios,* socavan la credibilidad de los cristianos que se involucran en la cultura.

Siguiendo una elogiable e inteligente táctica, los cristianos protestantes han formado alianzas con los católicos, judíos y musulmanes en cuanto a algunos temas. Todos estos grupos comparten la fe en un Dios que ha revelado los principios morales que deben regir nuestra vida, y al involucrarse en la cultura cada uno de ellos tiene alguna contribución que hacer. Tim LaHaye, que se define a sí mismo como fundamentalista, está de acuerdo en que «siempre tendremos más en común entre nosotros que con las personas seculares de este país». Se ha vuelto algo habitual ver a rabinos ortodoxos, sacerdotes católicos y pastores evangélicos enlazados por los brazos en las protestas ante las clínicas que practican abortos.

Cincuenta evangélicos y católicos romanos se reunieron con cincuenta judíos para identificar aquellos aspectos con respecto a los cuales comparten sus preocupaciones: la reforma de las adopciones, la reforma del divorcio, la oposición al sexo arbitrario y la violencia,

---

* James Inhofe, un senador republicano evangélico, sugirió en el piso del Senado que lo sucedido el 11 de septiembre era un castigo divino por el apoyo inadecuado que Estados Unidos le está dando a Israel; más tarde describió el calentamiento global como «el segundo en tamaño de los fraudes perpetrados jamás contra el pueblo estadounidense, después de la separación de la iglesia y el estado», y afirmó que la Agencia de Protección Ambiental era una «burocracia al estilo de la Gestapo». Otros prominentes evangélicos relacionaron la masacre que tuvo lugar en Newton, Connecticut, durante el año 2012, en la cual murieron veinte niños, con la norma de «sacar a Dios de las escuelas públicas».

y la formación del carácter en las escuelas. Y los rabinos judíos han manifestado algunas de las inquietudes más fuertes sobre los peligros que significa una sociedad puramente secular. El rabino Joshua Haberman escribió en *Policy Review* un artículo muy discutido en el cual, como sobreviviente de la Alemania de Hitler, afirma:

> Como judío, difiero de diversos cristianos que creen en la Biblia en cuanto a teología, la agenda social de nuestra nación y ciertas cuestiones de normas públicas. En algunas ocasiones, me repelen los arranques de fanatismo y dogmatismo rígido y estrecho que se producen entre los extremistas fundamentalistas. No obstante, mucho más grande que estas diferencias y objeciones es la moral común y el marco espiritual de referencia que comparto con los cristianos, incluso con los fundamentalistas. La Biblia le dio a nuestra nación su visión moral. Y hoy en día, el Cinturón de la Biblia de Estados Unidos es nuestro cinturón de seguridad, la garantía permanente de nuestros derechos y libertades fundamentales.

Un amigo mío de Inglaterra agitó un verdadero panal de avispas entre los residentes cuando contrató a un capellán para una escuela particular subvencionada basada en el carácter; los musulmanes y los hindúes salieron en su defensa, aunque el capellán era cristiano. Estos líderes religiosos están dispuestos a dejar a un lado sus diferencias para apoyar una causa común, porque sienten que tienen una urgente necesidad de llegar a una visión moral compartida.

4. Al interactuar con la cultura, los cristianos debemos distinguir lo *inmoral* de lo *ilegal.*

El presidente Bill Clinton trató de hacer esa distinción. Como cristianos, según afirmó, buscamos orientación en la Biblia en cuanto a las cuestiones morales. En cambio, como presidente de Estados Unidos, él no podía proponer de manera automática que por esa razón todo lo inmoral fuera convertido automáticamente en ilegal. Un famoso columnista nacional tomó su comentario y dedicó toda una columna a atacar la «ética situacional y la falsa religiosidad» de Clinton.

Sin embargo, podemos estar seguros de que el presidente Clinton tenía razón. «No codicies» es una cuestión moral que se halla dentro de la categoría de los Diez Mandamientos. ¿Qué municipalidad o qué gobierno nacional podría hacer cumplir una ley contra la codicia? El orgullo es un pecado, incluso es la raíz del pecado, ¿pero podemos hacer que el orgullo sea ilegal? Jesús resumió toda la ley del Antiguo Testamento en un mandamiento: «Ama al Señor tu Dios con todo tu corazón, con todo tu ser, con todas tus fuerzas y con toda tu mente». ¿Qué autoridad humana podría controlar el cumplimiento de un mandamiento así?

Aunque los cristianos tengamos la obligación de obedecer los mandamientos de Dios, de aquí no se deduce forzosamente que debamos convertir esos mandamientos morales en leyes. Ni siquiera la Ginebra de Juan Calvino se atrevió a convertir el Sermón del Monte en un código legal. El ya fallecido Kurt Vonnegut, un autor satírico estadounidense, escribió: «Por alguna razón los cristianos que más gritan entre nosotros nunca mencionan las Bienaventuranzas. En cambio, muchas veces exigen con los ojos llenos de lágrimas que se exhiban los Diez Mandamientos en los edificios públicos. Y por supuesto, se trata de Moisés, no de Jesús. No he oído que uno solo de ellos exija que se exhiba el Sermón del Monte, las Bienaventuranzas, en ningún lugar».

Un jefe del Tribunal Supremo de Alabama ocupó los titulares de las noticias en el año 2001 cuando desafió la autoridad al poner en el edificio donde están sus tribunales un monumento de granito con los Diez Mandamientos que pesaba dos mil cuatrocientos kilos.

Su explicación fue que los Diez Mandamientos son el firme fundamento en el cual se deben basar las leyes. Como cristiano, también acepto que los Diez Mandamientos son la norma de vida que nos ha revelado Dios, sobre todo porque Jesús los confirmó. Sin embargo, mientras contemplaba la fotografía que salió en los noticieros donde se hallaba el juez junto a su monumento, me di cuenta de una realidad: solo dos de los diez («No mates» y «No robes») han sido llevados al sistema legal. No hay sociedad pluralista alguna que pueda codificar dentro de su sistema de leyes a los otros ocho, a pesar de lo importantes que son.

Los cristianos estamos debatiendo en estos momentos los pros y los contras en cuanto a los derechos de los homosexuales, lo cual es una cuestión moral según consideran ambas partes. Hace algunas décadas la iglesia de Inglaterra debatió una cuestión con un paralelo cercano: el divorcio. La Biblia dice muchísimo más acerca de la santidad del matrimonio y lo erróneo que es el divorcio que sobre la homosexualidad. C. S. Lewis sorprendió a muchas personas en sus tiempos cuando se decidió a favor de permitir el divorcio, partiendo del principio según el cual los cristianos no tenemos el derecho de imponerle nuestra moralidad a la sociedad en general. Aunque se siguió oponiendo al divorcio por motivos morales, mantuvo la distinción entre la moralidad y la legalidad.

5. La iglesia debe ser cautelosa en sus relaciones con el estado.

El historiador Edward Gibbon afirma que en la Roma de la antigüedad todas las religiones eran igualmente verdaderas para el pueblo, igualmente falsas para los filósofos, e igualmente útiles para el gobierno. La sociedad necesita el freno que ofrece la religión, y ese freno es bien recibido por el estado, pero siempre que él sea el que controle la situación.

Los cristianos que apoyaban a Hitler se sintieron sobresaltados un día al saber que desde ese momento el gobierno alemán sería el que nombraría a los funcionarios de la iglesia. Muy pronto se les exigió a todos los pastores que juraran lealtad a Hitler y su gobierno. En Rusia, Stalin le exigió a la iglesia que le entregara al partido el control total de la instrucción religiosa, los estudios en los seminarios y el nombramiento de los obispos. Hoy en día, el gobierno comunista de China es el que paga los sueldos de los pastores del movimiento oficial llamado «Triple Auto» (autogobierno, autosostenimiento y autopropagación), como una manera de mantenerlo bajo su dominio, y también es el que nombra a los obispos católicos «ilícitos» que no cuentan con la aprobación del Vaticano.

La iglesia funciona mejor cuando es una fuerza separada, una conciencia para la sociedad que mantiene su distancia con respecto al estado. Mientras más se le acerque, menos eficaz podrá ser para desafiar a la cultura que la rodea, y más peligro tiene de arriesgarse a perder su mensaje central. Jesús nos dejó a sus seguidores el mandato de hacer discípulos de todas las naciones. No nos encomendó que «cristianizáramos» a Estados Unidos ni a ninguna otra nación, lo cual de todas formas constituye una meta imposible.

Cuando la iglesia acepta como su meta principal la reforma de la cultura general, nos arriesgamos a oscurecer el evangelio de la gracia y convertirnos en uno más entre los agentes de poder. Así es como nos consideran hoy muchos que tienen una cosmovisión secular, como una conspiración de derecha que tiene la intención de lograr que aprueben leyes que vayan en su contra. Mientras esto suceda, se estarán perdiendo las buenas nuevas del evangelio: que Cristo murió para salvar a los *pecadores*, liberándolos de la culpa y la vergüenza, de manera que podamos florecer de la forma en que Dios quería que lo hiciéramos.

Con mucha frecuencia, el estado trata de usar la religión para sus propios propósitos, pero cuando lo hace, el evangelio mismo cambia. La religión civil nos invita a compartir la gloria militar de una nación; el evangelio nos llama a cargar con una cruz. La religión civil ofrece prestigio e influencia; el evangelio nos llama a servir. La religión civil recompensa el éxito; el evangelio redefine el éxito y perdona el fracaso. La religión civil valora la reputación; el evangelio nos llama a ser «ignorantes por causa de Cristo».

Durante la época de Brezhnev, en el punto más álgido de la Guerra Fría, Billy Graham visitó Rusia y se reunió con líderes del gobierno y la iglesia. Los conservadores del occidente lo criticaron con dureza por tratar a los rusos con tanta cortesía y respeto. Él debería de haber asumido un papel más profético, según decían, al hablar contra el abuso de los derechos humanos y la libertad religiosa. Uno de sus críticos le dijo: «¡Doctor Graham, usted ha hecho retroceder a la iglesia cincuenta años!». Graham inclinó el rostro y le respondió: «Me siento profundamente avergonzado. He estado esforzándome mucho para hacerla retroceder dos mil años».

CAPÍTULO 13

UNA SANTA SUBVERSIÓN

Todo escritor de alguna importancia que se respete es un saboteador, y cuando escudriña el horizonte preguntándose sobre qué escribir, lo más frecuente es que escoja algún tema prohibido.

ANDREI SINYAVSKY (DISIDENTE RUSO)

Poco antes de su muerte el novelista Graham Greene se fue desilusionando tanto, que llegó al punto de la desesperación. Había llevado una larga vida de disolución, al mismo tiempo que sostenía una especie de aventura, mezcla de amor y odio, con la iglesia católica. Acosado por Dios, contemplaba a un mundo moderno en peligro de perder su alma, una perspectiva que a él le parecía la más desoladora de todas. Con ese humor tan sombrío escribió uno de sus últimos cuentos cortos, «The Last Word» [La última palabra], que se desarrolla en el futuro, cuando un gobierno mundial ha exterminado a todos los cristianos menos a uno, el papa Juan XXIX.

El papa, un infeliz jubilado, conserva pocos recuerdos de su vida anterior, con la excepción de un crucifijo de madera que tiene un brazo roto y se las ha arreglado para mantener oculto de las autoridades. Un día recibe una citación a fin de presentarse ante el general que gobierna al Mundo Unido. Un oficial de uniforme lo ayuda a vestirse con una sobrepelliz papal blanca, reliquia histórica que han tomado prestada del Museo Mundial de Mitos. Así vestido, es llevado ante la presencia del general.

—El último cristiano. Este momento es histórico —le dice el general, poniendo un revólver en la mesa que estaba entre ellos.

—¿Tiene la intención de matarme? —le pregunta el papa.

—Sí.

El anciano no sintió temor, sino alivio.

—Me va a enviar al lugar donde he querido ir durante estos últimos veinte años —dijo.

—¿A las tinieblas?

—¡Ah! Las tinieblas que he conocido no eran la muerte. Solo la ausencia de luz. Usted me va a enviar a la luz. Se lo agradezco...

El general llenó dos vasos. La mano le tembló un poco mientras vaciaba el suyo. El anciano levantó el otro, como haciendo un brindis. Pronunció en voz baja algunas palabras que el general no pudo captar bien, y en un idioma que él no comprendía.

—Corpus Domini Nostri...

Mientras su último enemigo cristiano bebía, disparó.

El cuento termina con estas palabras: «Entre el momento de la presión sobre el gatillo y la explosión de la bala, una duda extraña y aterradora pasó por su mente. ¿Será posible que lo que este hombre creía pueda ser cierto?».

EL TEMOR MUTUO

Regreso al punto en el cual comencé: la gran división entre los cristianos y una sociedad que cada vez parece más postcristiana.

En ambas partes abunda el temor. El mundo secular ve a los cristianos como una amenaza, una raza de policías de la moral obstinada en reformar a la sociedad de acuerdo con sus propias reglas y castigando a los que no estén de acuerdo. Por su parte, los cristianos se ven a sí mismos como una minoría acosada que se está manteniendo firme contra unas fuerzas hostiles a la religión... la pesadilla del cuento breve de Graham Greene.

El distinguido filósofo Alasdair MacIntyre sopesa los conflictos producidos en los tiempos recientes y duda que alguna vez alcancemos un consenso en cuanto a los problemas clave de la moral. Nuestras diferencias en cuestiones como la eutanasia, el aborto, la guerra y la justicia social tienen una especie de «carácter interminable», escribe MacIntyre en *After Virtue* [Tras la virtud]. En el clima actual, «la política moderna es una guerra civil llevada a cabo por otros medios». Su libro termina con una ominosa nota:

> Lo que importa en esta etapa es la construcción de formas locales de comunidad dentro de las cuales se puedan sostener el civismo y la vida intelectual y moral a través de esta nueva era de oscurantismo que ya tenemos encima [...] Sin embargo, esta vez los bárbaros no están esperando al otro lado de la frontera, sino que ya han estado gobernándonos durante algún tiempo.

Su imagen nos trae a la mente gran parte de la historia de la iglesia: los primeros cristianos apiñándose mientras los bárbaros golpean las puertas de Roma; los monjes benedictinos quemando manuscritos hechos en pergamino mientras descienden las tinieblas a su alrededor; los creyentes rusos y chinos adorando en secreto mientras el Ejército Rojo o la Guardia Roja merodean por el exterior. Con razón o sin ella, hay cristianos que se sienten igualmente sitiados en los tiempos modernos.

Las ansiedades de ambas partes, la secular y la cristiana, tienen alguna base, aunque yo no comparto el pesimismo extremo de Alasdair MacIntyre. No obstante, sí estoy preocupado por la forma en que nosotros les respondamos a los demás en un ambiente de hostilidad. Me preocupa la desaparición de la gracia, la erosión de un evangelio que a muchos les parece cada vez más lejos de ser una buena noticia.

En mi lectura del Nuevo Testamento, hay dos respuestas que me dan la impresión de hallarse fuera de todo límite. En primer lugar, no nos podemos atrever a retirarnos y apiñarnos en una postura defensiva, elevando un puente levadizo para que no penetren «los bárbaros». Según Jesús, no nos debe sorprender ni desalentar una recepción hostil por parte del mundo. «¡Vayan ustedes! Miren que los envío como corderos en medio de lobos», les advirtió a un grupo de seguidores suyos. *Él nos envía;* no *nos esconde en la seguridad de algún granero.* Para complicar las cosas, nos ordena que amemos a nuestros enemigos, que son precisamente esos lobos. Como muestra con claridad el libro de Hechos, los primeros cristianos no se acobardaban al encontrar una oposición violenta, sino que proclamaban valientemente las buenas nuevas que el mundo necesita escuchar.

En segundo lugar, no nos debemos atrever a convertir en ciertos los temores del mundo secular, recurriendo al poder. Cuando los cristianos usan expresiones como «recuperar nuestra nación», «restaurar la moralidad» y «hacer que Estados Unidos sea cristiano de nuevo», lo que viene a la mente son los estereotipos de la Inquisición y las Cruzadas, o tal vez la clase de teocracia religiosa que quieren imponer los extremistas islámicos de hoy.

Hace varios años un musulmán me dijo: «Me he leído todo el Corán y no puedo encontrar en él orientación alguna sobre la forma en que debemos vivir los musulmanes cuando somos minoría en una sociedad. También me he leído el Nuevo Testamento entero, y no puedo hallar en él orientación alguna sobre cómo deben vivir los cristianos cuando son mayoría». Me señaló que el islam trata de unificar la religión con la ley, la cultura con la política. Los tribunales hacen cumplir la ley religiosa (la llamada ley sharia), y en una nación como Irán son los *mullah* los que detentan el poder real, no los políticos.

Estados Unidos y sus aliados pelearon una larga y costosa guerra en Afganistán, en parte para liberar a los afganos de la tiranía de los fanáticos talibanes, quienes impedían que las jovencitas estudiaran, prohibieron todo tipo de música, y presentaban semanalmente en un estadio de fútbol unas exhibiciones durante las cuales les cortaban las manos a los ladrones y apedreaban a las adúlteras. En algunos países islámicos la policía de la moral golpea en público a las mujeres que conduzcan un auto o se atrevan a subir a un taxi sin la compañía de sus esposos. Estos ejemplos hacen que los seculares desconfíen de toda religión que se adueñe del poder.

En contraste, como el propio musulmán me recordó, los cristianos prosperan mejor cuando son una minoría, una contracultura. Históricamente, en el momento en que se convierten en una mayoría, ellos también ceden ante la tentación del poder de maneras que son claramente contrarias al evangelio. Carlomagno ordenó la pena de muerte para todos los sajones que no se quisieran convertir, y en 1492, España decretó que todos los judíos se tenían que convertir al cristianismo o de lo contrario serían expulsados. Los protestantes británicos impusieron en una ocasión una fuerte multa que debía pagar todo el que no asistiera a sus iglesias, y los representantes de la justicia arrastraban por la fuerza a los católicos hasta las iglesias protestantes. En el oeste de Estados Unidos, los sacerdotes algunas veces encadenaban a los indios a las bancas de las iglesias para obligarlos a asistir a misa.

Después de muchos episodios de este tipo ha quedado claro que una alianza demasiado estrecha entre la religión y el estado conduce al abuso del poder. Gran parte de la hostilidad actual contra los cristianos evoca el recuerdo de estos ejemplos. La combinación de iglesia y estado podrá funcionar por un tiempo, pero es inevitable que provoque una reacción violenta, como la que se puede ver en la Europa secular de hoy.

Con el pasar del tiempo, los cristianos aprendieron que la fe crece mejor desde el fondo hacia arriba, en lugar de imponerla desde la cima hacia abajo. El historiador británico Paul Johnson, después de observar a Estados Unidos desde la perspectiva de Europa y su larga historia de vínculo entre la iglesia y el estado, identifica esta como una de nuestras mejores contribuciones: «Lo que da por sentado el principio de actuación voluntaria, central en el cristianismo estadounidense, es que las convicciones religiosas personales de los individuos, libremente reunidos en iglesias y actuando en asociaciones voluntarias, influirían gradual y necesariamente en la sociedad por medio de la persuasión y el ejemplo».

Hoy en día, los cristianos y los musulmanes se enfrentan a unos desafíos opuestos. Nosotros en el occidente tenemos algo que aprender de las culturas que no le asignan a la fe una posición marginal. En cambio, las naciones islámicas tienen algo que aprender del occidente cristiano, el cual ha decidido que la democracia liberal es la mejor forma de proteger los derechos de las minorías en un mundo multicultural. Cuando no se aprenden esas lecciones, el resultado es el desastre, como está sucediendo en el «choque entre civilizaciones» que tiene lugar en estos mismos tiempos.

Hay cristianos que aún encuentran tentadoras exactamente las mismas cosas que nosotros desaprobamos en el islam; ellos también buscan el poder político y un código de leyes que refleje la moralidad revelada. ¿Mostrarán de nuevo los cristianos de Estados Unidos y otros lugares un estilo coercitivo que imponga su voluntad por la fuerza en el resto de la sociedad? Hacerlo equivaldría a traicionar a nuestro fundador, que se resistió a una tentación en la que se le ofrecía autoridad sobre «todos los reinos del mundo» y murió como un mártir a manos de un poderoso estado. En palabras de Miroslav Volf: «La imposición se halla en riguroso desacuerdo con el carácter básico de la fe cristiana, cuyo centro mismo consiste en entregarse a sí mismo —Dios se entrega y el ser humano también— no en imponerse».

Esa entrega siempre significa un riesgo. No obstante, se trata de un riesgo que Dios corrió cuando nos concedió a los seres humanos la libertad desde el principio. El respeto a la libertad ha conducido al mismo término *postcristiano* debido al hecho de que en algunos lugares hay personas que deciden apartarse de la fe. (Vale la pena notar que no existen sociedades «postmusulmanas», sino solo en aquellas regiones donde el islam ha sido expulsado por la fuerza.) Todo el que quiera permanecer fiel a Jesús debe comunicar la fe como él lo hizo, no demandando un sentimiento forzoso, sino presentándola como una respuesta verdadera a nuestra sed básica.

En lugar de volver con nostalgia la mirada a unos tiempos en los cuales el cristianismo detentaba más poder, sugiero otra manera de enfocar la situación: que nos consideremos como elementos subversivos que operamos dentro de la cultura general. En ocasiones, Jesús actuó de maneras manifiestamente subversivas: contra una religión establecida que se había corrompido, purificando por la fuerza el templo, y contra un gobierno opresivo al escaparse de una tumba custodiada por soldados.

A continuación volveré a hablar de la forma en que esto puede funcionar para nosotros hoy dentro de las tres categorías sugeridas anteriormente: el peregrino, el activista y el artista.

EL PEREGRINO

Graham Greene comentó más tarde acerca de su cuento corto que en la fracción de segundo de vacilación antes de disparar el revólver se halla la esperanza del mundo. En un suceso de la vida real que posee evocadores paralelos con «La última palabra», uno de los asesinos de la Escuela Secundaria de Columbine le apunta con su arma a su aterrada víctima y le pregunta: «¿Crees en Dios?». Ella le contestó: «¡Sí!».* Ese instante de valentía inspiró a millones de adolescentes y captó la atención de una sociedad aturdida ante semejantes obras de maldad.

Tal vez su valiente respuesta haya causado incluso una vacilación de una fracción de segundo en el pistolero. La misma constituyó un peligroso acto de subversión que evidenció un marcado contraste con el calculado nihilismo de los asesinos.

Cerca del final del año 2013, Malcolm Gladwell, un redactor del *New Yorker* y autor de libros de gran venta como *Blink* [Blink], *The Tipping Point* [El punto clave] y *Outliers* [Fuera de serie], habló en público acerca de su propio redescubrimiento de la fe. Él se lo atribuye a la visita que le hizo a un matrimonio menonita de Winnipeg, Canadá, que había perdido a su hija a manos de un depredador sexual. Después de la cacería humana más grande en la historia de la ciudad, la policía halló el cuerpo de la adolescente en un cobertizo, congelado, atado de pies y manos. En una conferencia informativa inmediatamente después de su funeral, el padre dijo: «Quisiéramos saber quién o quiénes son esas personas para tener la esperanza de compartir un amor que parece faltar en sus vidas». La madre añadió: «En este momento no puedo decir que perdono a esta persona», insistiendo en las palabras *en este momento*. «Todos hemos hecho alguna cosa terrible en nuestra vida o sentido el impulso de hacerla». La reacción de esta pareja, tan diferente a la respuesta normal de furia y venganza, hizo que Gladwell regresara a sus propias raíces menonitas. Él afirma: «Algo me sucedió cuando me senté en el jardín de Wilma Derksen. Una

---

* Atribuido originalmente a Cassie Bernall, el tema del libro *She Said Yes (Ella dijo que sí)*, cuya venta fue todo un éxito, se supo más tarde que procedía de un intercambio que había tenido lugar entre el tirador Dylan Klebold y Valerie Schnurr, quien ya había recibido el impacto de treinta y cuatro perdigones de escopeta.

cosa es leer un libro de historia acerca de gente cuya fe le ha dado fuerzas y otra totalmente distinta es conocer a una persona que por lo demás es muy común y corriente, en el traspatio de una casa muy común y corriente, pero que se las ha arreglado para hacer algo extraordinario por completo. Su hija fue asesinada. Sin embargo, lo primero que hicieron los esposos Derksen fue ponerse en pie en aquella conferencia de prensa para hablar acerca del camino al perdón». Y añade: «Tal vez se nos haga difícil ver las armas del espíritu porque no sabemos dónde buscarlas, o porque desvían nuestra atención las voces más altas de las reclamaciones en cuanto a ventajas materiales. No obstante, yo las he visto ahora, y nunca volveré a ser el de antes».

Nuestra confundida sociedad necesita con toda urgencia una comunidad de contraste, una contracultura de peregrinos comunes y corrientes que insistan en vivir de una manera distinta. Nosotros podemos hacer que el mundo se detenga a pensar antes de tirar de un gatillo, ejecutar una venganza, descuidar a los vulnerables o someter a la eutanasia a aquellos que se consideran «carentes de valor». A diferencia de la cultura popular, estaremos derrochando nuestra atención sobre los que «menos la merecen», en oposición directa al énfasis que nuestra cultura de celebridades pone en cosas como el éxito, las riquezas y la belleza. «El mundo mira con algo de sobrecogimiento a una persona que se manifiesta despreocupadamente indiferente ante el hogar, el dinero, la comodidad, la categoría social, o incluso el poder y la fama», decía Winston Churchill. «El mundo siente, no sin una cierta aprehensión, que tiene delante a alguien que se halla fuera de su jurisdicción, alguien ante quien el despliegue de sus encantos será inútil...». Aquí tenemos a un verdadero subversivo.

Cuando actuamos contra las normas de la sociedad, los cristianos a veces damos la impresión de ser personas problemáticas. Somos «extranjeros y peregrinos» en el mundo, según la primera epístola de Pedro, llamados a oponernos a todo aquello que deshonre a Dios o los portadores de su imagen. Aunque no podremos barrer del mundo toda la maldad, al menos podremos presentar una resplandeciente alternativa.

Sigo regresando una y otra vez al resumen que hace Karl Barth sobre la misión de la iglesia: «Establecer en el mundo una nueva señal que sea radicalmente distinta a las suyas [las del mundo] y lo contradiga de una forma que esté repleta de promesas». Barth, que no tenía nada de idealista (había visto por sí mismo la tibia reacción de la iglesia alemana ante Hitler), añade un calificativo a su descripción sobre la iglesia: «Es esa confraternidad que avanza a través de la historia mostrando obediencia y desobediencia, comprensión e incomprensión del elevado bien que Dios nos ha entregado». Siempre debemos recordar que traemos con nosotros la noticia sobre ese elevado bien como humildes peregrinos, no como altivos manipuladores del poder.

De alguna manera, los cristianos han adquirido la reputación de ser moralmente superiores, cuando de hecho solo acudimos a Dios en el momento en que hemos reconocido nuestra *inferioridad* moral. Como enseña el movimiento de recuperación, lo que nos impulsa hacia Dios es una sinceridad desnuda e indefensa. La verdad acerca de nosotros mismos y nuestra necesidad de recibir apoyo externo es la que nos hace libres. No tenemos que fingir que las cosas andan bien o es fácil llegar a ser bueno. Admitimos que estamos necesitados, y buscamos a fin de obtener de Dios la visión y la fortaleza necesarias para influir en el mundo.

En su introducción a la epístola de Santiago, Eugene Peterson explica esta perturbadora verdad:

Cuando los creyentes cristianos se reúnen en las iglesias, todo lo que puede ir mal tarde o temprano va mal. Los de fuera, al observar esto, llegan a la conclusión de que en este negocio de las iglesias no hay nada con excepción tal vez del negocio mismo, y un negocio poco honrado después de todo. Los de adentro lo ven de una manera diferente. Así como un hospital reúne a los enfermos bajo un mismo techo y los clasifica como tales, la iglesia reúne a los pecadores. Muchas de las personas que se hallan fuera del hospital se encuentran tan enfermas como las que están dentro, pero su enfermedad no ha sido diagnosticada o se halla disfrazada. Lo mismo sucede con los pecadores que están fuera de la iglesia.

Así que las iglesias cristianas no son en general comunidades modelos de buena conducta. Son más bien lugares en los cuales se sacan a relucir las conductas humanas incorrectas, a fin de enfrentarlas y resolverlas.

En esto consiste la gracia: «Cuando todavía éramos pecadores, Cristo murió por nosotros». Los cristianos solo somos peregrinos que reconocemos que hemos perdido el rumbo y queremos que nos ayuden a encontrar el camino. O, siguiendo la analogía de Peterson, somos pacientes enfermos que hemos encontrado un remedio y se lo queremos presentar a los demás.

EL ACTIVISTA

Hace algunos años, en un viaje que hice a Londres, visité el recién inaugurado Museo de Georg Friedrich Händel, situado en el hogar del propio compositor, el cual tiene ya trescientos años de construido y de manera incongruente también alberga un museo dedicado a Jimi Hendrix. Ya conocía las inclinaciones caritativas de Händel, puesto que su *Mesías* debutó en Irlanda con el propósito de recoger fondos para los hospitales y el trabajo en las prisiones. El museo menciona que este músico inmigrante sostenía otra obra de caridad, el Hospital para Niños Abandonados de Londres.

En el siglo dieciocho, los padres de los niños indeseados se limitaban a abandonarlos, de manera que todas las mañanas pasaban carretones recogiendo de la calle los cuerpos de los niños que se habían congelado o muerto debido a alguna enfermedad o la desnutrición. Movido por su difícil situación, un capitán de barco llamado Thomas Coram donó los fondos iniciales para crear una combinación de orfanato, escuela y hospital, y cuando Händel tuvo conocimiento de la existencia de esta institución en su vecindario, se ofreció a organizar un concierto en su beneficio. Tuvo tanto éxito que hasta su muerte hizo una presentación anual del *Mesías*, lo cual le proporcionaba una vital fuente de ingresos a esta obra de caridad. Además de esto, Händel donó un órgano de tubos, compuso el Himno del Hospital para Niños Abandonados, «Benditos sean los que consideran a los pobres», y se unió a la junta de directores. Al morir, le dejó en su testamento al orfanato una copia original de la partitura del *Mesías* y otros documentos de valor.

Lee John-rak, un pastor de Corea del Sur, dirige en la actualidad su propia versión a menor escala de un hospital para niños abandonados. Él cuida de un hijo suyo que nació con una parálisis cerebral incapacitante, y se sintió muy perturbado al saber que centenares de los niños nacidos con discapacidades —sordera, ceguera, parálisis cerebral, síndrome de Down— son abandonados en las calles de Seúl todos los años. Así que decidió construir un ingenioso «buzón» en la pared de su hogar. Cuando un padre o una madre quieren permanecer en el anonimato, puede abrir el buzón y depositar ese hijo indeseado en un compartimento abrigado con mantas que contiene un sensor de movimiento y una alarma. Alertado de esa manera, el pastor Lee o uno de sus voluntarios llega para recoger al bebé y llevarlo a su desbordante orfanato. Hasta dieciocho bebés al mes han sido dejados en el buzón.

Todos los cristianos podemos ser activistas, ya sea a tiempo parcial o completo. En medio de nuestra subversión, vivimos de acuerdo con nuestras creencias, aunque vayan contra la corriente de la cultura que nos rodea. Cuando los padres desechan a sus hijos indeseados, los cristianos hacemos un hogar para ellos. Cuando los científicos buscan formas de purificar el acervo genético, los cristianos buscamos bebés con necesidades especiales para adoptarlos. Cuando los políticos limitan los fondos destinados a los pobres, los cristianos abrimos refugios y lugares donde alimentarlos. Cuando la aplicación de las leyes confina a los criminales tras los alambre de púas, los cristianos organizamos programas para ellos.

Alejados de la atención de los medios, los activistas cristianos han hallado formas creativas de pelear las batallas morales. Prison Fellowship International ha demostrado una pericia tan grande en el cuidado de los presos, que varios gobiernos les han pedido que se hagan cargo de la administración de prisiones enteras. International Justice Mission (IJM), una organización hermana, se enfrenta al tráfico sexual en el extranjero, colaborando con las autoridades locales. Un representante de esta organización tiene conocimiento de la existencia de un alcalde corrupto y visita su oficina. «Sabemos que está recibiendo sobornos de parte de una banda de prostitución. Y tanto usted como nosotros, sabemos que sus propias leyes lo prohíben. Queremos acabar con la explotación de esas mujeres y es posible manejar las cosas de dos formas distintas. Podemos traer las cámaras para descubrirlo ante la prensa mundial, o lo podemos convertir en un héroe, permitiéndole que se asocie con nosotros en una campaña pública para destruir esa banda. Usted decide».

Cuando escribo acerca de organizaciones como estas, siento con frecuencia una punzada de remordimiento por lo indirecta que es mi propia labor. Aunque visite prisiones y obras de IJM y después informe sobre sus actividades, escribo acerca de ellas desde la seguridad de mi hogar. No me estoy aventurando a ir al frente de batalla, como hacen estos activistas. Solo me consuela algo el hecho de que mis donativos monetarios contribuyen a su trabajo. Y ambas organizaciones dependen también de las oraciones de los que las apoyan. Por medio del trabajo voluntario, la oración y las contribuciones económicas, todos podemos participar en su activismo.

Sin embargo, hay quienes sienten un llamado especial a acciones más extremas. Me vienen a la mente los profetas del Antiguo Testamento, activistas a favor de la justicia. Algunas veces se entregaban a la desobediencia civil, y otras actuaban de maneras extrañas con el fin de captar la atención de una sociedad insensible. El novelista católico Flannery O'Connor decía: «A los duros de oído les gritas, y a los que están casi ciegos les dibujas unas imágenes grandes y sorprendentes». El erudito Isaías anduvo desnudo y descalzo durante tres años. Jeremías caminó a tropezones bajo el peso de un yugo de buey, y en una ocasión invitó a unos abstemios a participar en una fiesta con vino. Oseas se casó con una prostituta. Las situaciones extremas exigen acciones extremas, sobre todo cuando nos enfrentamos a las instituciones.

Los profetas se estaban enfrentando sin ayuda de nadie a las instituciones corruptas que eran el templo y el reino. En un contexto más actual, Reinhold Niebuhr estableció un contraste entre la persona individual y la institución (bancos, iglesias, ejército, gobiernos, corporaciones). Pensamos en la maldad como un rasgo individual, dijo, pero en realidad es posible que sea la institución la que represente el mal peor, más resistente al cambio y con mayores posibilidades de abusar del poder. ¿Cómo puede enfrentar un cristiano a las instituciones de una manera que no mine nuestro mensaje de gracia hacia las personas que operan esas instituciones?

En los años sesenta, Martin Luther King Jr. luchó con este mismo problema. «Antes de leer a Gandhi», señaló, «había llegado a la conclusión de que la ética de Jesús solo era eficaz en las relaciones individuales». Él encontró una solución en la combinación del poder del amor, tal como lo describe el Sermón del Monte, y el método de resistencia no violenta de Mahatma Gandhi. King consideraba que en verdad existía la posibilidad de expresar ese activismo de una manera amorosa. «Llegué a sentir que ese era el único método moral y prácticamente sólido que estaba disponible para las personas oprimidas en su lucha por la libertad». Desde entonces, esa creativa estrategia ha sido adaptada a muchas causas y en numerosos países.

Las instituciones no reaccionan bien ante los subversivos, como lo demuestra claramente la vida de King. Sin embargo, esta campaña no violenta tiene un efecto continuo en toda una sociedad mucho después que sus adversarios se han borrado de su memoria. La historia de la iglesia ha visto numerosos activistas que se entregan a causas como la esclavitud, el racismo, la guerra, la pobreza y los derechos de la mujer. Gradualmente, como el deshielo de un glaciar, se produce el cambio, y lo que al principio parecía subversivo se convierte en un rasgo aceptado del panorama.

EL ARTISTA

El novelista católico Walker Percy describe su estrategia: «[En el arte] le estás diciendo algo al que lee, escucha u observa que él ya sabe, pero no se ha percatado muy bien que lo sabe, de tal manera que en la acción de la comunicación experimente un reconocimiento, la sensación de que ya ha pasado por eso, la sorpresa de identificarlo».

Es posible que el arte sea la táctica de subversión más eficaz. Ciertamente, lo fue para mí. En diferentes libros, como *Matar un ruiseñor*, *El señor de los anillos* y *Los hermanos Karamazov*, esquivó mis defensas y me llegó hasta el mismo corazón. Mis primeras lecturas trastocaron el frágil mundo del fundamentalismo en el cual había crecido; más tarde, la grandiosidad del arte me atrajo de vuelta a la fe con una repentina sacudida de reconocimiento.

Tony Rossi, bloguero del sitio Patheos de la web, se sorprendió al ver que recibía comentarios favorables de parte de personas que se declaraban ateas en respuesta a su revisión de la versión cinematográfica de *Los miserables*. «Esta es la única historia cristiana con la que me he identificado, y me encanta», le escribió uno. Admitió tener una actitud negativa hacia el cristianismo, pero le gustó mucho la comedia musical porque Jean Valjean manifestaba en ella todas las virtudes cristianas sin ser repulsivo ni manifestar altivez. Otro comentó con tristeza: «Aunque me doy cuenta de que la fe una vez perdida es casi imposible de recuperar, encuentro muy conmovedora esta historia, y si más cristianos hubieran actuado como Jean Valjean y el obispo, y menos como Javert, tal vez yo nunca hubiera perdido siquiera la fe».

Cuando Víctor Hugo escribió la novela, algunos de sus compatriotas franceses le hicieron la objeción de que trataba con demasiada bondad a la iglesia. Su hijo quería que sustituyera al misericordioso obispo que perdonó a Jean Valjean por un abogado o un médico. No obstante, el novelista decidió representar a un buen sacerdote que vive realmente el mensaje cristiano de la gracia y la redención. Siglo y medio más tarde, el público sigue reaccionando positivamente ante la historia, que comenzó como una novela y encontró nueva vida como una de las comedias musicales más populares de todos los tiempos.

El arte comprende un intercambio entre dos partes: el creador y el receptor. C. S. Lewis explica el acto de leer como «menos interesado en alterar nuestras propias opiniones —aunque, por supuesto, algunas veces este es su efecto— que con hacernos entrar plenamente en las opiniones, y por tanto también en las actitudes, los sentimientos y la experiencia total» del autor. Cuando estoy leyendo un buen libro, suspendo temporalmente mi propia vida para entrar en un mundo imaginario que ha sido creado para mí. Antes de esto, el autor ha hecho algo que es casi lo opuesto: entrar en las actitudes, los sentimientos y la experiencia total del lector. Y creo que aquí es donde a veces nos equivocamos los cristianos en nuestros intentos por comunicar la fe: no tomamos en cuenta el punto de vista del otro.

Alexander Solzhenitsyn aprendió una importante lección después de ser liberado del Gulag, cuando sus escritos comenzaron a aparecer en las publicaciones literarias soviéticas. En sus memorias recuerda: «Más tarde, cuando salí de la clandestinidad y comencé a aligerar mis obras para el mundo exterior, quitando de ellas todo lo que difícilmente se podría esperar que mis compatriotas aceptaran de inmediato, descubrí para mi sorpresa que la obra solo ganaba, que su efecto era más pronunciado cuando se suavizaban los tonos más duros».

La lectura de los libros religiosos me parece algunas veces un viaje a través de un túnel de montaña de kilómetro y medio de largo. Dentro del túnel, los focos delanteros del auto me proporcionan una iluminación que es de máxima importancia, porque sin ellos me podría desviar peligrosamente hacia las paredes del túnel. Sin embargo, cuando salgo del mismo, necesito un cartel que me diga: «Apague los focos delanteros», recordándome así que todavía los tengo encendidos. Por lo general, los libros cristianos son escritos desde una perspectiva que se halla fuera del túnel, bajo la cegadora luz del día. Desde ese punto de observación, al escritor le es fácil olvidar la oscuridad total que hay dentro del túnel donde viven muchos de sus lectores.

Uno de los ateos mencionados comentaba acerca del blog sobre *Los miserables*: «Los relatos cristianos modernos parecen alejarse del temor y el desespero, porque expresarlos podría manifestar una falta de fe. En lugar de suceder esto, el hecho de evitar tales sentimientos solo sirve para cubrir con una fachada la religión y hacerla parecer débil». Uno de los personajes de John Updike en *The Witches of Eastwick* (Las brujas de Eastwick) señaló delicadamente esto mismo: «Deseo que el arte me muestre algo, que me diga dónde estoy, aunque sea en el infierno». La duda debe tener el aspecto de una duda auténtica, no de una caricatura. De lo contrario, la literatura cristiana solo va a ser leída por aquellos que están predispuestos a creer.

Cada vez que necesito un buen modelo, tomo la Biblia. Dios debe amar el arte, porque la mayor parte de la Biblia se expresa bajo la forma de historia o poesía. Y nadie podría acusar a los autores de los libros de Samuel, Reyes y Crónicas de encubrir la historia, ni al de Job de presentar el sufrimiento de una manera sentimental. ¿Cuáles protagonistas de la literatura presentan una mezcla más sutil de bien y mal que David y Jacob? Desde la desesperación de Eclesiastés hasta las historias de conversiones del libro de Hechos, la Biblia nos presenta todo el espectro de la duda y la fe, las luchas y su resolución, el pecado y la redención. En un libro de las Sagradas Escrituras el mensaje es subversivo en sí mismo.

Jesús, un artista magistral, presentó sus verdades más perdurables bajo la forma de parábolas, historias sencillas sacadas de la vida diaria de sus oyentes. «Di la verdad, pero dila de buena manera», escribió Emily Dickinson. «La verdad debe ir deslumbrando de forma gradual, o de lo contrario todos los hombres se quedarían ciegos».

Eugene Peterson, quien tomó prestada la frase para el título de su libro *Tell It Slant* [Dilo de buena manera], hace notar que a medida que Jesús se va acercando al final de su vida, su lenguaje se vuelve cada vez menos directo. «En lugar de una retórica de altos decibeles en la que llamara a tomar una decisión antes que fuera demasiado tarde, apenas menciona el nombre de Dios, si es que lo hace alguna vez, y prefiere en cambio hablar acerca de vecinos y amigos, perder una oveja y las cortesías de la hospitalidad».

Peterson presenta un contraste con los comunicadores cristianos de la actualidad. «Debido a que es mucho más claro y centrado, usamos el lenguaje que aprendemos en los sermones y las clases para hablarles a los demás de lo que es eternamente importante. Sin embargo, la intensidad misma del lenguaje puede muy bien reducir nuestra atención hacia la gente a la cual le estamos hablando, de modo que dejan de ser personas para ser causas».

UNA PARÁBOLA MODERNA

Peregrinos, activistas o artistas; cualquiera sea nuestro llamado, nos unimos para proclamar las buenas nuevas que Dios nos ha encomendado que le anunciemos al mundo. Como señala Karl Barth, la iglesia ha actuado de manera muy errática en lo que respecta a mostrar «obediencia y desobediencia, comprensión e incomprensión del elevado bien que Dios nos ha entregado». Una sociedad postcristiana nos recuerda de inmediato nuestros fallos, y nosotros los debemos reconocer con humildad. Sin embargo, dondequiera que el evangelio ha echado raíces, ha dado fruto. Gran parte de lo que valoramos en el mundo moderno —la libertad, la democracia, la educación, el cuidado de la salud, los derechos humanos, la justicia social— se remonta a unos orígenes cristianos. La semilla más diminuta del huerto se ha convertido en un gran árbol al cual las aves del cielo acuden para hacer sus nidos.

Los seguidores de Cristo no tenemos por qué vivir en el temor, incluso cuando parezca que la sociedad se nos está enfrentando. Descansamos en la seguridad plena de que Dios, que tiene el control de la historia humana, será el que diga la última palabra: «El reino del mundo ha pasado a ser de nuestro Señor y de su Cristo, y él reinará por los siglos de los siglos». Cada uno de nosotros debe hacer la parte que nos corresponde, amando a los demás como Dios nos ama a nosotros, cuidando del mundo como mayordomos de un generoso propietario. La levadura expande, la sal conserva, el árbol sobrevive, incluso en los tiempos más oscuros y perturbadores.

Este capítulo comenzó con un fragmento de «La última palabra», de Graham Greene, un cuento que escribiera en 1988. Perdidas sus esperanzas en cuanto al futuro, Greene pintó una exagerada imagen de un Mundo Unido decidido a destruir la última alternativa a su autoridad que existía. No obstante, en realidad el relato de Greene nos parece ahora bastante ingenuo, porque su mejor modelo para ese Mundo Unido, los regímenes comunistas que trataban de eliminar sistemáticamente la fe religiosa, se vinieron abajo todos en 1989, un año después de haber escrito esta historia.*

Un vecino mío visitó Rusia antes y después de la caída del comunismo allí. Durante su visita de 1983, unos exuberantes turistas jóvenes fueron arrestados por desplegar en la Plaza Roja un cartel en el cual estaba impreso en grandes letras el saludo tradicional del Domingo de Resurrección: «¡Cristo resucitó!». Los soldados rodearon a los subversivos que cantaban himnos, les destrozaron el cartel y se los llevaron de prisa a la cárcel. En 1993, exactamente una década después de aquel acto de desobediencia civil, mi vecino visitó de nuevo la Plaza Roja el Domingo de Resurrección. Esta vez, por toda la plaza los rusos se estaban saludando campechanamente y declarando: «¡Cristo resucitó!» [...] «¡Ciertamente resucitó!».

Ese mismo año, el teatro Bolshoi patrocinó una presentación del *Mesías* de Händel que se transmitió por la televisión estatal. Al final de la actuación, el director de la orquesta levantó una inmensa cruz ortodoxa y la primera soprano testificó ante una audiencia

---

* Aún no se ha escrito toda la historia, pero nadie duda de que los artistas subversivos desempeñaron un papel de importancia, tanto por haber descubierto las mentiras del régimen como por sostener unos valores que su filosofía materialista rechazaba. Mencionaré solo a unos pocos de ellos: Alexander Solzhenitsyn, Joseph Brodsky, Mstislav Rostropovich, Galina Vishnevskaya, Aleksandr Galich, Václav Havel, Irina Ratushinskaya, Anna Akhmatova, Boris Pasternak y Czesław Miłosz.

nacional que su Redentor vive realmente. «¿Cuál es esa música tan hermosa?», le preguntaron a mi vecino sus anfitriones rusos durante el concierto. Nunca antes habían escuchado el *Mesías* de Händel, el cual había estado prohibido en Rusia durante setenta años. (La historia se repite: en el año 2008, el gobierno comunista de China prohibió las presentaciones públicas del *Mesías* y otras músicas religiosas occidentales.)

La fe sobrevivió en Rusia, no gracias a una lucha por el poder entre la iglesia y el estado, sino porque los poetas del Gulag, las fieles *babushkas* (abuelas, en ruso), los sacerdotes perseguidos y los peregrinos comunes y corrientes mantuvieron viva la llama a través de los tiempos más sombríos. El apóstol Pablo escribió: «Hermanos, consideren su propio llamamiento: No muchos de ustedes son sabios, según criterios meramente humanos; ni son muchos los poderosos ni muchos los de noble cuna. Pero Dios escogió lo insensato del mundo para avergonzar a los sabios, y escogió lo débil del mundo para avergonzar a los poderosos. También escogió Dios lo más bajo y despreciado, y lo que no es nada, para anular lo que es, a fin de que en su presencia nadie pueda jactarse».

He entrevistado a algunos fieles en lugares como Rusia, China, Kazajistán, Ucrania, Albania y Rumanía. Les he preguntado: «¿Por qué usted se arriesgó tanto? ¿Por qué tomó la decisión de seguir a Jesús cuando su gobierno, sus maestros, e incluso tal vez su propia familia insistían en que todo era una mentira?». Una y otra vez he escuchado una respuesta doble. Me hablan de su sed espiritual, de una añoranza interna que la propaganda, por abundante y ruidosa que fuera, no podía silenciar. Y después me cuentan acerca de algún humilde cristiano que los amaba y les había presentado la posibilidad de un poder que los ayudara en su batalla contra el alcoholismo, las drogas, la falta de sentido para la vida o cualquier otro demonio que los estuviera atormentando.

Uno de esos fieles, Ernst Neizvestny, el escultor más renombrado de la Unión Soviética, que había diseñado la lápida para la tumba de Nikita Khrushchev, terminó teniéndose que ir por la fuerza al exilio en Suiza. «Si no me hubiera marchado», dijo, «se habría muerto el artista que llevo dentro». Las autoridades, que conocían el talento del escultor, trataron al principio de tenerlo controlado. «Necesitamos a Neizvestny», dijo un funcionario, «pero no lo podemos usar a él. Necesitamos crear un Neizvestny comunista».

Su ruptura final con el régimen se produjo a raíz de un encargo que hizo para un edificio del partido comunista. Construyó una inmensa escultura de unos quince metros de alto por quince de ancho que cubría toda la fachada. Él fue entregando su obra por secciones, y todas ellas eran aprobadas por funcionarios del partido. Solo en la inauguración, al destaparla, la pudieron ver completa... y jadearon horrorizados. Una inmensa cruz cubría el frente de las oficinas centrales del comunismo.

«¿Una cruz?», les dijo Neizvestny. «¿Acaso no se dan cuenta de que es un rostro?». Sin embargo, conociendo sus creencias cristianas, las autoridades decidieron que era una cruz y lo expulsaron del país.

La cruz permaneció en su lugar. El estado que se había opuesto a ella no.

FUENTES

Prefacio

8: «*Asegúrense de que nadie...*»: Hebreos 12.15.

Primera parte: Un mundo sediento

11: «*No puedo estar seguro de que no tengan...*»: Walker Percy, *The Second Coming* (Nueva York: Washington Square Press, 1980), pp. 218–219.

Capítulo 1: Una gran separación

13: «*En general, las iglesias...*»: John Updike, *A Month of Sundays* (Nueva York: Ballantine, 1985), p. 30 [*Un mes de domingos* (Barcelona: Noguer, 1977)].

13: *Unas cuantas estadísticas...*: citado por David Kinnaman y Gabe Lyons en *UnChristian: What a New Generation Really Thinks about Christianity... and Why It Matters* (Grand Rapids, MI: Baker, 2007), pp. 24–25.

15: «*los evangélicos eran llamados analfabetos...*»: citado en «Define "Evangelical"— Again», *Terry Mattingly On Religion*, 10 septiembre 2008, http://www.patheos.com/blogs/tmatt/2008/09/define-evangelical-again.

16: «*el grato olor de Cristo*»: 2 Corintios 2.15–16, RVR 1960.

16: «*No hay una manera fácil...*»: Marc Yoder, «10 Surprising Reasons Our Kids LEAVE Church», *Church Leaders*, febrero 2013, http://www.churchleaders.com/children/childrens-ministry-articles/169292–10-surprising-reasons-our-kids-leave-church.html.

18: *(nota)* «*Según las encuestas de Barna...*»: «Most Twentysomethings Put Christianity on the Shelf Following Spiritually Active Teen Years», *Barna Group*, 11 septiembre 2006, www.barna.org/barna-update/article/16-teensnext-gen/147-most-twentysomethings-put-christianity-on-the-shelf-following-spiritually-active-teen-years#.Uv0WX_ldU9I.

17: «*Cuando los cristianos le hablan a alguien...*»: Daniel Hill, «Reaching the Post-Christian», *Leadership Journal* (otoño 2004): pp. 71–74.

17: *la analogía de C. S. Lewis...*: C. S. Lewis, *God in the Dock: Essays on Theology and Ethics* (Grand Rapids, MI: Eerdmans, 1970), p. 172 [*Dios en el banquillo* (Madrid: Rialp, 1996)].

21: «*Un enemigo es alguien...*»: Gene Knudsen Hoffman, *The Compassionate Listening Project*, http://www.compassionatelistening.org.

21: «*Todas las religiones son lo mismo...*»: Cathy Ladman, citada en «Religion Quotes», *Tentmaker*, http://www.tentmaker.org/Quotes/religionquotes.htm.

22: *sintonicé la CNN...*: «Pastor's Anti-Gay, Anti-Obama Sermon», en «Belief Blog», *CNN*, http://religion.blogs.cnn.com/2012/05/22/video-of-north-carolina-pastors-plan-to-get-rid-of-gays-goes-viral.

22: «*Los homos no van...*»: «Toddler Sings in Church», *TMZ*, http://www.tmz.com/2012/05/30/indiana-toddler-church-song-no-homos-heaven.

23: «*La película ¡Salvados!, presentada en el año 2004*»: dirigida por Brian Dannelly. Columbia Británica, Canadá: United Artists, 2004.

24: «*La mayor parte de las personas con las que me encuentro*»: citado por David Kinnaman y Gabe Lyons, *UnChristian: What a New Generation Really Thinks about Christianity... and Why It Matters*» (Grand Rapids: Baker, 2007), p. 26.

24: «*¿Es la religión una fuerza...?*»: «Is Religion a Force for Good in the World?», *Ipsos Global*, http://www.ipsos-na.com/news-polls/pressrelease.aspx?id=5058.

25: «*un artículo que escribió Tim Stafford...*»: Tim Stafford, «This Samaritan Life», *Christianity Today* (febrero 2008): pp. 47–49.

26: «*Los judíos no usan nada en común...*»: Juan 4.9.

26: «*que eres un samaritano, y que estás endemoniado*»: Juan 8.48.

27: «*He decidido que estoy en contra del aborto*»: Andy Rooney, «Coming Out Against Abortion», *Chicago Tribune News*, 10 febrero 1985.

28: «*gran gozo*»: Hechos 8.8–17.

29: «*No me agradan estos ateos...*»: Heinrich Böll, citado por Jürgen Moltmann, *A Broad Place: An Autobiography* (Minneapolis: Fortress, 2009), p. 64.

29: *Jesús vino «del Padre...*»: Juan 1.14.

29: *la «incomparable riqueza»*: Efesios 2.7.

29: *Juan recoge un encuentro personal...*: Juan 4.1–42.

30: «*Soy sacerdote...*»: Henri Nouwen, conversación con el autor, citada por Philip Yancey, *Soul Survivor: How My Faith Survived the Church* (Nueva York: Doubleday, 2001), pp. 293ss.

31: «*¡Deogracias, Deogracias!*»: Graham Greene, *A Burnt-Out Case* (Nueva York: Bantam Books, 1960), p. 50 [*Un caso acabado* (Barcelona: RBA, 2009)].

Capítulo 2: La gracia en peligro

32: «*Pero tú te complaces en los rostros*»: *Rilke*: Rainer Maria Rilke, *Rilke's Book of Hours: Love Poems to God*, traducción al inglés, Anita Barrows y Joanna Macy (Nueva York: Berkley Publishing Group, 1996), p. 61.

32: «*No es tan fácil como uno podría suponer...*»: Theodore Dalrymple, «What the New Atheists Don't See», *City Journal*, otoño 2007, city-journal.org/html/17_4_oh_to_be.html.

33: *Un terapeuta hace una lista con las quejas...*: Thomas Moore, *Care of the Soul: A Guide for Cultivating Depth and Sacredness in Everyday Life* (Nueva York: HarperCollins, 1992), p. xvi [*El cuidado del alma: cultivar lo profundo y lo sagrado en la vida cotidiana* (Buenos Aires: Urano, 2009).

33: *«toda su vida fue una búsqueda de Dios...»*: citado por Anthony Flew, *There Is A God: How the World's Most Notorious Atheist Changed His Mind* (Nueva York: Harper-Collins, 2007), pp. xx–xxi.

34: *«Hay tinieblas afuera...»*: Bertrand Russell, *Mysticism and Logic*, citado por James Le Fanu, *Why Us? How Science Rediscovered the Mystery of Ourselves* (Nueva York: Vintage, 2009), p. 234.

35: *«En realidad, nunca comprendemos a una persona...»*: Harper Lee, *To Kill a Mockingbird* (Nueva York: Popular Library, 1962), p. 34, [*Matar a un ruiseñor* (Barcelona: Byblos, 2006)].

36: *«Ama a tu prójimo...»*: Mateo 22.39.

36: *«Tú no me escuchas...»*: T. Suzanne Eller, «Seekers Speak Out», *Today's Christian Woman* (noviembre/diciembre 2004): p. 78.

36: *«Así como yo los he amado...»*: Juan 13.34–35.

37: *«Nadie ha visto jamás a Dios...»*: 1 Juan 4.12.

38: *«No pienses en función de lo que...»*: citado en «Tim Keller: The Reason for God», *Servant Magazine* 88 (2011): p. 10.

39: *«la Biblia hebrea [el Antiguo Testamento]...»*: Jonathan Sacks, *The Dignity of Difference* (Nueva York: Continuum, 2002), pp. 58–60 [*La dignidad de la diferencia* (Alcobendas: Nagrela, 2013)].

39: *«Renuncio a ser cristiana...»*: Anne Rice, citado en «Gleanings», *Christianity Today*, 2 agosto 2010, http://www.christianitytoday.com/gleanings/2010/august/anne-rice-today-i-quit-being-christian.html.

40: *«¡Imagínate, ponerles un pleito legal!»*: Will Campbell, de una conversación personal con el autor. También lee: Will D. Campbell, *Soul Among Lions: Musings of a Bootleg Preacher* (Louisville, KY: Westminster John Knox, 1999), p. 43.

40: *Norma Leah McCorvey...*: Norma Leah McCorvey, en «"Roe" and "Doe" Tell Their Stories», *Christianity Today*, 17 junio 1996, http://www.christianitytoday.com/ct/1996/june17/6t762b.html. Ver también Norma McCorvey and Gary Thomas, *Won by Love* (Nashville: Nelson, 1998).

41: *«Amen a sus enemigos...»*: Mateo 5.44.

41: *un capellán de la reserva del ejército...*: Thomas Bruce, *Adopt a Terrorist for Prayer* website, https://atfp.org.

42: *«Para que sean hijos...»*: Mateo 5.45.

42: *«serán hijos del Altísimo...»*: Lucas 6.35.

42: *«A nuestros más implacables oponentes...»*: Martin Luther King Jr., *Strength to Love*, primera edición (Minneapolis: Fortress Press, 1981), p. 56 [*La fuerza de amar* (Barcelona: Argos Vergara, 1978)].

43: «¡*Señor, no les tomes en cuenta este pecado!*»: Hechos 7.60.

43: «*un virus de la mente*»: Richard Dawkins, *A Devil's Chaplain: Reflections on Hope, Lies, Science, and Love* (Nueva York: First Mariner, 2003), pp. 128ss. [*El capellán del diablo* (Barcelona: Gedisa, 2005)].

43: «*He tenido una entrevista sumamente vergonzosa...*»: Virginia Woolf, citada por Peter Hitchens, *The Rage Against God* (Grand Rapids: Zondervan, 2010), p. 24.

44: «*el callado servicio del amor...*»: Dietrich Bonhoeffer, *Spiritual Care* (Filadelfia, PA: Fortress Press, 1988), p. 50.

44: «*La respuesta amable calma el enojo*»: Proverbios 15.1.

44: «*No quiero que la ciencia estadounidense...*»: Peter J. Boyer, «The Covenant», *The New Yorker*, 6 septiembre 2001, http://www.newyorker.com/reporting/2010/09/06/100906fa_fact_boyer?currentPage=all.

45: «*Él no es un personaje muy brillante que digamos*»: «Is God-Fearing, Gene-Hunter Francis Collins Fit to Run NIH?», *Examiner*, 8 julio 2009, http://www.examiner.com/article/is-god-fearing-gene-hunter-francis-collins-fit-to-run-nih.

45: «*En mi calidad de director de los INS soy el que apruebo...*»: el doctor Francis Collins, de una conversación personal con el autor, 9 noviembre 2010.

45: «*el cáncer estaba en la parte de su cuerpo...*»: Christopher Hitchens, «Unanswerable Prayers», *Vanity Fair* (octubre 2010): pp. 158–163.

45: «*Asegúrense de que nadie deje...*»: Hebreos 12.15.

46-47: *consejos* «*para mí mismo y todo aquel...*»: Martin Marty, «Atheism Redux», *Christian Century*, 24 julio 2007, www.christiancentury.org/article/2007-07/atheism-redux.

48: «*La verdadera virtud cristiana es la humildad*»: Henri Nouwen, *Gracias! A Latin American Journal* (Maryknoll, N.Y.: Orbis, 1993), p. 162.

49: «*Jesús nos mandó alimentar a los pobres...*»: Donald Miller, *Blue Like Jazz: Nonreligious Thoughts on Christian Spirituality* (Nashville, TN: Nelson, 2003), pp. 117–125 [*Tal como el jazz* (Nasville: Grupo Nelson, 2006)]

51: «*Estoy listo para esa pelea*»: Craig Detweiler, *A Purple State of Mind* (Eugene, OR: Harvest House, 2008), pp. 133–134.

Capítulo 3: Sed del alma

53: «*El alma solo sabe con certeza...*»: Simone Weil, citada por Robert Coles, *Simon Weil: A Modern Pilgrimage* (Reading, MA: Addison-Wesley, 1987), p. 29.

54: «*En realidad, la sequedad espiritual...*»: Thomas Merton, *Run to the Mountain: The Story of a Vocation (The Journals of Thomas Merton, Volume 1, 1939–1941)* (Nueva York: HarperSanFrancisco, 1996), p. 452.

55: «*En mi vida, he perdido...*»: Barbara Brown Taylor, *An Altar in the World: A Geography of Faith* (Nueva York: HarperOne, 2009), pp. 72–73.

57: «*Este hermano tuyo estaba muerto...*»: Lucas 15.32.

58: *«La iglesia está donde Cristo está»*: Jürgen Moltmann, *A Broad Place: An Autobiography* (Minneapolis: Fortress, 2009), p. 203.

58: *(nota) «Los escritores modernos han denunciado al cristianismo...»*: H. G. Wells, *The Outline of History: Being a Plain History of Life and Mankind* (Garden City, Nueva York: Doubleday, 1971), p. 418.

59: *«Cuando accedí a la fe...»*: Christian Wiman, *My Bright Abyss: Meditation of a Modern Believer* (Nueva York: Farrar, Straus & Giroux, 2013), p. 12.

59: *devoción a un «Dios desconocido»*: Hechos 17.23.

59: *«para que todos lo busquen y, aunque sea a tientas...»*: Hechos 17.27.

59: *«Fui en busca del espíritu...»*: Bono, citado por Steve Stockman, *Walk On: The Spiritual Journey of U2* (Winter Park, FL: Relevant, 2001), p. 138.

60: *Bono va respondiendo sus preguntas*: Michka Assayas, *Bono: In Conversation with Michka Assayas* (Nueva York: Riverhead, 2005) [*Conversaciones con Bono* (Barcelona: Alba, 2009)].

60: *«Se sentaba a cenar con publicanos...»*: Dag Hammarskjöld, *Markings*, traducción al inglés, Leif Sjöberg y W. H. Auden (Nueva York: Random House, 1993), p. 157.

61: *«Como un susurro en medio de una calle oscura...»*: Rainer Maria Rilke, *Rilke's Book of Hours: Love Poems to God*, traducción al inglés, Anita Barrows y Joanna Macy (Nueva York: Berkley Publishing Group, 1996), p. 67.

62: *«¿Por qué yo — y casualmente también mis seis hijos— tenemos...»*: Sigmund Freud, citado por el Dr. Armand M. Nicholi Jr., *The Question of God: C. S. Lewis and Sigmund Freud Debate God, Love, Sex, and the Meaning of Life* (Nueva York: The Free Press, 2002), p. 75.

63: *«¿Me amas?»*: Albert Camus, *The Stranger* (Nueva York: Vintage, 1954), pp. 52–53[*El extranjero* (Bogotá: Fonolibros, 2003)].

63: *«Solo hay un problema filosófico realmente serio...»*: Albert Camus, *The Myth of Sisyphus and Other Essays* (Nueva York: Vintage, 1991), p. 3.

63: *«La vida, o es santa y tiene significado...»*: Frederick Buechner, *Secrets in the Dark: A Life in Sermons* (Nueva York: HarperOne, 2006), p. 137.

64: *«su política de odio...»*: Rosaria Champagne Butterfield, «My Train Wreck Conversion», *Christianity Today*, enero/febrero 2013, http://www.ctlibrary.com/ct/2013/january-february/my-train-wreck-conversion.html?utm_source=ctlibrary-html&utm_medium=Newsletter&utm_term=2016670&utm_content=153855392&utm_campaign=2013.

66: *«Jesús lo miró...»*: Marcos 10.21.

66: *«Todo el que beba de esta agua...»*: Juan 4.13-14.

66: *«Si no hay un Dios...»*: Ivan, en la película *Sunshine*. Dirigida por István Szabó. Berlín: Alliance Atlantis Communications, 1999.

66: *La aflicción y la belleza perforan...*: Simone Weil, citada por Brent Curtis y John Eldridge, *The Sacred Romance: Drawing Closer to the Heart of God* (Nashville: Nelson, 1997), p. 185 [*El sagrado romance: cómo estar más cerca del corazón de Dios* (Nashville, TN: Betania, 2001)].

68: *«Una de mis mayores dificultades...»*: George MacDonald, citado por William Raeper, *George MacDonald: The Major Biography of George MacDonald, Novelist and Victorian Visionary* (Batavia, IL: Lion, 1987), p. 62.

69: *«Las creencias definidas nos capacitan...»*: Christian Wiman, *My Bright Abyss: Meditation of a Modern Believer* (Nueva York: Farrar, Straus & Giroux, 2013), p. 123.

69: *«sin gozo, amor ni luz...»*: Matthew Arnold, «Dover Beach», *Poetical Works of Matthew Arnold* (Nueva York: Macmillan, 1905), p. 227.

70: *«Dios amado, sí, creo...»*: Kelly James Clark, ed., *Philosophers Who Believe: The Spiritual Journeys of 11 Leading Thinkers* (Downers Grove, IL: InterVarsity, 1993), p. 216.

70: *«Ahora hemos superado la ausencia...»*: Nicholas Wolterstorff, *Lament for a Son* (Grand Rapids: Eerdmans, 1987), pp. 72–73.

71: *«A un compañero y a mí se nos asignó...»*: Philip Yancey, *I Was Just Wondering* (Grand Rapids: Eerdmans, 1989), pp. 76–78 [*Me pregunto ¿por qué?* (Miami: Vida, 2011)].

74: el *«Dios de toda consolación»*: 2 Corintios 1.3.

75: *«Nosotros amamos a Dios porque él nos amó primero»*: 1 Juan 4.19.

Capítulo 4: La recuperación de las buenas nuevas

77: *«Entre el momento en que nos llega un regalo»*: Lewis Hyde, *The Gift: Creativity and the Artist in the Modern World* (Nueva York: Vintage, 2007), p. 60.

78: *«Lo miro y me obligo a mí misma...»*: Alicia Nash, en *A Beautiful Mind*. Dirigida por Ron Howard. Nueva Jersey: Universal Pictures, 2001[*Una mente brillante* (Argentina: Dreamworks, 2007)].

78: *«Así que de ahora en adelante no consideramos...»*: 2 Corintios 5.16.

78: *«Cambia de opinión y cree...»*: Frederick Buechner, *Secrets in the Dark: A Life in Sermons* (Nueva York: HarperOne, 2006), p. 161.

79: *«nos guía con el ejemplo...»*: Reynolds Price, *Clear Pictures: First Loves First Guides* (Nueva York: Scribner Classics, 1998) p. 74.

79: *«Porque tanto amó Dios al mundo...»*: Juan 3.16.

79: *Mark Rutland recuerda de una manera imaginativa...*: Mark Rutland, *Streams of Mercy: Receiving and Reflecting God's Grace* (Ann Arbor, MI: Vine, 1999), p. 39.

81: *«A mí me gusta más mi manera de hacerlo...»*: D. L. Moody, citado por James S. Hewett, *Illustrations Unlimited* (Wheaton, IL: Tyndale House, 1988), p. 178.

82: *«Dios no pasó por todas esas molestias...»*: Juan 3.17; Eugene H. Peterson, *The Message: The Bible in Contemporary Language* (Colorado Springs: NavPress, 2005), p. 1664.

82: *«Se casan como todo el mundo...»*: «Letter to Diognetus», capítulo 5, *Christian History for Everyman*, http://www.christian-history.org/letter-to-diognetus.html.

83: *«en el mundo...»*: Juan 17.11, 14.

83: *Gabe Lyons recomienda que invitemos...*: Roxanne Stone, «Gabe Lyons: The Culture and the Church», *Outreach Magazine* (enero/febrero 2014): p. 95.

84: «*La salvación se apoderó de ella de tal manera...*»: Kathleen Norris, *Amazing Grace: A Vocabulary of Faith* (Nueva York: Riverhead, 1998), p. 297.

86: «*Casados, divorciados o solteros, vengan...*»: boletín, iglesia de Highlands, Denver, Colorado, http://highlandschurchdenver.org/about/our-beliefs.

88: «*compartir la sabiduría de Dios*»: Miroslav Volf, *Public Faith: How Followers of Christ Should Serve the Common Good* (Grand Rapids: Brazos, 2011) pp. 99–117.

89: «*¿Quieres quedar sano?*»: Juan 5.6.

90: *Ignacio de Loyola definía el pecado...*: David G. Benner, *Sacred Companions: The Gift of Spiritual Friendship and Direction* (Downers Grove, IL: InterVarsity, 2002), p. 39.

90: «*En lugar de decirles que están pecando...*»: Tim Keller, «The Gospel in All Its Forms», *Leadership Journal* (primavera 2008): p. 15.

91: «*el significado de la raíz hebrea...*»: Eugene Peterson, *Reversed Thunder: The Revelation of John and the Praying Imagination* (Nueva York: HarperSanFrancisco, 1991), p. 153.

91: «*Corro por el camino de tus mandamientos...*»: Salmos 119.32.

91: «*tener parte en la naturaleza divina*»: 2 Pedro 1.4.

92: «*He llegado a pensar que el desafío...*»: Stanley Hauerwas, *Hannah's Child: A Theologian's Memoir* (Grand Rapids: Eerdmans, 2010), p. 159.

93: «*Cuando se les pedía que identificaran las actividades...*»: (estudio del Grupo Barna) David Kinnaman y Gabe Lyons, *unChristian: What a New Generation Really Thinks about Christianity... and Why It Matters* (Grand Rapids: Baker, 2007), pp. 47–48.

94: «*La asombrosa calidad de la vida que llevaban los primeros cristianos...*»: Ronald J. Sider, «Revisiting Mt. Carmel through Charitable Choice», *Christianity Today* (11 junio 2001): pp. 84–90.

94: «*Estoy convencido de que si perdemos a los jóvenes...*»: Shane Claiborne, *Irresistible Revolution: Living as an Ordinary Radical* (Grand Rapids: Zondervan, 2006), pp. 225–226 [*Revolución irresistible: viviendo una vida radical diariamente* (Miami: Vida, 2011).

95: *Dorothy Day solía decir...*: citado por Jonathan Wilson-Hartgrove, *The Awakening of Hope: Why We Practice a Common Faith* (Grand Rapids, MI: Zondervan, 2012), p. 27.

96: «*Mantengan entre los incrédulos una conducta tan ejemplar...*»: 1 Pedro 2.12, 3.15–16.

96: «*Porque, ¿quién es más importante...?*»: Lucas 22.27.

96: «*Lo que hagamos en el presente...*»: N. T. Wright, *Surprised by Hope: Rethinking Heaven, the Resurrection, and the Mission of the Church* (Nueva York: HarperOne, 2008), p. 193.

97: «*He descubierto que mientras más tiempo...*»: Michael Cheshire, *How to Knock Over a 7-Eleven and Other Ministry Training* (n.p.: Cheshire, 2012), pp. 31–32.

99: *una comunidad llamada Miracle Village*: Linda Pressly, «The Village Where Half the Population Are Sex Offenders», *BBC News Magazine*, 30 julio 2013, http://www.bbc.co.uk/news/magazine-23063492.

99: *(nota)*: Amy Sherman, *Kingdom Calling* (Downers Grove, IL: InterVarsity, 2011) y Timothy J. Keller, *Ministries of Mercy: The Call of the Jericho Road* (Phillipsburg, N.J.: P & R, 1997).

Segunda parte: Dispensadores de la gracia

103: *«Hay tres clases de cristianos...»*: mi gratitud a Kathryn Helmers por esta profunda idea.

Capítulo 5: Los peregrinos

105: *«Jesús vino para anunciar el reino»*: citado por Richard John Neuhaus, *The Naked Public Square: Religion and Democracy in America* (Grand Rapids: Eerdmans, 1986), p. 168.

105: *«Lo consideraba un homofóbico...»*: Gina Welch, *In the Land of Believers: An Outsider's Extraordinary Journey into the Heart of the Evangelical Church* (Nueva York: Metropolitan, 2012), p. 2.

111: *John Bunyan escribió El progreso del peregrino...*: John Bunyan, *The Pilgrim's Progress* (Londres: Penguin, 1988) [*El progreso del peregrino* (Madrid: Cátedra, 2003)].

111: *«ministramos sobre todo con nuestra debilidad»*: Henri Nouwen, *Gracias! A Latin American Journal* (Maryknoll, N.Y.: Orbis, 1993), p. 19.

112: *«¿Por qué es Brennan Manning digno de amor...?*: Brennan Manning, «Healing Our Image of God and Ourselves», discurso pronunciado en el Hotel Omni, Atlanta, 8 julio 2007.

114: *«Si Jesús volviera y viera...»: Hannah and Her Sisters*. Dirigida por Woody Allen (Nueva York: Orion Pictures, 1986).

114: *«algunos dudaban»*: Mateo 28.17.

115: *«hasta los confines de la tierra»*: Hechos 1.8.

115: *«¿Qué hacen aquí mirando al cielo?»*: Hechos 1.11.

117: *«El que me ha visto a mí...»*: Juan 14.9.

117: *«Les conviene...»*: Juan 16.7.

117: *«Cuando venga el Consolador...»*: Juan 15.26–27.

117: *«Señor, ¿es ahora cuando vas...?»*: Hechos 1.6.

118: *«El que cree en mí...»*: Juan 14.12.

118: *«El Espíritu Santo es precisamente lo que Cristo...»*: Henry Drummond, *The Greatest Thing in the World and 21 Other Addresses* (Londres: Collins, 1966), p. 151.

118: *«Una y otra vez le digo a Dios...»*: Anne Lamott, *Traveling Mercies: Some Thoughts on Faith* (Nueva York: Pantheon, 1999), p. 120.

119: *«Vayan al mundo como seres humanos intachables...»*: Filipenses 2.15; Eugene H. Peterson, *The Message: The Bible in Contemporary Language* (Colorado Springs, CO: NavPress, 2005), p. 1847.

121: *«Tengo sed»*: Juan 19.28.

121: «*Nosotras llevamos en el cuerpo y el alma...*»: Madre Teresa, citada en «A Thirsty God», *Theology and Monkey Business*, Dr. *Louie's Teaching Blog*, 24 junio 2011, http://theologyandmonkeybusiness.blogspot.com/2011/06/thirsty-god-mother-teresa.html.

123: «*¿Agradé a Dios en todo...?*»: Colosenses 1.10, paráfrasis.

123: «*una persona amable, agradable y gentil...*»: Steve Brown, «Only Sinners Welcome», *Crosswalk*, http://www.crosswalk.com/print/510220/.

123: «*la única sociedad cooperativa...*»: arzobispo William Temple, en John Stott, *The Living Church: Convictions of a Lifelong Pastor* (Downers Grove, IL: InterVarsity, 2007), p. 51.

124: «*ponga al servicio de los demás el don que haya recibido, administrando fielmente...*»: 1 Pedro 4.10; cursivas del autor.

124: «*Una cosa que siempre me había estado preocupando...*»: Barbara Brown Taylor, *Leaving Church* (Nueva York: HarperCollins, 2007), pp. 147–148.

124: «*Ya no hay...*»: Gálatas 3.28.

125: «*Que todos sean uno*»: Juan 17.11.

125: *sermones acerca de la frase* «*unos a otros*»: Wayne Hoag, *The One Another Project* (Maitland, FL: Xulon Press, 2012), pp. 172–173.

127: «*por el gozo que le esperaba*»: Hebreos 12.2.

109: «*Uno de ellos ve los placeres...*»: John Hick, citado por John Polkinghorne, *The God of Hope and the End of the World* (New Haven, CT: Yale University Press, 2002), pp. 145–146.

Capítulo 6: Los activistas

128: «*Estamos llevando bien nuestra vida...*»: Miroslav Volf, *A Public Faith: How Followers of Christ Should Serve the Common Good* (Grand Rapids: Brazos, 2011), p. 72.

128: «*Dios mío, ¿no te importan...?*»: Bono, de una conversación personal con el autor.

129: «*El Espíritu del Señor está sobre mí...*»: Lucas 4.18.

130: «*¿Qué hacen aquí mirando al cielo?*»: Hechos 1.11.

130: «*en el mundo...*»: Juan 17.13, 16.

130: «*minoría entre las minorías*»: Miroslav Volf, *Allah: A Christian Response* (Nueva York: HarperCollins, 2011), p. 214.

131: «*Como tú me enviaste...*»: Juan 17.18.

131: «*Cuando los misioneros vinieron a África...*»: arzobispo Desmond Tutu, citado por Steven Gish, *Desmond Tutu: A Biography* (Westport, CT: Greenwood, 2004), p. 101.

132: *(nota) Los evangélicos albanos...*: Deborah Meroff, *Europe: Restoring Hope* (Linz, Austria: OM Books, 2011), p. 79.

132: «*Ninguna otra religión ha producido jamás...*»: Soho Machida, «Jesus, Man of Sin: Toward a New Christology in the Global Era», *Buddhist-Christian Studies* 19 (1990): pp. 81–91.

135: «*Mi círculo social en Brown...*»: Kevin Roose, *The Unlikely Disciple: A Sinner's Semester at America's Holiest University* (Nueva York: Grand Central, 2009), pp. 9, 38.

138: «*En el Oriente Medio se piensa en los evangélicos...*»: Leonard Rodgers (Director de Evangelicals for Middle East Understanding), en correspondencia personal con el autor.

140: «*¿Cómo puedo adorar a una persona sin techo...*»: Shane Claiborne, *Irresistible Revolution: Living as an Ordinary Radical* (Grand Rapids: Zondervan, 2006), p. 56 [*Revolución irresistible: viviendo una vida radical diariamente* (Miami: Vida, 2011). Claiborne está citando un estandarte que vio en una iglesia.

140: *Los estudios llevados a cabo en América Latina documentan...*: W. E. Hewitt, *Base Christian Communities and Social Change in Brazil* (Lincoln, NE: University of Nebraska Press, 1991); Richard Shaull y Waldo A. César, *Pentecostalism and the Future of the Christian Churches: Promises, Limitations, Challenges* (Grand Rapids, MI: Eerdmans, 2000); Anthony Gill, *Rendering unto Caesar: The Catholic Church and the State in Latin America* (Chicago, IL: University of Chicago Press, 2008) y Manuel A. Vásquez, *The Brazilian Popular Church and the Crisis of Modernity* (Cambridge, UK: Cambridge University Press, 1998).

141: «*en la tierra como en el cielo*»: Mateo 6.10.

141: *(nota)*: En Tom Krattenmaker, *Evangelicals You Don't Know: Introducing the Next Generation of Christians* (Lanham, MD: Rowman & Littlefield, 2013) y Amy L. Sherman, *Kingdom Calling* (Downers Grove, IL.: InterVarsity, 2011).

145: *James Davison Hunter publicó un libro...*: James Davison Hunter, *To Change the World: The Irony, Tragedy, and Possibility of Christianity in the Late Modern World* (Nueva York: Oxford University Press, 2010), p. 5.

146: «*Estoy esperando una segunda Reforma...*»: Rick Warren, citado por Hunter, Ibíd., p. 221.

147: «*cuidar de aquellos que creen...*»: Gabe Lyons, citado por Andy Crouch, «What's So Great about the "Common Good"?», *Christianity Today* (noviembre 2012): p. 40.

148: «*extranjeros y peregrinos en la tierra*»: Hebreos 11.13.

148: «*cada uno ponga al servicio de los demás el don que haya recibido...*»: 1 Pedro 4.10.

149: «*Tuvimos blancos, negros, hispanos...*»: John Marks, *Reasons to Believe: One Man's Journey among the Evangelicals and the Faith He Left Behind* (Nueva York: HarperCollins, 2009), pp. 167–168.

149: «*Hagan brillar su luz...*»: Mateo 5.16.

150: «*Es curioso que no se ve a ningún humanista secular...*»: Joe Klein, «Can Service Save Us?», *Time* (1 julio 2013): pp. 27–34.

150: «*casi todos los que trabajamos en el mundo de las noticias...*»: Nicholas D. Kristof, «Evangelicals without Blowhards», *New York Times,* 30 julio 2011http://www.nytimes.com/2011/07/31/opinion/sunday/kristof-evangelicals-without-blowhards.html?_r=0.

151: «*en la tierra como en el cielo*»: Mateo 6.10.

152: *Un predicador de Harlem nos compara con...*: reverendo Jeff White, de la iglesia New Song de Harlem, en Amy Sherman, *Kingdom Calling: Vocational Stewardship for the Common Good* (Downers Grove, IL: InterVarsity, 2011), p. 23.

Capítulo 7: Los artistas

153: *«El Señor que creó...»*: T. S. Eliot, «Choruses from "The Rock"», *The Complete Poems and Plays: 1909–1950* (Nueva York: Harcourt, Brace, 1952), p. 111.

155: *«Los que solo se sientan a escribir sirven también...»*: lee el capítulo con ese título en Philip Yancey, *Finding God in Unexpected Places* (Colorado Springs: WaterBrook, 2005), pp. 41–44.

155: *Peter Hitchens, hermano del ateo...*: Peter Hitchens, *The Rage Against God* (Grand Rapids: Zondervan, 2010), p. 102.

156: *«son autopistas que conducen hasta el centro...»*: N. T. Wright, *Simply Christian: Why Christianity Makes Sense* (Nueva York: HarperOne, 2006), p. 235.

156: *«La única apología realmente eficaz...»*: José Cardinal Ratzinger con Vittorio Messori, *The Ratzinger Report* (San Francisco: Ignatius, 1985), p. 129.

156: *«Ponderó, investigó...»*: Eclesiastés: 12.9–11.

157: *«hijo mío, ten presente...»*: Eclesiastés: 12.12.

157: *«¿Hiciste tú eso?»*: Russell Martin, *Picasso's War: The Destruction of* Guernica *and the Masterpiece that Changed the World* (Nueva York: Plume, 2002), p. 166.

158: *«¡Así que usted es la diminuta dama...!»*: website del Harriet Beecher Stowe Center, *Impact of* Uncle Tom's Cabin, *Slavery, and the Civil War*, http://www.harriet-beecherstowecenter.org/utc/impact.shtml.

159: *«las cosas permanentes»*: T. S. Eliot, «Four Quartets», *The Complete Poems and Plays: 1909–1950* (Nueva York: Harcourt, Brace, 1952), p. 133.

160: *«En un universo cuyo tamaño...»*: Loren Eiseley, *The Immense Journey* (Nueva York: Vintage, 1959), pp. 161–162.

161: *Remnick cita una historia...*: David Remnick, «Letter from Moscow: Exit the Saints», *The New Yorker*, 18 julio 1994.

161: *El novelista Reynolds Price afirma...*: Reynolds Price, en Alfred Corn, ed., *Incarnation: Contemporary Writers on the New Testament* (Nueva York: Viking Penguin, 1990), p. 72.

162: *«El escritor católico...»*: Flannery O'Connor, *Mystery and Manners: Occasional Prose* (Nueva York: Farrar, Straus & Cudahy, 1986), p. 146.

162: *«La luz refractada a través de la cual...»*: J. R. R. Tolkien, «Mythopoeia», publicado por Chester County Interlink, http://home.ccil.org/~cowan/mythopoeia.html.

163: *«Como decíamos ayer...»*: «Fray Luis de León», *Wikipedia*, http://en.wikipedia.org/wiki/Luis_de_León.

164: *«¿De dónde venimos?»*: Gustav Mahler, citado por Bruno Walter y Ernst Krenek, *Gustav Mahler* (Nueva York: Dover, 2013), p. 129 [*Gustav Mahler* (Madrid: Alianza, 2011)].

164: *«Ahora tengo que trabajar muy duro...»*: Anton Bruckner, citado por Harold C. Schoenberg, *The Lives of the Great Composers* (Nueva York: Norton, 1970), p. 427.

165: «*La interpretación musical es divina...*»: Heuwell Tircuit, notas en la cubierta de la grabación *Brahms: Ein Deutsches Requiem*, interpretada por la Orquesta Sinfónica de Chicago, director, James Levine, grabada en 1993, RCA 82876 60861 2, disco compacto.

165: *(nota)* «*Cuando Yo-Yo Ma visitó...*»: Walter Isaacson, *Steve Jobs* (Nueva York: Simon & Schuster, 2011), p. 425 [*Steve Jobs* (Nueva York: Vintage, 2011)].

167: «*En contraste, James Davison Hunter...*»: *To Change the World: The Irony, Tragedy, and Possibility of Christianity in the Late Modern World* (Nueva York: Oxford University Press, 2010).

168: «*pesimismo, denigración o ataques subrepticios*»: Aleksandr I. Solzhenitsyn, *The Oak and the Calf: Sketches of Literary Life in the Soviet Union*, traducción al inglés de Harry Willetts (Nueva York: Harper & Row, 1980), p. 95.

168: *(nota)* «*noticias emocionantes, atractivas y buenas...*»: Jan Morris, en Diarmaid MacCulloch, *Christianity: The First Three Thousand Years* (Nueva York: Viking Penguin, 2010), p. 78.

169: «*ilumina el camino...*»: Alan Paton, en Robert McAfee Brown, *Persuade Us to Rejoice* (Louisville, KY: Westminster/John Knox, 1992), p. 103.

169: «*Son muchos los cristianos que tienen temor...*»: le agradezco a Kathryn Helmers estos conceptos.

171: «*solo existe una privación real...*»: May Sarton, citada por Lewis Hyde, *The Gift: Creativity and the Artist in the Modern World* (Nueva York: Vintage, 2007), p. 189.

171: «*El hacer muchos libros...*»: Eclesiastés 12.12.

172: «*El trazado de esos caracteres...*»: Seamus Heaney, *The Government of the Tongue: Selected Prose, 1978—1987* (Nueva York: Farrar, Straus & Giroux, 1989), p. 108.

173: «*Ustedes mismos son nuestra carta...*»: 2 Corintios 3.2–3.

174: «*Ese trabajo bendice tanto al que lo realiza...*»: Walt Whitman, en Walter Lowenfels, *Walt Whitman's Civil War* (Nueva York: Da Capo Press, 1960), p. 193.

174: «*La historia social y política...*»: W. H. Auden, citado por Leonard Feinberg, *Hypocrisy: Don't Leave Home Without It* (Boulder, CO: Pilgrim's Process, 2002), p. 66.

175: «*Esa película estaba tan llena de imágenes...*»: Henri Nouwen, *Gracias! A Latin American Journal* (Maryknoll, N.Y.: Orbis, 1993), p. 57.

176: «*Así que ahora, de esta loca pasión...*»: citado en «Moments of Suspension», *Encounter With God*, 12 enero 2013, http://sammanjac.wordpress.com/tag /michelangelo.

Tercera parte: ¿Es en realidad una buena noticia?

177: *Simone Weil, enfrentándose a una historia corta...*: Richard Rees, *Simone Weil: A Sketch for a Portrait* (Carbondale, IL: Southern Illinois University Press, 1966), p. 161.

Capítulo 8: ¿Importa la fe?

179: «*Deseo que mi abogado...*»: Voltaire, citado por David G. Myers, «Wanting More in an Age of Plenty», *Christianity Today* (24 abril 2000): p. 97.

179: «*Tenemos unos edificios más altos...*»: doctor Bob Moorehead, «The Paradox of Our Time», *Snopes.com*, http://www.snopes.com/politics/soapbox/paradox.asp; original de Bob Moorehead, *Words Aptly Spoken* (Redmond, WA: Overlake Christian Bookstore, 1995).

180: «*La acumulación de bienes materiales...*»: Al Gore, citado por David G. Myers, «Wanting More in an Age of Plenty», *Christianity Today* (24 abril 2000): p. 95.

180: *Según una encuesta de Gallup...*: J. John, *Just 10: God's Timeless Values for Life Today* (Rickmansworth, UK: Philo Trust, 2013), p. 14.

181: «*Los domingos por la mañana yo podría...*»: Bill Gates, citado por Walter Isaacson, «In Search of the Real Bill Gates», *Time*, 13 enero 1997.

182: *El sociólogo Rodney Stark escribió dos libros...*: Rodney Stark, *The Rise of Christianity: How the Obscure, Marginal Jesus Movement Became the Dominant Religious Force in the Western World in Just a Few Centuries* (Nueva York: HarperOne, 1996) [*El auge del cristianismo* (Barcelona: Andrés Bello, 2001)], y *The Triumph of Christianity: How the Jesus Movement Became the World's Largest Religion* (Nueva York: HarperOne, 2011).

182: *Juliano el Apóstata se quejaba amargamente...*: citado por James Davison Hunter, *To Change the World: The Irony, Tragedy, and Possibility of Christianity in the Late Modern World* (Oxford, Nueva York: Oxford University Press, 2010), pp. 55–56. Esta historia también aparece en Charles Schmidt, *The Social Results of Early Christianity*, 2 edición (Londres: Wm. Isbister, 1889), p. 328.

186: «*la fe tiene todo el aspecto...*»: G. K. Chesterton, *The Everlasting Man* (Nueva York: Image, 1955), pp. 260–261, 255 [*Ortodoxia; el hombre eterno* (México: Porrúa, 1998)].

187: «*Además, busquen el bienestar de la ciudad...*»: Jeremías 29.7.

187: «*La democracia exige de sus ciudadanos...*»: Jürgen Habermas, *The Habermas Forum*, 3 Mayo 2009, http://www.habermasforum.dk/index.php?type=news&text_id=451.

188: *Otro filósofo, el suizo-británico Alain de Botton...*: Alain de Botton, *Religion for Atheists: A Non-believer's Guide to the Uses of Religion* (Nueva York: Pantheon, 2012) [*Religión para ateos: guía de usos de la religión por un no creyente* (Barcelona: RBA, 2012)].

188: «*Sí, exactamente. Y mucho...*»: Margaret Thatcher, citada por Gertrude Himmelfarb, *The De-Moralization of Society: From Victorian Virtues to Modern Values* (Nueva York: Vintage, 1996), p. 3.

190: «*Todo el mundo tiene distintas normas morales*»: el Director General de Salud Pública, citado por Himmelfarb, Ibíd., p. 241.

190: «*Ahora nos estamos enfrentando a las consecuencias...*»: Ibíd., p. 242.

190: «*Durante doscientos años, habíamos estado aserrando...*»: George Orwell, «Notes on the Way», en *George Orwell: My Country Right or Left, 1940–1943* (Nueva York: Harcourt, Brace & World, 1968), pp. 15–16.

190: «*Si quisiera decir que aquello era malvado...*»: W. H. Auden, citado en Dallas Willard, ed., *A Place for Truth: Leading Thinkers Explore Life's Hardest Questions* (Downers Grove, IL: InterVarsity, 2010), p. 51.

191: *«que amaran a su corrupto prójimo...»*: W. H. Auden, *The Collected Poetry of W. H. Auden* (Nueva York: Random House, 1945), p. 198.

192: *«los alumnos de la Universidad de Harvard que experimentaban...»*: Dr. Armand M. Nicholi Jr., «A New Dimension of the Youth Culture», *American Journal of Psychiatry* 131, no. 4 (abril 1974): pp. 396–401.

192: *vida «en abundancia»*: Juan 10:10.

193: *Robert Putnam, autor del innovador libro...*: Robert D. Putnam, *American Grace: How Religion Divides and Unites Us* (Nueva York: Simon & Schuster, 2010). También Arthur C. Brooks, de la Universidad de Syracuse, da una gran cantidad de datos estadísticos que apoyan unas conclusiones similares en *Who Really Cares: The Surprising Truth About Compassionate Conservatism* (Nueva York: Basic Books, 2006).

193: *«Todas las personas que he conocido...»*: Joseph Califano, en Charles Colson y Nancy Pearcey, *How Now Shall We Live?* (Wheaton, IL: Tyndale House, 1999), p. 311.

193: *«La religión es un poderoso antídoto...»*: Byron Johnson, *More God, Less Crime: Why Faith Matters and How It Could Matter More* (West Conshohocken, PA: Templeton, 2011), p. xiv.

194: *«O bien se trata de más alambre de púas...»*: Eugene Rivers, citado en John DiIulio «The Truth About Crime and Welfare», *First Things* (agosto/septiembre 1965): pp. 31–35.

194: *(nota) «La razón por la que tememos salir...»*: David C. Stolinsky, citado por Thomas Reeves, «Not So Christian America», *First Things* (octubre 1996): p. 17.

194: *«Vienes sin padre y maltratado...»*: John DiIulio, citado por Tim Stafford, «The Criminologist Who Discovered Churches», *Christianity Today* (14 junio 1999): p. 38.

195: *A principios del año 2014,* Christianity Today: *Christianity Today* (enero/febrero 2014): p. 39.

196: *«Queremos que veas el fruto...»*: en una conversación privada con el autor.

197: *«Aunque ahora soy un ateo confirmado...»*: Matthew Parris, «As an Atheist, I Truly Believe Africa Needs God», *The Times of London*, 26 diciembre 2008, http://www.thetimes.co.uk/tto/opinion/columnists/matthewparris/article2044345.ece. Usado con autorización.

200: *Andy Crouch usa la frase* evangelio de la posteridad...: Andy Crouch, *Playing God: Redeeming the Gift of Power* (Downers Grove, IL: InterVarsity, 2013), p. 188.

201: *«Hoy en día la víctima es la que ocupa...»*: Gil Baillie, *Violence Unveiled: Humanity at the Crossroads* (Nueva York: Crossroad, 1997), p. 29.

202: *«El problema de nuestros tiempos consiste en restaurar...»*: George Orwell, «Notes on the Way», en *George Orwell: My Country Right or Left, 1940–1943* (Nueva York: Harcourt, Brace & World, 1968), pp. 15–16.

203: *«se debe al hecho de que hemos perdido...»*: «Václav Havel — A Reflection», *The Sceptical Market Observer*, 24 diciembre 2011, http://scepticalmarketobserver.blogspot.com/2011/12/vaclav-havel-reflection.html. También «Václav Havel's address to the US

Congress», *Everything*, 21 febrero 1990, http://everything2.com/title/Vaclav+Havel%2
527s+address+to+the+US+Congress%252C+21+February+1990.

Capítulo 9: ¿Existe alguien más? La pregunta sobre Dios

205: *«A fin de estar preparados para tener esperanza...»*: Georges Bernanos, en Jacques
Ellul, *Reason for Being: A Meditation on Ecclesiastes*, traducción al inglés, Joyce M. Hanks
(Grand Rapids: Eerdmans, 1990), p. 47.

205: *«La filosofía es como estar en una habitación oscura...»*: red social de Google, «The
Black Cat Analogy», *Google Plus*, https://plus.google.com/115858612877723984178/
posts/bD3fQybctbF.

206: *«¿Qué cree usted acerca de Dios...?»*: Francis S. Collins, *Language of God: A
Scientist Presents Evidence for Belief* (Nueva York: Free Press, 2006), pp. 20ss.

207: *Tal como el propio Lewis dijo en una ocasión...*: C. S. Lewis, *Surprised by Joy: The
Shape of My Early Life* (Orlando: Harcourt, 1955), p. 191: «El joven que quiera seguir
siendo un ateo convencido, tiene que ser excesivamente cuidadoso con lo que lee».

207: *«Lo son, en el sentido de que el pulgar...»*: Sir William Henry Bragg, «The World
of Sound: Six Lectures Delivered Before a Juvenile Auditory at the Royal Institution,
Christmas, 1919», *Cornell University Library*, Internet Archive, G. Bell and Sons Ltd.,
Londres. De los archivos de la Internet: http://archive.org/details/cu31924031233038.

209: *«El cosmos es todo lo que hay...»*: Carl Sagan, citado por Dinesh D'Souza en
What's So Great About Christianity (Washington, D.C.: Regnery, 2007), p. 34 [*Lo gran-
diosos del cristianiso* (Carol Stream, IL: Tyndale House, 2009)].

209: *«Para poderles dar algún sentido a esos números...»* Paul Davies, *God and the
New Physics* (Nueva York: Touchstone, 1983), p. 179 [*Dios y la nueva física* (Barcelona:
Salvat, 1986)].

209: *Stephen Hawking admite...*: Stephen Hawking, *A Brief History of Time* (Nueva
York: Bantam, 1996), p. 156 [Stephen Hawking, *Breve historia del tiempo* (México:
Planeta Mexicana, 1992)].

210: *«Bueno, aquí estamos, ¿no es cierto?»*: Richard Dawkins, «Viruses of the Mind»
(1991), http://www.cscs.umich.edu/~crshalizi/Dawkins/viruses-of-the-mind.html.

210: *Dawkins admitió que la precisión de los ajustes...*: Richard Dawkins en una conversación con Francis Collins.

211: *«El científico debe ver todas las conexiones tan delicadas...»*: Albert Einstein, en
Walter Isaacson, *Einstein: His Life and Universe* (Nueva York: Simon & Schuster, 2007),
pp. 462, 551 [*Einstein: su vida y su universo* (Barcelona: Random House Mondadori,
2008, 2009)].

211: *«A priori, deberíamos esperar un mundo caótico...»*: Albert Einstein, *Letters to
Solovine: 1906–1955* (Nueva York: Open Road, 1987), p. 117. Citado también en
«Ateism», *Einstein: Science and Religion*, http://www.einsteinandreligion.com/atheism.
html.

211: *(nota)* «*En el estudio de todas las demás ciencias...*»: Louis Berkhof, *Systematic Theology* (Grand Rapids, MI: Eerdmans, 1941), p. 34 [*Teología sistemática* (Grand Rapids: La Antorcha, 1981).

212: «*tan perfectamente organizado...*»: Alexander Tsiaras, «Conception to Birth — Visualized», *TED.com*, http://www.ted.com/talks/alexander_tsiaras_conception_to_birth_visualized.html.

213: «*Oh, no. Todas esas cosas son absurdas, cariño...*»: Nadia Bolz-Weber, *Pastrix: The Cranky, Beautiful Faith of a Sinner and Saint* (Nueva York: Jericho, 2013), p. 79.

213: «*Porque desde la creación del mundo...*»: Romanos 1.20.

213: *como sugiere Dorothy Sayers...*: Dorothy Sayers, *The Mind of the Maker* (Nueva York: HarperSanFrancisco, 1987), p. 38.

214: «*Como científico, sostengo que la fe...*»: Robert Seiple, «Commentary: Learning about Faith from Carl Sagan», *Religion News Service*, 1 agosto 1997.

215: «*Lo extraño es que ese elogio resultaba más genuino...*»: Karl Giberson, «God's Other Good Book», *Christianity Today* (12 diciembre 2008): p. 62.

215: «*La imagen que pinta la ciencia del mundo...*»: Erwin Schrödinger, citado por Antony Flew, *There is A God* (Nueva York: HarperOne, 2007), p. 104.

215: «*No siempre todo aquello que se puede contar...*»: «Not Everything That Counts Can Be Counted», *Quote Investigator*, 26 mayo 2010, http://quoteinvestigator.com/2010/05/26/everything-counts-einstein/.

215: «*Dios se halla en nuestro interior...*»: Shirley MacLaine: *Going Within* (Nueva York: Bantam, 1989), p. 100 [*Dentro de mí* (Barcelona: Plaza & Janés, 1990)].

216: «*Yo creé mi propia realidad...*»: Shirley MacLaine, *It's All in the Playing* (Nueva York: Bantam, 1987), p. 192 [*Todo está en el juego* (Barcelona: Plaza & Janés, 1998).

216: «*Mi fe me ha llevado...*»: Robert Bellah, *Habits of the Heart: Individualism and Commitment in American Life* (Nueva York: Harper & Row, 1985), p. 221.

216: «*Tienes todo el derecho a escoger...*»: Elizabeth Gilbert, *Eat, Pray, Love* (Nueva York: Penguin, 2006), p. 208 [*Come, reza, ama* (Doral: Aguilar, 2007)].

216: «*Dios habita en tu interior...*»: Ibíd., pp. 192, 208.

223: «*Vivimos en un mundo donde existe una gran diversidad...*»: Bill Hybels, «I Have a Friend Who Thinks All Religions Are the Same», *Willow Creek Association*, semana 11, 2001. Grabación y transcripción del mensaje disponible en: http://www.willowcreek.com/ProdInfo.asp?invtid=PR14924.

224: *William James hizo notar que todas las religiones...*: William James, *The Varieties of Religious Experience* (Nueva York: Modern Library, 1936), p. 498 [*Las variedades de la experiencia religiosa* (México: Prana, 2006)].

225: «*Voy a prepararles un lugar*»: Juan 14.2.

225: «*Porque tanto amó Dios al mundo...*»: Juan 3.16.

225: «*Mucho antes de poner los cimientos del mundo...*»: Efesios 1.4–5, 11–12, Eugene H. Peterson, *The Message: The Bible in Contemporary Language* (Colorado Springs: NavPress, 2005), p. 1836.

227: «*Por qué detesto la religión...*»: Jeff Bethke, «Why I Hate Religion But Love Jesus: Spoken Word by Jefferson Bethke», *You Tube*, http://www.youtube.com/watch?v=QrYUVtAAsDM.

227: «*Olvídate de la iglesia y sigue a Jesús*»: Andrew Sullivan, «Christianity in Crisis», *Newsweek*, 2 abril 2012, http://www.newsweek.com/andrew-sullivan-christianity-crisis–64025.

228: «*Si no hay resurrección...*»: 1 Corintios 15.13–15, 19.

228: «*Acabo de almorzar...*»: comentario de una lectura sobre «Movin' Down the Road», en *PhilipYancey.com*, http://philipyancey.com/movin-down-the-road.

229: «*El que Dios no exista...*»: Jean Paul Sartre, «That God Does Not Exist...», *Think/Exist*, http://thinkexist.com/quotation/that_god_does_not_exist-i_cannot_deny-that_my/189882.html.

Capítulo 10: ¿Por qué estamos aquí? La pregunta sobre el ser humano

231: «*Naciste sin propósito alguno...*»: Ingmar Bergman, *The Magic Lantern: An Autobiography* (Nueva York: Viking Penguin, 1988), p. 204.

232: «*Dios me hizo a fin de conocerlo...*»: *Baltimore Catechism*: «The Catholic Primer», *Preserving Christian Publications*, Primera lección, p. 8, www.pcpbooks.net/docs/baltimore_catechism.pdf.

232: «*precisamente de las propiedades que esperaríamos...*»: Richard Dawkins, *River Out of Eden: A Darwinian View of Life* (Nueva York: Basic Books, 1996), p. 155.

233: *(nota) Es notable que Stephen Jay Gould haya presentado...*: Stephen Jay Gould, «Darwinian Fundamentalists», *New York Review of Books*, 12 junio 1997, http://www.nybooks.com/articles/archives/1997/jun/12/darwinian-fundamentalism/.

233: «*La palabra "derechos" implica alguna forma de dominio cósmico...*»: Paul Shepard, *The Others* (Washington, D.C.: Island Press, 1996), p. 308.

233: «*En realidad, no hay razón racional alguna...*»: Ingrid Newkirk, citada por Wesley J. Smith, *Culture of Death* (Jackson, TN: Encounter, 2002), p. 195.

233: *(nota) «En el pasado, errábamos al atribuirles...*»: Walter Wink, *Unmasking the Powers: The Invisible Forces that Determine Human Existence* (Filadelfia: Fortress, 1986), p. 142.

234: *Peter Singer, de Princeton, sugiere...*: Michael Specter, «The Dangerous Philosopher», *The New Yorker*, 6 septiembre 1999, http://www.michaelspecter.com/1999/09/the-dangerous-philosopher/.

234: «*Si no has pensado mucho...*»: Les U. Knight, «Voluntary Human Extinction», *Wild Earth* 1, no. 2 (verano 1991): p. 72.

235: «*Somos máquinas de supervivencia...*»: Richard Dawkins, prefacio a la edición 1976 de *The Selfish Gene* (Nueva York: Oxford University Press, 2006), p. xxi [*El gen egoísta* (Barcelona: Salvat, 1986)].

235: *Edward O. Wilson señaló...*: Edward O. Wilson, *On Human Nature* (Cambridge, MA: Harvard University Press, 2004), p. 165.

236: «*hacer que actuemos como si quisiéramos...*»: Robert Wright, *The Moral Animal: Why We Are the Way We Are: The Science of Evolutionary Psychology* (Nueva York: Pantheon, 1994), p. 44.

237: *En su libro* Dark Nature...: Lyall Watson, *Dark Nature: A Natural History of Evil* (Nueva York: HarperCollins, 1995), p. 193.

237: *Edward O. Wilson se presenta en sus memorias...*: Edward O. Wilson, *The Naturalist* (Washington D.C.: Shearwater, 1994).

237: «*De manera que la difícil pregunta...*»: Robert Wright, *The Moral Animal: Why We Are the Way We Are: The Science of Evolutionary Psychology* (Nueva York: Pantheon, 1994), p. 326.

238: «*Cuando por fin lo capté...*»: Randolph Nesse, citado por Matt Ridley, *Origins of Virtue: Human Instincts and the Evolution of Cooperation* (Nueva York: Viking, 1996), p. 126.

239: «*¿Para qué sirve la gente?*»: Kurt Vonnegut, *Conversations with Kurt Vonnegut* (University, MS.: University Press of Mississippi, 1988), p. 263.

240: *la revista Time escogiera...*: Brian Raftery, «The 2009 *Time* 100 Finalists», *Time*, 2009, http://content.time.com/time/specials/packages/0,28757,1883644,00.html.

240: «*Por muchas que sean las maneras...*»: John Updike, *A Month of Sundays* (Nueva York: Fawcett Crest, 1975), pp. 212–213 [*Un mes de domingos* (Barcelona: Noguer, 1977)].

241: «*La cultura ha transformado a Cristo...*»: Alan Wolfe: *The Transformation of American Religion: How We Actually Live Our Faith* (Chicago, IL: University of Chicago Press, 2003), pp. 2–3.

242: *Tomás de Aquino sugiere algo diametralmente opuesto...*: Tomás de Aquino, citado por Peter Kreeft, *Knowing the Truth of God's Love: The One Thing We Can't Live Without* (Ann Arbor, MI: Servant, 1988), p. 171.

243: *Walker Percy escribió una novela...*: Walker Percy, *Moviegoer* (Nueva York: Avon Books, 1980), p. 55 [*El cinéfilo* (Madrid: Alfaguara Literaturas, 1990)].

244: «*Hasta pronto, mis amigos de la tierra del radio...*»: Garrison Keillor, «Fall (Hog Slaughter)», *News from Lake Wobegon* (monólogo), publicado por HighBridge Co., 9 abril 1990, disco compacto.

245: «*los más pequeños*»: Mateo 25.40.

246: «*La principal emoción del adulto estadounidense...*»: John Cheever, en David Robert Anderson, *Losing Your Faith, Finding Your Soul: A Guide to Rebirth When Old Beliefs Die* (Colorado Springs: Convergent, 2013), p. 147.

246: «*Supongo que debería considerarme...*»: Malcolm Muggeridge, *Jesus Rediscovered* (Wheaton, IL: Tyndale House, 1972), pp. 59–60.

247: «*los continuos gozos y el tesoro perdurable*»: John Newton, «Glorious Things of You Are Spoken»: John Newton, *Christian Biography Resources*, http://www.lutheran-hymnal.com/lyrics/lw294.htm.

247: *(nota)* «*Un análisis investigativo publicado...*»: Jeffrey Kluger, «The Art of Living», *Time*, 23 septiembre 2013, http://content.time.com/time/magazine/article/0,9171,2151786,00.html.

247: «*¿De qué le sirve...?*»: Lucas 9.25.

247: *(nota)* «*¿De qué le puede aprovechar a un hombre...*»: John Steinbeck, *Cannery Row* (Nueva York: Penguin, 1992), p. 15.

247: «*El rico [debe sentirse orgulloso]...*»: Santiago 1.10.

248: «*El que beba del agua que yo le daré...*»: Juan 4.14.

249: «*Aunque por fuera nos vamos desgastando...*»: 2 Corintios 4.16–17.

249: «*Los fieles se detenían sobre los cuerpos...*»: Paul Veyne, ed., *A History of Private Life: From Pagan Rome to Byzantium* (Cambridge, MA: Harvard University Press, 1987), p. 512.

250: «*Hubo un momento de silencio...*»: Paul Johnson, *The Quest for God: A Personal Pilgrimage* (Nueva York: Harper Perennial, 1997), p. 32.

251: «*Si lees la historia...*»: C. S. Lewis, *Mere Christianity* (Nueva York: Macmillan, 1960), p. 118 [*Mero cristianismo* (Nueva York: Rayo, 2006)].

251: «*El mayor de los idiotas y los palurdos...*»: Robertson Davies, «Robertson Davies, The Art of Fiction No. 107», entrevistado por Elisabeth Sifton, *The Paris Review*, primavera 1989, http://www.theparisreview.org/interviews/2441/the-art-of-fiction-no-107-robertson-davies.

252: *Una esclava afroamericana llamada «Old Elizabeth»...*: Delores S. Williams, «A Womanist Perspective on Sin», en Emelie M. Townes, ed., *A Troubling in My Soul* (Maryknoll, N.Y.: Orbis, 1993), pp. 140–142.

253: «*Comprueben lo que agrada...*»: Efesios 5.10.

Capítulo 11: ¿Cómo debemos vivir? La pregunta social

255: «*En un escenario destrozado y desierto...*»: Jean-Paul Sartre, citado por Maurice Nathanson, «Jean-Paul Sartre's Philosophy of Freedom», *Social Research* 19, no. 3 (otoño 1952): p. 378.

257: «*En sus relaciones con las mujeres...*»: Marilyn French, *The Women's Room* (Toronto: Random House of Canada, 1988), p. 462 [*Sólo para mujeres* (Barcelona: Lumen, 2012)].

258: «*Es algo personal...*»: Christian Smith, *Lost in Transition: The Dark Side of Emerging Adulthood* (Nueva York: Oxford University Press, 2011), p. 22.

259: «*¿Pero existe alguna forma de decidir...?*»: John Maynard Smith, «Genes, Memes, and Minds», *New York Review of Books*, November 30, 1995, http://www.nybooks.com/articles/archives/1995/nov/30/genes-memes-minds/?pagination=false.

259: «*Un hombre que no tenga una fe firme...*»: Charles Darwin, *Autobiographies* (Nueva York: Penguin, 1974), p. 54 [*Autobiografías* (Buenos Aires: Losada, 2009)].

260: *El biólogo Lyall Watson admite...*: Lyall Watson, *Dark Nature: A Natural History of Evil* (Nueva York: Harper Collins Publishers, 1995), pp. 141–148.

261: «*No se debería clasificar la violencia en los barrios bajos...*»: Robert Wright, «The Biology of Violence», *The New Yorker* (13 marzo 1995): pp. 68–77.

262: «*dilema de Darwin*»: David Stove, *Darwinian Fairytales* (Nueva York: Encounter, 1995), p. 5.

262: «*Me parece que esto me ha hecho ver...*»: Steven Drake, «Peter Singer — A Slippery Mind», en *Not Dead Yet*, 20 marzo 2008, http://www.notdeadyet.org/2008/03/peter-singer-slippery-mind.html.

262: *(nota)*: Steven Drake, en «Peter Singer — A Slippery Mind», en *Not Dead Yet*, 20 marzo 2008, http://www.notdeadyet.org/2008/03/peter-singer-slippery-mind.html.

262: «*hábitos del corazón*»: Robert Bellah, *Habits of the Heart: Individualism and Commitment in American Life* (Nueva York: Harper & Row, 1985).

263: «*La mayoría de las personas hallan en sus religiones su fuente de autoridad moral...*»: Marilyn Vos Savant, «Ask Marilyn», *Parade Magazine*, (10 marzo 1996): p. 8.

263: «*aclaración de valores*»: Christina Hoff Sommers, «Teaching the Virtues», *Chicago Tribune*, 12 septiembre 1993, http://articles.chicagotribune.com/1993–09–12/features/9309120147_1_moral-life-ethics-private-morality.

264: «*La única ética que puede funcionar...*»: Barbara Ehrenreich, «The Bright Side of Overpopulation», *Time*, 26 septiembre 1994, http://content.time.com/time/subscriber/article/0,33009,981506,00.html.

264: «*Veo crecer lentamente un nivel de comodidad...*»: Jesse Bering, en «Not Too Taboo? PW Talks with Jesse Bering», *Publishers Weekly*, 9 agosto 2013, http://www.publishersweekly.com/pw/by-topic/authors/interviews/article/58651-not-too-taboo-pw-talks-with-jesse-bering.html..

265: «*Yo personalmente estoy de acuerdo con los sacrificios rituales...*»: James Davison Hunter, *Culture Wars: The Struggle to Define America* (Nueva York, Basic Books, 1991), pp. 311–313.

266: «*Si, como estoy convencido...*»: W. H. Auden y Edward Mendelson, *Prose, Volume III, 1949–1955* (Princeton, N.J.: Princeton University Press, 2008), p. 578.

266: «*libres de las imposiciones de toda...*»: Ronald Dworkin, Thomas Nagel, Robert Nozick, John Rawls, Judith Jarvis Thompson, et al., «Assisted Suicide: The Philosophers' Brief», *New York Review of Books*, 27 marzo 1997, http://www.nybooks.com/articles/archives/1997/mar/27/assisted-suicide-the-philosophers-brief/?pagination=false.

267: «*no hay en la historia ningún ejemplo significativo...*»: Will y Ariel Durant, *The Lessons of History* (Nueva York: Simon & Schuster, 1968), p. 50 [*Las lecciones de la historia* (Buenos Aires: Editorial Sudamericana, 1969)].

269: «*Por supuesto, no me refería...*»: 1 Corintios 5.10, 12–13.

270: «*Los movimientos masivos pueden levantarse y propagarse...*»: Eric Hoffer, *True Believer: Thoughts on the Nature of Mass Movements* (Nueva York: HarperCollins, 2010), p. 86 [*El verdadero creyente* (Madrid: Tecnos, 2009)].

270: «*en mí, es decir, en mi naturaleza pecaminosa, nada bueno habita...*»: Romanos 7.18, 24.

270: *Nuestra única bondad, insiste Stott...*: John R. W. Stott, *The Message of Romans: God's Good News for the World* (Downers Grove, IL: InterVarsity, 2001), p. 206.

272: «*No veo razón alguna para atribuirle...*»: Oliver Wendell Holmes Jr., citado por Mary Ann Glendon, «The Bearable Lightness of Dignity», *First Things* (mayo 2011): p. 42.

273: «*¡Compatriotas alemanes...!*»: «Selling Murder: The Killing Films of the Third Reich», documental producido por *The Discovery Channel*, 1993.

274: «*no es difícil imaginarse...*»: Walker Percy, carta al *New York Times*, 1988, citado por James Davison Hunter, *Before the Shooting Begins: Searching for Democracy in America's Culture War* (Nueva York: Free Press, 1994), p. 6.

274: *la incidencia de niños con el síndrome de Down...*: Gabe Lyons, *The Next Christians: The Good News about the End of Christian America* (Nueva York: Doubleday, 2010), p. 106.

276: «*La teología me recordaba que...*»: Desmond Tutu, *No Future Without Forgiveness* (Nueva York: Random House, 2000), pp. 83–84, 86 [*Sin perdón no hay futuro* (Buenos Aires: Hojas del sur, 2012)].

277: «*el arco moral*»: Theodore Parker, citado por *Quote Investigator*, http://quoteinvestigator.com/2012/11/15/arc-of-universe/.

Cuarta parte: Fe y cultura

279: «*A la larga, ¿podremos mantener...?*»: Helmut Thielicke, *Christ and the Meaning of Life: A Book of Sermons and Meditations* (Grand Rapids: Baker, 1975), pp. 183–184.

Capítulo 12: Socios incompatibles: los cristianos y la política

281: «*La gente dice que necesitamos religión...*»: H. L. Mencken, citado por David Robert Anderson, *Losing Your Faith, Finding Your Soul: The Passage to New Life When Old Beliefs Die* (Colorado Springs: Convergent, 2013), p. 70.

282: «*Una democracia liberal les exige...*»: Jürgen Habermas, Rabbi Joshua Haberman, «The Bible Belt is our Safety Belt», *Policy Review* (otoño 1987): p. 40.

283: *El anfitrión de un programa evangélico de entrevistas*: Jane Mayer, «Bully Pulpit», *The New Yorker*, 18 junio 2012, http://www.newyorker.com/reporting/2012/06/18/120618fa_fact_mayer.

283: *el editor de religión de CNN.com*: Dan Gilgoff, «In Obama's First Term, an Evolving Christian Faith and a More Evangelical Style», *CNN Religion Blogs*, http://religion.blogs.cnn.com/2012/10/27/in-obamas-first-term-an-evolving-christian-faith-and-a-more-evangelical-style/.

284: *(nota) carta que envió James Dobson*: Focus on the Family, «Letter from 2012 in Obama's America», *WND*, www.wnd.com/files/Focusletter.pdf.

284: «*Es posible sostener que...*»: James Davison Hunter, *To Change the World: The Irony, Tragedy, and Possibility of Christianity in the Late Modern World* (Nueva York: Oxford University Press, 2010), p. 128.

285: «*ese zorro*»: Lucas 13.32.

285: «*Denle al césar...*»: Lucas 20.25.

286: «*Cristo* por encima *de la cultura*»: H. Richard Niebuhr, *Christ and Culture* (Nueva York: Harper & Bros., 1951), pp. 40–43 [*Cristo y la cultura* (Barcelona: Península, 1968)].

287: *En la tierra estamos sometidos a dos reinos, decía Martín Lutero*: Paul Althaus, «The Ethics of Martin Luther», http://www.lutheransonline.net/lo/424/FSLO-1330611424-111424.pdf.

287: «*veneraba al Señor*»: 1 Reyes 18.3.

288: *El teólogo John Howard Yoder señala...*: Glen Stassen, D. M. Yeager y John Howard Yoder, *Authentic Transformation: A New Vision of Christ and Culture* (Nashville: Abingdon, 1996), capítulo 1.

288: «*¿Podemos seguir el camino de la Cruz...?*»: Lesslie Newbigin, *Foolishness to the Greeks: The Gospel and Western Culture* (Grand Rapids: Eerdmans, 1986), p. 125.

289: «*El estímulo de la piedad y la virtud...*»: Rey Jorge III de Inglaterra, «Royal Proclamation For the Encouragement of Piety and Virtue, and for the Preventing and Punishing of Vice, Profaneness and Immorality», publicada 1 junio 1787.

290: «*no nos consideramos...*»: presidente Barack Hussein Obama, «Joint Press Availability with President Obama and President Gul of Turkey», White House, Office of the Press Secretary, *Whitehouse.gov*, 6 abril 2009, http://www.whitehouse.gov/the_press_office/joint-press-availability-with-president-obama-and-president-gul-of-turkey/.

290: *John Howard Yoder hizo un recuento*: Glen Stassen, D. M. Yeager y John Howard Yoder, *Authentic Transformation: A New Vision of Christ and Culture* (Nashville: Abingdon, 1996), capítulo 1.

291: «*La esvástica...*»: «Nazis and the Church», *Slideshare*, #2, http://www.slideshare.net/garveym593/nazis-and-the-church.

291: *(nota)* «*Pero lo que escuchábamos...*»: Jürgen Moltmann, *A Broad Place: An Autobiography* (Minneapolis: Fortress Press, 2009), p. 256.

291: «*Cristo [y no Hitler] es mi Führer*»: Martin Niemöller, citado por Robert McAfee Brown, *Unexpected News: Reading the Bible with Third World Eyes* (Filadelfia: Westminster, 1984), p. 59.

292: *Stephen Monsma, un cristiano que sirvió...*: Stephen V. Monsma, *Pursuing Justice in a Sinful World* (Grand Rapids: Eerdmans, 1984).

293: «*Uno de los problemas que tiene el movimiento a favor de la vida de los bebés...*»: C. Everett Koop, en una entrevista personal con el autor.

294: «*mantener al mundo*»: Peter Berger, *A Sacred Canopy: Elements of a Sociological Theory of Religion* (Nueva York: Anchor, 1990), p. 100 [*El dosel sagrado* (Barcelona: Kairós, 1999).

294: «*nuestra constitución fue hecha...*»: John Adams, «Message from John Adams to the Officers of the First Brigade of the Third Division of the Militia of Massachusetts», *Beliefnet*, http://www.beliefnet.com/resourcelib/docs/115/Message_from_John_Adams_to_the_Officers_of_the_First_Brigade_1.html.

294: *El historiador Mark Noll escribe...*: Mark Noll, «A World Without the KJV», *Christianity Today* (6 mayo 2011): p. 35.

295: *«lo que al principio parecía la mayor victoria...»*: Paul Johnson, «God and the Americans», http://adasboro.tripod.com/johnson.htm.

296: *«Así dice el Señor tu Dios...»*: Anne W. Branscomb, *Who Owns Information?: From Privacy to Public Access* (Nueva York: Basic Books, 1994), p. 112.

296: *«el movimiento político antifamilia y socialista...»*: Pat Robertson, *Wikiquote*, http://en.wikiquote.org/wiki/Pat_Robertson, o «Equal Rights Initiative in Iowa Attacked», *Washington Post*, 23 agosto 1992.

297: *(nota) «el segundo en tamaño de los fraudes...»*: senador James Inhofe, *Congressional Record*, 28 julio 2003, http://www.gpo.gov/fdsys/pkg/CREC–2003–07–28/pdf/CREC–2003–07–28-pt1-PgS10012.pdf#page=1.

297: *«siempre tedremos más en común entre nosotros...»*: Tim LaHaye, citado por James Davison Hunter, *Culture Wars: The Struggle to Define America* (Nueva York: Basic Books, 1991), p. 103.

298: *«Como judío, difiero...»*: rabino Joshua Haberman, «The Bible Belt is our Safety Belt», *Policy Review* (otoño 1987): p. 40.

299: *«No codicies»*: Éxodo 20.17.

299: *«Ama al Señor tu Dios con todo tu corazón...»*: Lucas 10.27.

299: *«Por alguna razón los cristianos que más gritan...»*: Kurt Vonnegut, *The Man Without a Country* (Nueva York: Random House, 2007), p. 98 [*Un hombre sin patria* (Barcelona: Bronce, 2006)].

300: *C. S. Lewis sorprendió a muchas personas...*: C. S. Lewis, *Mere Christianity* (Nueva York: HarperSanFrancisco, 2001 [1952]), p. 112 [*Mero cristianismo* (Nueva York: Rayo, 2006)].

300: *«No mates» y «No robes»*: Éxodo 20.13, 15.

300: *El historiador Edward Gibbon afirma...*: Edward Gibbon, *History of the Decline and Fall of the Roman Empire, Volume 1* (Londres: Penguin, 1994), p. 26 [*Historia de la decadencia y caída del Imperio Romano* (Barcelona: DelBolsillo, 2003)].

302: *«ignorantes por causa de Cristo»*: 1 Corintios 4.10.

302: *«¡Dr. Graham, usted ha hecho retroceder a la iglesia...!»*: Reverendo Billy Graham, citado por el senador Sam Nunn en un discurso pronunciado en el Desayuno Nacional de Oración 1 febrero 1996.

Capítulo 13: Una santa subversión

303: *«Todo escritor de alguna importancia que se respete a sí mismo...»*: Abram Tertz (Andrei Sinyavsky), «The Literary Process in Russia», *Kontinent* I (1976): p. 84.

304: *«¿Tiene la intención de matarme?»*: Graham Greene, *The Last Word and Other Stories* (Nueva York: Penguin, 1990), pp. 17–18 [*La última palabra y otros relatos* (Barcelona: Seix Barral, 1991)].

305: «*la política moderna es una guerra civil...*»: Alasdair MacIntyre, *After Virtue: A Study In Moral Theory* (South Bend, IN: University of Notre Dame Press, 1984), pp. 253, 263 [*Tras la virtud* (Barcelona: Crítica, 2013)].

306: «*¡Vayan ustedes! Miren que los envío...*»: Lucas 10.3.

308: «*Lo que da por sentado el principio de actuación voluntaria...*»: Paul Johnson, *A History of Christianity* (Nueva York: Atheneum, 1976), p. 429 [*Historia del cristianismo* (Barcelona: Vergara, 2004)].

309: «*todos los reinos del mundo*»: Lucas 4.5.

309: «*La imposición se halla en riguroso desacuerdo...*»: Miroslav Volf, *A Public Faith: How Followers of Christ Should Serve the Common Good* (Grand Rapids: Brazos, 2011), p. 106.

310: *(nota) Atribuido originalmente...: Ver un recuento de la historia de Cassie Bernall en Dave Cullen*, «Who Said 'Yes'?», *Salon*, 30 septiembre 1999, http://www.salon.com/1999/09/30/bernall/; y en Dave Luzadder y Kevin Vaughan, «Biggest Question of All: Inside the Columbine Investigation; Part Three», *Rocky Mountain News*, http://denver.rockymountainnews.com/shooting/1214col1.shtml.

310: «*Quisiéramos saber quién o quiénes...*»: Malcolm Gladwell, «How I Rediscovered Faith», *Relevant Magazine* 67, enero/febrero 2014, http://www.relevantmagazine.com/culture/books/how-i-rediscovered-faith.

311: «*El mundo siente, no sin una cierta aprehensión...*»: Winston Churchill, *Never Give In!: The Best of Winston Churchill's Speeches* (Nueva York: Hyperion, 2003), pp. 139–140 [¡No nos rendiremos jamás!: los mejores discursos de Winston S. Churchill (Barcelona: Planeta DeAgostini, 2006)].

311: «*extranjeros y peregrinos*»: 1 Pedro 2.11.

312: «*Establecer en el mundo una nueva señal...*»: Karl Barth y Thomas Forsyth Torrance, *Church Dogmatics The Doctrine of Reconciliation, Volume 4, Part 3.2: Jesus Christ, the True Witness* (Nueva York: T&T Clark International, 2004), p. 779.

313: «*Cuando los creyentes cristianos se reúnen en las iglesias...*»: Eugene H. Peterson, *The Message: The Bible in Contemporary Language* (Colorado Springs: NavPress, 2005), p. 1901.

313: «*Cuando todavía éramos pecadores...*»: Romanos 5.8.

316: «*A los duros de oído les gritas...*»: Flannery O'Connor, *Mystery and Manners* (Nueva York: Farrar, Straus & Cudahy, 1986), p. 34.

316: *Reinhold Niebuhr estableció un contraste...*: Reinhold Niebuhr, *Moral Man and Immoral Society: A Study of Ethics and Politics* (Nueva York: Scribner's, 1932), aparece en diversos lugares [*El hombre moral y la sociedad inmoral: un estudio sobre ética y política* (Buenos Aires: Ediciones Siglo Veinte, 1966)].

316: «*Antes de leer a Gandhi...*»: Martin Luther King Jr., *Stride Toward Freedom: The Montgomery Story* (Boston: Beacon, 2010), p. 84.

317: «*[En el arte] le estás diciendo algo al que lee...*»: Walker Percy, en Peggy Whitman Prenshaw, ed., *Conversations with Walker Percy* (Jackson, MS: University Press of Mississippi, 1985), p. 24.

318: *«Esta es la única historia cristiana...»*: Tony Rossi, «Why 'Les Misérables' Is Reaching Atheists Too», *Patheos*, http://www.patheos.com/blogs/christophers/2013/01/why-les-miserables-is-reaching-atheists-too/.

318: *Hugo*: Víctor Hugo, citado por Doris Donnelly, «The Cleric Behind 'Les Mis'», *The Wall Street Journal*, http://online.wsj.com/article/SB10001424127887324669104578204281398771420.html.

318: *«menos interesado en alterar...»*: C. S. Lewis, *An Experiment in Criticism* (Cambridge, England: Cambridge University Press, 1988), p. 85 [*Crítica literaria: un experimento* (Barcelona: A. Bosch, 1982)].

319: *«Más tarde, cuando salí de la clandestinidad...»*: Aleksandr I. Solzhenitsyn, *The Oak and the Calf: Sketches of Literary Life in the Soviet Union*, traducción al inglés, Harry Willetts (Nueva York: Harper & Row, 1980), p. 11.

319: *«Los relatos cristianos modernos parecen alejarse...»*: citado en comentarios con Tony Rossi, «Why 'Les Misérables' Is Reaching Atheists Too», *Patheos*, http://www.patheos.com/blogs/christophers/2013/01/why-les-miserables-is-reaching-atheists-too/.

320: *«Deseo que el arte me muestre algo, que me diga dónde estoy...»*: John Updike, *The Witches of Eastwick: A Novel* (Nueva York: Random House, 2012), p. 89 [*Las brujas de Eastwick* (Barcelona: Plaza & Janés, 1984)].

320: *«Dí la verdad, pero dila de buena manera»*: Emily Dickinson, *The Laurel Poetry Series: Emily Dickinson*, Poema 103, ed. Richard Wilbur (Nueva York: Dell, 1960), p. 107.

320: *«En lugar de una retórica de altos decibeles...»*: Eugene H. Peterson, *Tell it Slant: A Conversation on the Language of Jesus in His Stories and Prayers* (Grand Rapids: Eerdmans, 2008), p. 21.

321: *«obediencia y desobediencia...»*: Karl Barth, *Dogmatics in Outline* (Nueva York: Harper and Row, 1959), pp. 10–11 [*Esbozo de dogmática* (Santander: Editorial Sal Terrae, 200)].

321: *«El reino del mundo ha pasado a ser...»*: Apocalipsis 11.15.

323: *«Hermanos, consideren...»*: 1 Corintios 1.26-29.

324: *«Si no me hubiera marchado...»*: Ernst Neizvestny, citado por Victor Sparre, *The Flame in the Darkness: Russian Human Rights Struggle as I Have Seen It*, traducción al inglés, A. McKay y D. McKay (Londres: Grosvenor, 1979), pp. 95ss.

RECONOCIMIENTOS

Hay libros que toman forma con mayor facilidad que otros. Mientras escribía este, me sentí como si estuviera tratando de acorralar y domesticar a una manada de pequeños animales salvajes, cada uno de los cuales arañaba y clavaba sus garras en contra de mis mejores esfuerzos. Me motivaba mi preocupación por la postura y la reputación de los cristianos en el mundo moderno, sin embargo, ¿cómo la podía expresar de una manera que no diera la impresión de que estaba profiriendo un regaño? Para complicar las cosas, sentía la necesidad de mirar más de cerca mis propias creencias y examinar hasta qué punto son adecuadas en medio de una cultura que se burla con frecuencia de ellas. Necesitaba ayuda, y la conseguí de unos amigos confiables que no tuvieron temor de decirme que comenzara de nuevo con un enfoque distinto.

El disco duro de mi computadora tiene grabados muchos megabytes de borradores anteriores del libro, y ahora que el proceso ha terminado recuerdo con ningún otro sentimiento más que la gratitud a esos que fueron lo bastante calificados y sinceros para hacerme los comentarios que necesitaba. Joannie Barth, Laura Canby, el doctor David Graham y Brenda Quinn pusieron todos de su parte, dándome suficiente ánimo para que siguiera adelante y suficientes correctivos para que continuara rehaciendo mi trabajo. John Sloan, Kathy Helmers, Tim Stafford y el doctor Kirk Quackenbush me sugirieron cambios de importancia que me llevaron por nuevas direcciones. Bob Hudson, Joannie Barth y Melissa Nicholson me guiaron en algunas de las tareas más ingratas, como hacer la corrección de estilo y rastrear las otras fuentes que cito en distintos lugares.

Mientras tanto, mi esposa Janet fue la encarnación de esa gracia que tanto elogio en estas páginas, al mismo tiempo que compartía la vida con un escritor preocupado, obsesionado y algunas veces confundido. Sucede que esto lo estoy escribiendo en el Día de los Enamorados, sintiéndome lleno de gratitud por su amor y su apoyo.

Parte de este material ha aparecido en una forma diferente en *Christianity Today*, *Books & Culture*, *First Things*, *The Beliefnet Guide to Evangelical Christianity* y el libro digital *Christians and Politics* [Los cristianos y la política], así como unos cuantos blogs perdidos dentro de mi website. Ciertamente, este trabajo ha sido todo un «proceso», y me siento enormemente agradecido con todos los que me fueron ayudando por el camino.